权威师资阵容，多位名师课程随意听

徐经长
大师风范、功底深厚
讲解精辟透彻、高屋建瓴

叶 青
授课思路清晰、生动易懂
化繁为简、让人如沐春风

杨闻萍
讲课细致、循循善诱
通俗易懂、深入浅出

陈华亭
深谙命题规律与趋势
授课生动形象、通俗易懂

郭建华
行云流水、脉络清晰
干脆利落、激情四射

游文丽
法理讲解见长、治学严谨
生动形象、分析到位

杭建平
学者风范、授课温文儒雅
精炼严谨、讲义入木三分

赵俊峰
功底深厚、生动严谨
授课风趣幽默、饱含激情

高志谦
幽默风趣、生动形象
总结全面、通俗易懂

李玉华
授课轻松幽默、简明扼要
教学新颖、富有激情

奚卫华
讲解清晰、富含激情
全局把握知识体系

魏红元
擅长总结与归纳
学习口诀独到、形象、生动

★ 百位名师独家授课，每一位教师均为各专业领域最优秀的专家，在业界享有极高的声望和影响力!

会计人员继续教育培训课程

· 中华会计网校目前已成为北京、天津、上海、河南、浙江、山东、广西、河北、江苏等20多个省市财政部门指定培训机构，开通了200多个地区的继续教育培训，年培训规模近百万人，效果卓越！

· 中华会计网校继续教育培训汇集顶级名师授课，目前开设的会计实务、税收实务、会计准则、会计制度等21个类别280多门课程，能帮助会计人员及时掌握最新法律法规和前沿专业知识，解决财会工作中遇到的疑难问题，有效提升会计人员的实际工作能力！

· 中华会计网校率先开创的网络继续教育培训让广大会计人员从传统教学方式中解放出来，享受从学习到审核发证的一站式服务，学员认真学满课时，参加相应科目的网上考试，考试合格后，即可到会计主管部门办理确认手续。全新的网络继续教育培训模式深受学员喜爱！

税务/会计实务操作网上辅导

课程名称	主讲老师	辅导价格
小企业设立及变更管理实务	余应敏	20元
小企业费用管理实务	陈　楠	20元
全面预算管理实务与操作	汤婧平	100元
会计报表编制及财务分析	柳豆豆	150元
财务总监实战操作——财务报表阅读分析	谢贵荣	200元
企业投资与财税政策解读	奚卫华	20元
企业重组并购纳税处理及运用策划	陈萍生	100元
房地产企业主要涉税争议焦点问题及政策解析	陈萍生	100元
关联交易涉税处理与节税筹划	翟继光	150元
土地增值税清算操作规程与节税筹划	翟继光	150元

（更多实务操作课程请登录中华会计网校（www.chinaacc.com）实务操作频道查询）

更多辅导课程，随报随学>>

会计从业资格考试网上辅导

课程名称	特色班	无纸化考试模拟系统	会计取证套餐	会计上岗套餐	主讲老师
财经法规与会计职业道德	100元/门	50元/门	360元	380元	侯永斌
会计基础					赵玉宝　田　月
初级会计电算化					汪　刚　赵玉宝

初/中级会计职称考试网上辅导

课程名称	特色班	通关班	精品班	实验班	高端班	主讲老师
经济法基础	200元/门	300元/门	500元/门	1000元/门	——	叶　青　赵俊峰　奚卫华　薛　钢
初级会计实务						杨闻萍　郭建华　赵玉宝　李景辉
中级会计实务	240元/门	380元/门	600元/门	1200元/门	3000元/门	徐经长　郭建华　高志谦　魏红元　施元冲　路国平
经济法						游文丽　赵俊峰　李玉华　田永刚　张金媛　苏　苏
财务管理						陈华亭　杭建平　施　平　魏红元　黄　胜　王新平

注册会计师考试网上辅导

课程名称	特色班	精品班	实验班	高端班	主讲老师
会　计	300元/门	1000元/门	2000元/门	5000元/门	徐经长　郭建华　高志谦　施元冲　魏红元　钟骏华
审　计					杨闻萍　徐永涛　陈　楠　张　京　邓　宁
税　法					叶　青　奚卫华　薛　钢　杨　军　丁芳芳　刘　丹
经济法					游文丽　赵俊峰　李玉华　张金媛　田永刚　翟继光
财务成本管理					陈华亭　施　平　黄　胜　王新平　李　斌　高方露
公司战略与风险管理					陈　楠　杭建平　吕　鹏　李百兴　李宏伟
综合阶段	1000元	2500元	4500元	——	高志谦　游文丽　杭建平　徐永涛　奚卫华　黄　胜

注册税务师考试网上辅导

课程名称	特色班	精品班	实验班	高端班	主讲老师
税法（一）	260元/门	800元/门	1800元/门	4500元/门	叶　青　杨　军
税法（二）					杨　军　于芳芳
财务与会计					高志谦　陈　楠
税收相关法律					赵俊峰　李素贞
税务代理实务					奚卫华　陈立文/赵　珊

高级会计师考试网上辅导

课程名称	特色班	精品班	实验班	主讲老师
高级会计实务	600元	1200元	2000元	徐经长/陈华亭
高级会计师评审指导	100元	100元	100元	陈立文
论文写作指南	200元	200元	200元	王保平
高会论文班：3500元/篇　　提供一篇论文（2000字～4000字）的指导和推荐发表服务，如增加论文，每增加一篇加收2000元费用。				

声明：若本宣传单规定事项与中华会计网校网站公布的内容不一致，则以网站公布内容为准。

梦想成真系列辅导丛书——会计从业资格考试应试指南

会计基础

中华会计网校　编

人民出版社

责任编辑：骆　蓉

图书在版编目(CIP)数据

会计基础：应试指南/中华会计网校编著．
—北京：人民出版社，2010
(会计从业资格考试梦想成真系列辅导丛书．2011)
ISBN 978-7-01-009496-0

Ⅰ．①会…　Ⅱ．①中…　Ⅲ．①会计学－资格考核－自学参考资料
Ⅳ．①F230

中国版本图书馆 CIP 数据核字(2010)第 238533 号

会计基础（应试指南）
KUAIJI JICHU（YINGSHI ZHINAN）

中华会计网校　编

人民出版社出版发行
（100706　北京朝阳门内大街 166 号）

北京泽明印刷有限责任公司印刷　新华书店经销

2010 年 12 月第 1 版　2010 年 12 月第 1 次印刷
开本：880×1230　1/32　印张：12.5
字数：318 千字　印数：30000 册

ISBN 978-7-01-009496-0　定价：30.00 元

邮购地址　100706　北京朝阳门内大街 166 号
人民东方图书销售中心　电话：010－65250042　65289539
中华会计网校财会书店　电话：010－82318888

前　言

会计从业资格是进入会计职业、从事会计工作的一种法定资质，是进入会计职业的“门槛”，为了帮助广大考生在较短时间内掌握考试中的重点与难点，迅速提高应试能力和答题技巧，中华会计网校（www.chinaacc.com）组织了一大批国内优秀的会计从业资格考试辅导专家，根据目前注重考查考生理论知识、实务操作与职业判断能力的考试要求，在总结历年“梦想成真”丛书成功经验的基础上，以教材、大纲为蓝本，以考试重点、难点、考点为主线，精心编写了这套高质量辅导用书——“梦想成真”系列辅导丛书之《应试指南》。“梦想成真”系列辅导丛书自推出以来，受到广大考生的一致好评。丛书所涉题目准确把握考试方向，直击命题精髓，对考生复习备考帮助很大，是广大考生的良师益友！

会计从业资格《应试指南》按章进行讲解、分析、训练，其中“考情分析”对考点分析预测准确，对知识结构把握清晰；“重点、难点讲解及典型例题”丰富、全面，重点突出，难点讲解通俗易懂，例题贴近实际；“同步系统训练”针对性强，贴近考试，帮助考生熟悉考试题型、掌握命题规律、提高解题能力。将本书与会计从业资格考试教材以及中华会计网校（www.chinaacc.com）会计从业资格考试辅导课程配合使用，可以加深对考试内容的理解和掌握，达到事半功倍的复习效果。本书主要特点如下：

★ 紧扣大纲，指导性强：编者对考试大纲进行了深入细致的研究，大纲中的考点、重点在本书中得到了充分的体现。

★ 讲解深刻，覆盖面广：本书对于教材中的重要内容做了深刻的讲解，并辅以大量的例题帮助考生理解。

★ 题目新颖，解析详细：针对大纲和教材，编者精心编写了大量习题，并给出了详细的解析，可以帮助考生迅速全面掌握重要考点。

★ 考情考点，预测准确：本书凝聚了中华会计网校辅导专家多年教学研究成果，考情分析透彻、精炼，考点预测准确、权威。

虽然力求完美，但由于时间有限，所以本书也许存在着一些不足和遗憾，希望广大读者多提宝贵意见。祝各位考生早日梦想成真！

本书编写委员会

目　录

第 *1* 章
总　　论

考情分析

本章内容属于会计基础理论知识，主要涉及的内容是会计的概念及特征、会计的基本职能、会计对象和会计核算的具体内容、会计基本假设和会计基础，本章是学习本门课程的基础，要重点掌握各个知识点在各类题型中的应用。

本章主要考点

（一）会计的概念及特征
（二）会计的基本职能
（三）会计对象和会计核算的具体内容
（四）会计基本假设
（五）权责发生制和收付实现制

本章基本内容框架

- 总论
  - 会计概述
    - 会计的概念及特征
    - 会计的基本职能
    - 会计对象和会计核算的具体内容
  - 会计基本假设
    - 会计主体
    - 持续经营
    - 会计分期
    - 货币计量
  - 会计基础
    - 会计基础的概念和种类
    - 权责发生制
    - 收付实现制

重点、难点讲解及典型例题

一、会计概述

（一）会计的概念及特征

会计是以货币为主要计量单位，核算和监督一个单位经济活动的一种经济管理工作。会计的特征有以下几点：

（1）会计以货币作为主要计量单位；

（2）会计拥有一系列专门方法；

（3）会计具有核算和监督的基本职能；

（4）会计的本质就是管理活动。

会计按其报告的对象不同，分为财务会计和管理会计。（了解）

区别：财务会计主要侧重于向单位外部关系人提供有关企业财务状况、经营成果和现金流量情况等有关信息；而管理会计主要侧重于向企业内部管理者提供进行经营规划、经营管理、预测决策所需的相关信息。财务会计侧重于过去信息，为外部有关各方提供所需数据；管理会计侧重于未来信息，为内部管理部门提供数据。

（二）会计的基本职能

会计的职能是指会计在经济管理过程中所具有的功能。进行会计核算和实施会计监督是会计的两项基本职能。

1. 进行会计核算

会计核算贯穿于经济活动的全过程，它是会计最基本的职能。会计核算的职能主要是通过确认、计量、记录和报告等环节，从数量方面反映企业单位已经发生或者已经完成的各项经济活动，为经营管理提供信息，它是会计最基础的工作。

2. 实施会计监督

对经济活动进行会计核算的过程也是实施会计监督的过程。所谓会计监督是企业（单位）内部的一种自我约束机制，是指会计人员在进行会计核算的同时，对特定主体经济活动的合法性和合理性进行审查。

会计监督按照其与经济活动过程的关系，分为事前、事中和事后监督。

会计核算是会计监督的基础，没有核算所提供的各种信息，监督就失去了依据；而会计监督又是会计核算质量的保障。

除了上述基本职能外，会计还具有预测经济前景、参与经济决策、评价经营业绩等职能。

【例题1·单选题】会计的基本职能是（ ）。

A. 核算和监督　　B. 预测和决策

C. 计划和控制　　D. 考核和评价

【答案】A

【解析】会计的基本职能是：进行会计核算和实施会计监督。

【例题2·判断题】会计核算和会计监督是会计的基本职能，而会计监督又是会计最基本的职能。（ ）

【答案】×

【解析】会计核算是会计最基本的职能。

（三）会计对象和会计核算的具体内容

1. 会计对象

会计对象是指会计核算和监督的内容。会计需要以货币为主要计量单位，对特定单位的经济活动进行核算和监督，因此，凡是特定主体能够以货币表现的经济活动，都是会计核算和监督的内容，即会计对象。以货币表现的经济活动，通常又称为价值运动或资金运动。

由于各单位的性质不同，经济活动的内容不同，因此会计的具体对象也就不尽相同。下面以工业企业为例，说明工业企业会计的具体对象。工业企业的资金运动表现为资金投入、资金运用和资金退出三个过程。

资金的投入 → 资金的运用 → 资金的退出

资金的投入	资金的运用	资金的退出
↓	↓	↓
所有者和债权人投入货币等资金	供应、生产、销售的循环与周转	上交税金、偿还债务、向投资者分配利润

（1）资金投入：包括企业所有者（投资者）投入的资金和债权人投入的资金两部分，前者属于企业所有者权益，后者属于企业债权人权益即企业负债。投入企业的资金一部分构成流动资产，另一部分构成非流动资产。

（2）资金的运用（资金的循环和周转）：分为供应、生产、销售三个阶段。

①供应过程：它是生产的准备过程。在供应过程中，企业要购买原材料等劳动对象，发生材料费、运输费、装卸费等材料采购成本，与供应单位发生货款的结算关系。

②生产过程：在生产过程中，劳动者借助于劳动手段将劳动对象加工成特定产品，发生原材料消耗的材料费、固定资产磨损的折旧费、生产工人劳动耗费的人工费等，同时，还将发生企业

与工人之间的工资结算关系、与有关单位之间的劳务结算关系等。

③销售过程：在销售过程中，将生产的产品销售出去，发生有关销售费用、收回货款、交纳税金等业务活动，并同购货单位发生货款结算关系、同税务机关发生税务结算关系等。企业获得的销售收入，扣除各项费用成本后的利润，还要提取盈余公积并向所有者分配利润。

(3) 资金的退出：包括偿还各项债务、上交各项税金、向所有者分配利润等，这部分资金便离开本企业，退出本企业的资金循环与周转。

从任一时点上看，资金运动总是处于相对静止的状态，即企业的资金在任一时点上均表现为资金占用和资金来源两方面，这两个方面既相互联系，又相互制约。

2. 会计核算的具体内容

会计核算的内容是指特定主体的资金运动，包括资金的投入、资金的运用、资金的退出三个阶段。资金在上述三个阶段的运动，又是通过一系列的经济业务事项来进行的。

这里，经济业务事项包括经济业务和经济事项两类。经济业务又称经济交易，是指企业与其他单位和个人之间发生的各种经济利益的交换，如购买固定资产等。经济事项是指在企业内部发生的具有经济影响的各类事件，如无形资产摊销等。经济业务事项具体包括以下内容：

(1) 款项和有价证券的收付

款项是作为支付手段的货币资金，主要包括库存现金、银行存款以及其他货币资金（如：银行汇票存款、银行本票存款、信用卡存款、信用证存款等）。有价证券是指表示一定财产拥有权或支配权的证券（如国库券、股票、企业债券等）。款项和有价证券是流动性最强的资产。

(2) 财物的收发、增减和使用

财物是财产物资的简称，是企业进行生产经营活动且具有实物形态的经济资源，一般包括原材料、燃料、包装物、低值易耗品、在产品、库存商品等流动资产，以及房屋、建筑物、机器设备、设施、运输工具等固定资产。

（3）债权、债务的发生和结算

债权是企业收取款项的权利，一般包括各种应收和预付款项等。

债务是指企业过去的交易或者事项形成的、预期会导致经济利益流出企业的现时义务。现时义务是指企业在现行条件下已承担的义务，这种现时义务需要企业以资产或劳务等偿付。未来发生的交易或者事项形成的义务，不属于现时义务，不应当确认为负债。

（4）资本的增减

资本是投资者为开展生产经营活动而投入的资金。会计上的资本专指所有者权益中的投入资本。

（5）收入、支出、费用、成本的计算

收入是指企业在日常活动中形成的、会导致所有者权益增加的、与所有者投入资本无关的经济利益的总流入。

支出指的是企业所实际发生的各项开支以及在正常生产经营活动以外的支出和损失。

费用是指企业在日常活动中发生的、会导致所有者权益减少的、与向所有者分配利润无关的经济利益的总流出。

成本是指企业为生产产品、提供劳务而发生的各种耗费，是按一定的产品或劳务对象所归集的费用，是对象化了的费用。

（6）财务成果的计算和处理

财务成果主要是指企业在一定时期内通过从事生产经营活动而在财务上所取得的成果，具体表现为盈利或亏损。财务成果的计算和处理一般包括利润的计算、所得税的计算、利润分配或亏损弥补等。

（7）需要办理会计手续、进行会计核算的其他事项

3. 会计核算的一般要求（了解）

企业经济活动需要会计记录与计量，会计核算也需要一定的规范，根据《会计法》和国家统一的会计制度的规定，企业在进行会计核算时应遵循以下一般要求：

（1）各单位必须按照国家统一的会计制度的要求设置会计科目和账户、复式记账、填制会计凭证、登记会计账簿、进行成本计算、财产清查和编制财务会计报告。

（2）各单位必须根据实际发生的经济业务事项进行会计核算，编制财务会计报告。计划的或者将要发生的经济业务或交易不得作为会计核算的依据。虚假的经济业务更不能作为会计核算的依据。

（3）各单位发生的各项经济业务事项应当在依法设置的会计账簿上统一登记、核算，不得违反《会计法》和国家统一的会计制度的规定私设会计账簿登记、核算。

（4）各单位对会计凭证、会计账簿、财务会计报告和其他会计资料应当建立档案，妥善保管。

（5）使用电子计算机进行会计核算的，其软件及其生成的会计凭证、会计账簿、财务会计报告和其他会计资料，也必须符合国家统一的会计制度的规定。

（6）会计记录的文字应当使用中文。

在民族自治地区，会计记录可以同时使用当地通用的一种民族文字。在中华人民共和国境内的外商投资企业、外国企业和其他外国组织的会计记录，可以同时使用一种外国文字。

【例题3·判断题】会计记录的文字应当使用中文。在中华人民共和国境内的外商投资企业、外国企业和其他外国组织的会计记录，可以同时使用一种外国文字。（ ）

【答案】√

【例题4·多选题】会计对象就是能用货币表现的各种经济活动，它具体包括的内容有（ ）。

A. 资金投入　　　　　　　　B. 资金运用

C. 资金退出　　　　　　　　D. 资金运动

【答案】ABC

【解析】会计的对象就是企业的资金运动，具体包括：资金投入、资金运用和资金退出。

二、会计基本假设

会计的基本假设也称为会计核算的基本前提，它是对会计核算所处的时间、空间环境所作的合理判断。会计核算的基本假设包括会计主体、持续经营、会计分期和货币计量。

（一）会计主体

所谓会计主体又称会计实体，是指会计工作为其服务的特定单位或者组织，它界定了从事会计工作和提供会计信息的空间范围。

会计主体与法律主体（法人）并非是对等的概念。法人可以作为会计主体，但会计主体不一定是法人。例如，若由自然人所创办的独资与合伙企业不具有法人资格，但在会计核算上必须将其作为会计主体，以便将企业的经济活动与其所有者个人的经济活动以及其他实体的经济活动区别开来。

（二）持续经营

持续经营是指会计主体在可以预见的未来，将根据正常的经营和既定的经营目标持续经营下去。即在可预见的未来，该会计主体不会破产清算，所持有的资产将正常营运，所负有的债务将正常偿还。依据《企业会计准则——基本准则》，企业会计确认、计量、记录和报告应当以持续经营为前提。会计核算上所使用的一系列会计处理原则、会计处理方法都是建立在会计主体持续经营的前提下。

（三）会计分期

会计分期是指将一个会计主体持续的生产经营活动划分为若干相等的会计期间，以便分期结算账目和编制财务会计报告。会计分期的目的，在于通过会计期间的划分，据以结算账目、编制会计报表、反映企业的经营成果和财务状况及其变动情况，及时向有关方面提供会计信息。

根据《企业会计准则——基本准则》规定，会计期间分为年度和中期。这里的会计年度采用的是公历年度，即从每年的1月1日到12月31日为一个会计年度。所谓中期是短于一个完整会计年度的报告期间，又可以分成季度、月度、半年度。

会计分期的划分对会计核算有着重要的作用，由于有了会计分期，才产生了本期与非本期的区别，才产生了权责发生制和收付实现制的区别，进而出现了应收、应付、预收、预付、折旧、摊销等会计处理方法。

（四）货币计量

货币计量是指会计主体在会计核算过程中采用货币作为计量单位，记录、反映会计主体的财务状况和经营成果。

《企业会计准则》中规定：我国的会计核算要以人民币作为记账本位币。考虑到外商投资企业等业务收支以人民币以外的货币为主的企业会计核算的实际需要，也允许这些企业可以选定某种外币作为记账本位币进行会计核算，但这些企业对外提供报表时，应该折算为人民币，来提供以人民币表示的财务报表。

上述会计核算的四项基本前提，具有相互依存、相互补充的关系。会计主体确立了会计核算的空间范围，持续经营与会计分期确立了会计核算的时间长度，而货币计量为会计核算提供了必要手段。没有会计主体，就不会有持续经营；没有持续经营，就不会有会计分期；没有货币计量，就不会有现代会计。

【例题5·单选题】在可预见的未来，会计主体不会破产清算，所持有的资产将正常运营，所负有的债务将正常偿还。这属于（ ）。

A. 货币计量假设　　B. 会计分期假设

C. 持续经营假设　　D. 会计主体假设

【答案】 C

三、会计基础

（一）会计基础的概念和种类

会计核算的基础有权责发生制和收付实现制两类。针对不同类型的会计主体，由于提供会计信息的目的和经济业务的差异性，所以采用不同的会计核算基础。

（二）权责发生制

权责发生制是指收入、费用的确认应当以收入、费用的实际发生作为确认计量的标准。

凡是当期已经实现的收入、已经发生和应当负担的费用，不论款项是否收付，都应当作为当期的收入、费用；凡是不属于当期的收入、费用，即使款项已经在当期收付了，也不应当作为当期的收入、费用。

例：2011 年 10 月份，某企业销售了一批商品，款项没有收到，而在 12 月份收到款项，也应当作为 10 月份的收入。

例：2011 年 10 月份，某企业预收了一笔货款，这时，尽管货款已经收到，但货物还没有发出，就不能作为 2011 年 10 月份的收入，而应作为货物发出月份的收入。

（三）收付实现制

收付实现制又称现金制或实收实付制，是以现金收到或付出为标准，来记录收入的实现和费用的发生。按照收付实现制，收入和费用的归属期间将与现金收支行为的发生与否紧密地联系在一起。换言之，现金收支行为在其发生的期间全部记作收入和费用，而不考虑与现金收支行为相连的经济业务实质上是否发生。

例：2011 年 10 月份，某企业实际收到 8 月销售商品的款项，那么这个款项应当作为 2010 年 11 月份的收入。

例：2011 年 10 月份，某企业预收了货款，这时尽管销售业务还没有实际发生，但是因为已经收到了货款，所以就应该作为 2011 年 10 月份的收入。

权责发生制是与收付实现制相对称的一个概念，权责发生制主要是从时间上规定会计确认的基础，其核心是根据权、责关系的实际发生的期间来确认收入和费用。根据权责发生制进行收入与成本、费用的核算，最大的优点是：更加准确地反映特定期间真实的财务状况及经营成果。

同步系统训练

一、单项选择题

1. 会计以货币为主要计量单位，通过确认、计量、记录、报告等环节，对特定主体的经济活动进行记账、算账、报账，为各有关方面提供会计信息的功能称为(　)。

A. 会计控制职能　　B. 会计预测职能

C. 会计核算职能　　D. 会计监督职能

2. 会计人员在进行会计核算的同时，对特定主体经济活动的合法性和合理性进行审查称为(　)。

A. 会计控制　　B. 会计核算

C. 会计监督　　D. 会计分析

3. 会计主要的计量单位是(　)。

A. 货币　　B. 劳动量

C. 实物　　D. 价格

4. (　)作为会计核算的基本前提，就是将一个会计主体持续的生产经营活动划分为若干个相等的会计期间。

A. 持续经营　　B. 会计年度

C. 会计分期　　D. 会计主体

5. 下列各项中，属于有价证券的是(　)。

A. 外埠存款　　B. 股票

C. 信用证存款　　D. 信用卡存款

6. 会计的基本职能包括(　)。

A. 会计控制与会计决策　　B. 会计预测与会计控制

C. 会计核算与会计监督　　D. 会计计划与会计决策

7. 下列各项中，不属于会计核算具体内容的是(　)。

A. 制定企业计划　　B. 收入的计算

C. 资本的增减　　D. 财务成果的计算

8. 形成权责发生制和收付实现制不同的记账基础，进而出现应收、应付、预收、预付、折旧、摊销等会计处理方法所依据的会计基本假设是(　)。

A. 会计主体　　B. 持续经营

C. 会计分期　　D. 货币计量

9. 会计核算和监督的内容是特定主体的(　)。

A. 经济资源　　B. 资金运动

C. 实物运动　　D. 经济活动

10. 持续经营从(　)上对会计核算进行了有效界定。

A. 空间　　B. 时间

C. 空间和时间　　D. 内容

11. 企业固定资产可以按照其价值和使用情况，确定采用某一方法计提折旧，它所依据的会计核算前提是(　)。

A. 会计主体　　B. 持续经营

C. 会计分期　　D. 货币计量

12. 界定从事会计工作和提供会计信息的空间范围的会计基本前提是(　)。

A. 会计职能　　B. 会计主体

C. 会计内容　　D. 会计对象

13. 下列各项中，不属于会计核算的环节的是(　)。

A. 确认　　B. 记录

C. 报告　　D. 报账

14. 下列各项中，不属于有价证券项目的是(　)。

A. 企业债券　　B. 股票
C. 银行汇票　　D. 国库券

15. 下列各项中，属于债权的是(　)。
A. 应付账款　　B. 应付职工薪酬
C. 应收票据　　D. 预收账款

16. 下列各项中，不属于企业财物的是(　)。
A. 机器设备　　B. 在产品
C. 燃料　　D. 专利权

17. 下列各项中，属于款项的是(　)。
A. 可转换债券　　B. 商业承兑汇票
C. 银行汇票存款　　D. 银行承兑汇票

18. 债务是指由于过去的交易、事项形成的企业需要以(　)等偿付的现时义务。
A. 资产或劳务　　B. 资本或劳务
C. 资产或债权　　D. 收入或劳务

19. 企业在一定时期内通过从事生产经营活动而在财务上取得的结果称为(　)。
A. 财务状况　　B. 盈利能力
C. 经营业绩　　D. 财务成果

二、多项选择题

1. 资金运动的内容包括(　)。
A. 资金的投入　　B. 资金的循环
C. 资金的退出　　D. 资金的周转

2. 下列各项中，属于有价证券的有(　)。
A. 银行本票存款　　B. 国库券
C. 股票　　D. 企业债券

3. 下列各项中，可以作为一个会计主体进行核算的有(　)。
A. 销售部门　　B. 分公司
C. 母公司　　D. 企业集团

4. 财物是财产、物资的简称，下列属于财物的有（ ）。

A. 库存商品　　B. 固定资产

C. 无形资产　　D. 应收及预付款项

5. 下列各项中，属于会计核算基本前提的有（ ）。

A. 会计主体　　B. 持续经营

C. 会计分期　　D. 货币计量

6. 会计监督职能是指会计人员在进行会计核算的同时，对经济活动的（ ）进行审查。

A. 完整性　　B. 合法性

C. 合理性　　D. 时效性

7. 下列说法正确的有（ ）。

A. 会计人员只能核算和监督所在主体的经济业务，不能核算和监督其他主体的经济业务

B. 会计主体可以是企业中的一个特定部分，也可以是几个企业组成的企业集团

C. 会计主体一定是法律主体

D. 会计主体假设界定了从事会计工作和提供会计信息的空间范围

8. 会计期间可以分为（ ）。

A. 月度　　B. 季度

C. 半年度　　D. 年度

9. 下列说法正确的有（ ）。

A. 在境外设立的中国企业向国内报送的财务报告，应当折算为人民币

B. 业务收支以外币为主的单位可以选择某种外币为记账本位币

C. 会计核算过程中采用货币为主要计量单位

D. 我国企业的会计核算只能以人民币为记账本位币

10. 下列各项中，属于会计核算具体内容的有（ ）。

A. 款项和有价证券的收付

B. 财物的收发、增减和使用

C. 债权债务的发生和结算

D. 收入、支出、费用、成本的计算

11. 会计核算职能是指会计以货币为主要计量单位，通过（ ）等环节，对特定主体的经济活动进行记账、算账、报账。

A. 确认　　B. 记录

C. 计量　　D. 核对

12. 下列各项中，属于财务成果的计算和处理内容的有（ ）。

A. 利润分配　　B. 利润的计算

C. 亏损弥补　　D. 所得税的计算

三、判断题

1. 会计只有会计核算与会计监督两个职能。（ ）
2. 会计主体均为法人。（ ）
3. 款项是作为支付手段的货币资金；有价证券是指表示一定财产拥有权或支配权的证券。款项和有价证券是企业流动性最差的资产。（ ）
4. 会计主体所核算的生产经营活动也包括其他企业或投资者个人的其他生产经营活动。（ ）
5. 财务成果具体表现为盈利或亏损。（ ）
6. 由于有了持续经营这个会计核算的基本前提，才产生了当期与其他期间的区别，从而出现了权责发生制与收付实现制的区别。（ ）
7. 持续经营假设是假设企业可以永久存在，即使进入破产清算，也不应该改变会计核算方法。（ ）
8. 会计主体是进行会计核算的基本前提之一，一个企业可以根据具体情况确定一个或若干个会计主体。（ ）
9. 会计主体不一定是法律主体，但法律主体一定是会计主体。（ ）
10. 企业会计的对象就是企业的资金运动。（ ）
11. 会计主体前提为会计核算确定了空间范围，会计分期前提为会计核算确定了时间范围。（ ）

12. 成本是企业为生产产品、提供劳务而发生的各种耗费，因而企业发生的各项费用都是成本。（ ）
13. 我国企业会计采用的计量单位只有一种，即货币计量。（ ）
14. 会计的监督职能是会计人员在进行会计核算的同时，对特定会计主体经济活动的合法性和合理性进行审查。（ ）
15. 在我国境内设立的企业，会计核算可以不以人民币作为记账本位币。（ ）
16. 会计上的资本既包括投入资本也包括借入资本。（ ）
17. 财物是财产、物资的简称，包括原材料、机器设备和企业的一些款项。（ ）
18. 财务成果的计算和处理不包括所得税的计算。（ ）
19. 会计记录的文字应当使用中文。在中华人民共和国境内的外商投资企业、外国企业和其他外国组织的会计记录，可以同时使用一种外国文字。（ ）
20. 银行汇票、银行本票和信用证存款都属于有价证券。（ ）

四、简答题

1. 简述会计核算与会计监督的关系。
2. 简述会计核算的具体内容。

同步系统训练参考答案及解析

一、单项选择题

1. C
2. C
3. A

【解析】会计是以货币为主要计量单位，核算和监督一个单位经济活动的一种经济管理工作。

4. C

【解析】会计分期是指将一个会计主体持续的生产经营活动划分为若干相等的会计期间，以便分期结算账目和编制财务会计报告。

5. B

【解析】其他三项都属于款项。

6. C

【解析】会计的基本职能包括会计核算和会计监督。除这两个基本职能以外，会计还具有预测经济前景、参与经济决策、评价经营业绩等功能。

7. A

8. C

【解析】会计分期指将一个会计主体持续经营的生产经营活动人为地划分为若干相等的会计期间，以便分期结算账目和编制财务报告。由于会计分期，才产生了当期与其他期间的差别，从而形成了权责发生制和收付实现制不同的记账基础，进而出现了应收、应付、预收、预付、折旧、摊销等会计处理方法，故答案为选项C。

9. B

10. B

【解析】会计主体是从空间上对于会计核算范围进行了界定，而持续经营是从时间上对于会计核算进行了界定。

11. B

【解析】企业对于它所有的机器设备、厂房等固定资产，只有在持续经营的前提下，才可以在机器设备的使用年限内，按照其价值和使用情况，确定采用某一折旧方法计提折旧，如果没有持续经营这一基本前提，从理论上说，机器设备等固定资产的价值只能采用实现可变现价值来予以计量。

12. B

【解析】会计主体是指会计工作为其服务的特定单位或组织，它的主要作用在于界定不同会计主体会计核算的空间范围。

13. D

【解析】会计核算包括确认、计量、记录和报告等环节，报账不属于会计核算的工作。

14. C

【解析】有价证券是指表示一定财产拥有权或支配权的证券，有价证券包括国库券、股票、企业债券等。

15. C

【解析】选项 ABD 均属于债务。

16. D

【解析】财物是财产物资的简称，企业的财物是企业进行生产经营活动且具有实物形态的经济资源，包括原材料、燃料、包装物、低值易耗品、在产品、库存商品等流动资产，以及房屋、机器设备、设施、运输工具等固定资产。专利权不具有实物形态，所以不是企业的财物。

17. C

【解析】款项是作为支付手段的货币资金，主要包括库存现金、银行存款以及其他视同库存现金或银行存款使用的外埠存款、银行汇票存款、银行本票存款、信用卡存款和信用证存款等。

18. A

19. D

【解析】财务成果是指企业在一定时期内通过从事生产经营活动而在财务上取得的结果，具体表现为盈利或亏损。

二、多项选择题

1. ABCD

【解析】资金的运动包括资金的投入、资金的循环与周转、资金的退出。

2. BCD

【解析】银行本票存款是企业的款项。

3. ABCD

【解析】会计主体界定的是会计核算的范围，所以会计主体必须能够独立核算，本题四个选项都符合会计主体的定义。

4. AB

【解析】无形资产不具有实物形态，所以不是企业的财物；应收及预付款项是企业的债权。

5. ABCD

6. BC

【解析】会计监督职能是指会计人员在进行会计核算的同时，对特定主体经济活动的合法性和合理性进行审查。

7. ABD

【解析】会计主体与法律主体并不是对等的概念，法律主体可作为会计主体，但会计主体不一定是法律主体。

8. ABCD

9. ABC

【解析】在我国也可以选择某种外币作为记账本位币，所以选项D是错误的。

10. ABCD

11. ABC

【解析】会计核算包括确认、计量、记录和报告等环节。核对不是会计核算的环节。

12. ABCD

【解析】财务成果的计算和处理一般包括利润的计算、所得税的计算、利润分配和亏损弥补等。

三、判断题

1. ×

【解析】会计核算与会计监督是会计的基本职能，此外，会计还有预测经济前景、参与经济决策、评价经营业绩等职能。

2. ×

【解析】会计主体可以是法人，也可以是非法人。

3. ×

【解析】款项和有价证券是企业流动性最强的资产。

4. ×

【解析】会计主体是指会计确认、计量、记录和报告的空间范围。它界定了从事会计工作和提供会计信息的空间范围。它不仅要求会计核算分清经济业务是属于本企业的还是其他企业的，还要分清经济业务是属于本企业的还是属于企业所有者的。

5. √

6. ×

【解析】由于会计分期，才产生了当期与其他期间的差别，从而形成了权责发生制和收付实现制的区别，进而出现了应收、应付、预收、预付、折旧、摊销等会计处理方法。

7. ×

【解析】持续经营只是一个假定，任何企业在经营中都存在破产、清算等不能持续经营的风险，如果判断企业不会持续经营下去，就应当改变会计核算的原则和方法，并在企业财务报告中作相应披露，以达到如实披露企业实际情况的目的。

8. √

【解析】企业的子公司以及企业中可以独立核算的部门都可以作为会计主体核算。

9. √

10. √

【解析】凡是特定主体能够以货币表现的经济活动都是会计对象，企业的会计对象就是企业的资金运动。

11. √

【解析】会计主体指会计所核算和监督的特定单位或者组织，所以，会计主体前提为会计核算确定了空间范围。会计分期是指将一个会计主体持续的生产经营活动划分为若干相等的会计期间。因此，会计分期前提为会计核算确定了时间范围。

12. ×

【解析】成本是按一定的产品或劳务对象所归集的费用，它是广义的费用中的一部分，但是不是所有的费用都是成本；费用还包括期间费用。

13. ×

【解析】货币是会计核算的主要计量单位，而不是唯一的计量单位。

14. √

15. √

【解析】外商投资企业可以根据企业的实际情况选择外币作为记账本位币进行会计核算，但是这些企业对外提供财务报表时，应当折合为人民币反映。

16. ×

【解析】资本是投资者为开展生产经营活动而投入的资金，所以会计上的资本专指所有者权益中投入的资本。

17. ×

【解析】原材料和机器设备是企业的财物，但款项不是企业的财物。

18. ×

19. √

【解析】根据《会计法》的规定，在我国境内的企业、事业单位会计记录所使用的文字为中文。民族自治地方，会计记录还可以同时使用当地通用的一种民族文字。在中华人民共和国境内的外商投资企业、外国企业和其他外国组织的会计记录，可以同时使用一种外国文字。

20. ×

【解析】银行汇票、银行本票和信用证存款都属于款项，有价证券包括国库券、股票、企业债券等。

四、简答题

1. 【答案】

会计核算和会计监督是相辅相成、辩证统一的关系。

会计核算是会计监督的基础，没有核算所提供的各种信息，监督就失去了依据；而会计监督又是会计核算的质量保障，只有核算、没有监督，就难保证核算所提供信息的真实性、可靠性。

2. 【答案】

（1）款项和有价证券的收付；

（2）财物的收发、增减和使用；

（3）债权、债务的发生和结算；

（4）资本的增减；

（5）收入、支出、费用、成本的计算；

（6）财务成果的计算和处理；

（7）需要办理会计手续、进行会计核算的其他事项。

第 2 章 会计要素与会计科目

考情分析

本章主要是针对会计要素和会计科目内容的详细讲解，是学习日常会计处理方法的一个重点，也是一个难点。学习时要在理解的基础上加以必要的记忆，善于总结规律，辅以足够的练习才能达到最佳的学习效果。本章通常结合会计处理题进行考核。

本章主要考点

（一）会计要素的概念及分类
（二）会计要素的计量
（三）会计科目的概念
（四）会计科目的分类
（五）会计科目的设置

本章基本内容框架

- 会计要素与会计科目
  - 会计要素
    - 会计要素的概念及分类
    - 会计要素的计量
  - 会计科目
    - 会计科目的概念
    - 会计科目的分类
    - 会计科目的设置
    - 会计科目与账户

重点、难点讲解及典型例题

一、会计要素

会计要素是对会计对象进行的基本分类，是会计核算对象的具体化。

资产、负债、所有者权益、收入、费用、利润统称为企业的六大会计要素。

（一）会计要素的概念及分类

1. 反映企业的财务状况的会计要素

（1）资产

资产是指企业过去的交易或者事项形成的、由企业拥有或者控制的、预期会给企业带来经济利益的资源。

资产具有以下特征：

①资产是由过去的交易或事项所形成的。预期在未来发生的交易、事项不形成资产，也就是说，资产必须是现实的资产，而不能是预期的资产，是由过去已经发生的交易或事项所产生的结果。未来交易或事项以及尚未发生的交易或事项可能产生的结果，都不能作为资产确认。

②资产是由企业拥有或者控制的。一项资源要作为资产来

确认，应该拥有此项资源的所有权，可以按照自己的意愿使用或处置资产。但对一些特殊方式形成的资产，企业虽对其不拥有所有权，却能够实际控制，比如融资租入的固定资产，也应当确认为企业资产。也就是说，一项资源要作为资产来确认，要么该资源被企业所拥有，要么为企业所控制，否则不能作为资产。

③资产必须是预期会给企业带来经济利益的资源。如果预期不能给企业带来经济利益，就不能确认为资产。

符合资产定义的资源，在同时满足以下条件时，确认为资产：

①与该资源有关的经济利益很可能流入企业；

②该资源的成本或者价值能够可靠地计量。

按照不同的标准，资产可以分为不同的类别。按耗用期限的长短，可分为流动资产和非流动资产（长期资产）；按是否有实体形态，可分为有形资产和无形资产等。

(2) 负债

负债是指企业过去的交易或事项形成的、预期会导致经济利益流出企业的现时义务。

负债具有以下特征：

①负债是企业承担的现时义务；

②负债的清偿预期会导致经济利益流出企业；

③负债是由企业过去的交易或事项形成的。

符合负债定义的义务，在同时满足以下条件时，确认为负债：

①与该义务有关的经济利益很可能流出企业（概率大于 50%）；

②未来流出的经济利益的金额能够可靠地计量。

负债一般按其偿还速度或偿还时间的长短划分为流动负债和非流动负债（长期负债）两类：流动负债是指将在 1 年或超过 1 年的一个营业周期内偿还的债务，主要包括短期借款、应付票据、应付账款、应付职工薪酬、应交税费、其他应付款等；非流动负债（长期负债）是指偿还期在1年或超过1年的一个营业周期以上的债务，包括长期借款、应付债券、长期应付款等。

(3) 所有者权益

所有者权益是指企业资产扣除负债后，由所有者享有的剩余权益。

所有者权益具有以下特征：

①除非发生减资、清算或分派现金股利，企业不需要偿还所有者权益；

②企业清算时，只有在清偿所有的负债后，所有者权益才可能还给所有者；

③所有者凭借所有者权益能够参与利润分配。

所有者权益的确认主要依赖于其他会计要素，尤其是资产和负债的确认；所有者权益金额的确定也主要取决于资产和负债的计量。

所有者权益按其来源的不同可以分为所有者投入的资本、直接计入所有者权益的利得和损失、留存收益等。

所有者投入的资本是指所有者投入企业的资本部分，包括实收资本（或股本）和资本溢价（或股本溢价）。

直接计入所有者权益的利得是指由企业非日常活动所形成的、会导致所有者权益增加的、与所有者投入资本无关的经济利益的流入，直接计入所有者权益的损失是指由企业非日常活动所发生的、会导致所有者权益减少的、与向所有者分配利润无关的经济利益的流出。

留存收益是企业历年实现的净利润留存于企业的部分，主要包括盈余公积和未分配利润。

2. 反映企业的经营成果的会计要素

(1) 收入

收入是指企业在日常活动中形成的、会导致所有者权益增加的、与所有者投入资本无关的经济利益的总流入。

收入具有以下特征：

①收入是企业在日常活动中形成的；

②收入会导致经济利益的流入，该流入不包括所有者投入的资产；

③收入最终会导致所有者权益的增加。

在符合收入定义的前提下，收入的确认还应满足以下条件：

①收入相关的经济利益应当很可能流入企业；

②经济利益流入企业的结果会导致资产的增加或者负债的减少；

③经济利益的流入额能够可靠计量。

收入按企业从事日常活动的性质不同，分为销售商品收入、提供劳务收入和让渡资产使用权收入；按企业经营业务的主次不同，分为主营业务收入和其他业务收入。

（2）费用

费用是指企业在日常活动中发生的、会导致所有者权益减少的、与向所有者分配利润无关的经济利益的总流出。

费用具有以下特征：

①费用是企业在日常活动中发生的；

②费用会导致经济利益的流出，而且该流出不包括向所有者分配利润；

③费用最终会导致企业所有者权益的减少。

在符合费用定义的前提下，费用的确认还应满足以下条件：

①与费用相关的经济利益应当很可能流出企业；

②经济利益流出企业的结果会导致资产的减少或者负债的增加；

③经济利益的流出额能够可靠计量。

（3）利润

利润是指企业在一定会计期间的经营成果。

利润包括收入减去费用后的净额、直接计入当期利润的利得和损失等。

①收入减去费用后的净额反映的是企业日常活动的业绩；直接计入当期利润的利得和损失反映的是企业非日常活动的业绩。

②直接计入当期利润的利得和损失，是指应当计入当期损益、最终会引起所有者权益发生增减变动的、与所有者投入资本或者向所有者分配利润无关的利得或者损失。

利润的确认主要依赖于收入和费用以及利得和损失的确认，其金额的确定也主要取决于收入、费用、直接计入当期利润的利得、损失的金额计量。

【例题1·判断题】 某企业某工序上有甲、乙两台机床，其中甲机床型号较老，自乙机床投入使用后，一直未再使用且已不具备转让价值。乙机床是甲机床的替代产品。目前承担该工序的全部生产任务。那么甲机床不应确认为企业的固定资产。（ ）

【答案】 √

【解析】 甲机床长期闲置不用且已无转让价值，不能给企业带来经济利益，因此不能确认为企业的资产。

【例题2·多选题】 下列各项中，企业能够确认为资产的有（ ）。

A. 经营租出的设备

B. 经营租入的设备

C. 已收到发票，但尚未到达企业的原材料

D. 近期将要购入的设备

【答案】 AC

【解析】 资产是指企业过去的交易或事项形成并由企业拥有或者控制的、预期会给企业带来经济利益的资源。选项B是企业并不能拥有或控制的；选项D不是企业过去的交易或事项。

【例题3·判断题】 只要是由过去的交易或事项形成的并由企业拥有或控制的资源，均应确认为企业的一项资产。（ ）

【答案】 ×

【解析】资产是指企业过去的交易或事项形成的、并由企业拥有或者控制的、预期会给企业带来经济利益的资源。

【例题4·多选题】下列各项收到的款项中，属于收入的有(　)。

A. 出租固定资产收到的租金

B. 销售商品收取的增值税

C. 出售原材料收到的价款

D. 出售无形资产收到的价款

【答案】AC

【解析】出租固定资产收到的租金属于让渡资产使用权取得的收入；收取的增值税属于代收的款项不属于企业经济利益的流入；出售原材料收到的价款等同于销售商品取得的价款；企业出售无形资产、出售固定资产并非企业的日常活动，这种偶发性的收益不应该确认为收入，所以其收到的价款不属于日常活动的经济利益的总流入，所以不是收入。

【例题5·单选题】下列说法正确的是(　)。

A. 收入是指企业销售商品、提供劳务及让渡资产使用权等活动中形成的经济利益的总流入

B. 所有者权益增加一定表明企业获得了收入

C. 狭义的收入包括营业外收入

D. 收入按照性质不同，分为销售商品收入、提供劳务收入和让渡资产使用权收入等

【答案】D

【解析】收入是指企业在日常活动中形成的、会导致所有者权益增加的、与所有者投入资本无关的经济利益的总流入。所有者权益增加不一定表明企业获得了收入，比如投资者对企业进行投资，企业的实收资本（或股本）增加，则所有者权益也增加；狭义的收入指的是企业的营业收入，不包括营业外收入。

【例题6·单选题】下列各项中，不属于收入要素内容的

是（ ）。

A. 营业外收入　　B. 出租固定资产取得的收入

C. 提供劳务取得的收入　　D. 销售商品取得的收入

【答案】A

【解析】收入是企业日常经营活动形成的、会导致所有者权益增加的、与所有者投入资本无关的经济利益的总流入。营业外收入不是企业日常经营活动形成的，它是偶然发生的事件导致。

【例题7·判断题】企业处置固定资产发生的净损失，应该确认为企业的费用。（ ）

【答案】×

【解析】处置固定资产不属于企业的日常活动，因此其收益或损失不应该确认为企业的收入或费用，而应确认为直接计入当期利润的利得或损失。

（二）会计要素的计量

会计要素的计量也是财务会计的一项重要程序，它是指用数量尤其是用金额对应列入报表的各项要素加以描述的基本方式。会计要素的计量通常被认为是财务会计的核心问题。计量是一种模式，它主要由计量单位和计量属性两方面内容构成。

按照基本准则的规定，会计计量属性一共包括五种：

（1）历史成本。在历史成本计量下，资产按照购置时支付的现金或者现金等价物的金额，或者按照购置资产时所付出的对价的公允价值计量。负债按照因承担现时义务而实际收到的款项或者资产的金额，或者承担现时义务的合同金额，或者按照日常活动中为偿还负债预期需要支付的现金或者现金等价物的金额计量。

（2）重置成本。在重置成本计量下，资产按照现在购买相同或者相似资产所需支付的现金或者现金等价物的金额计量；负债按照现在偿付该项债务所需支付的现金或者现金等价物的金额计量。

（3）可变现净值。资产按照其正常对外销售所能收到现金或者现金等价物的金额扣减该资产至完工时估计将要发生的成本、估计的销售费用以及相关税费后的金额计量。

（4）现值。资产按照预计从其持续使用和最终处置中所产生的未来净现金流入量的折现金额计量。负债按照预计期限内需要偿还的未来净现金流出量的折现金额计量。

（5）公允价值。在公允价值计量下，资产和负债按照在公平交易中，熟悉情况的交易双方自愿进行资产交换或者债务清偿的金额计量。

采用重置成本、可变现净值、现值、公允价值计量的，应当保证所确定的会计要素金额能够取得并可靠计量。

二、会计科目

（一）会计科目的概念

会计科目是指对会计要素的具体内容进行分类核算的项目。会计要素是对会计对象的基本分类，资产、负债、所有者权益、收入、费用和利润这六个会计要素又是会计核算和监督的内容。而这六个会计要素对于纷繁复杂的企业经济业务的反映又显得过于粗略。因此，为满足经济管理及有关各方对会计信息的质量要求，必须对会计要素进行细化。即采用一定的形式，对每一个会计要素所反映的具体内容进一步分门别类地划分，设置会计科目。

会计科目是进行各项会计记录和提供各项会计信息的基础，在会计核算中具有重要意义：

（1）会计科目是复式记账的基础。

复式记账要求每一笔经济业务在两个或两个以上相互联系的账户中进行登记，以反映资金运动的来龙去脉。

（2）会计科目是编制记账凭证的基础。

（3）会计科目为成本计算与财产清查提供了前提条件。

（4）会计科目为编制财务报表提供了方便。

【例题8·单选题】 会计科目是指对（　）的具体内容进行分类核算的项目。

A. 会计要素　　　　B. 会计账户

C. 会计信息　　　　D. 经济业务

【答案】 A

（二）会计科目的分类

1. 按其归属的会计要素分类

（1）资产类科目：按资产的流动性分为反映流动资产的科目和反映非流动资产的科目。

（2）负债类科目：按负债的偿还期限分为反映流动负债的科目和反映长期负债的科目。

（3）所有者权益类科目：按所有者权益的形成和性质可分为反映资本的科目和反映留存收益的科目。

（4）成本类科目：按成本内容和性质的不同可以分为反映制造成本的科目和反映劳务成本的科目。

（5）损益类科目：按损益的不同内容可以分为反映收入的科目和反映费用的科目。

【提示】 根据大纲内容分为五类，但根据企业会计准则，会计科目按其所归属的会计要素不同进行分类，除了上述五种还有共同类。

共同类科目可能具有资产的性质，也可能具有负债的性质，它的性质取决于科目核算的结果：当其核算结果出现借方余额，则作为资产类科目；而当其核算结果出现贷方余额，则作为负债类科目。

2. 按提供信息的详细程度及其统驭关系分类

（1）总分类科目，又称一级科目或总账科目，它是对会计要素具体内容进行总括分类、提供总括信息的会计科目；总分类科目反映各种经济业务的概括情况，是进行总分类核算的依据。

（2）明细分类科目，又称明细科目，是对总分类科目作进一步分类、提供更详细和更具体会计信息的科目。

总分类科目是对会计要素具体内容进行总括分类、提供总括信息的会计科目，如“应收账款”、“应付账款”、“原材料”等。明细分类科目是对总分类科目作进一步分类、提供更详细更具体会计信息的科目，如“应收账款”科目按债务人名称或姓名设置明细科目，反映应收账款的具体对象。对于明细科目较多的总账科目，可在总分类科目与明细科目之间设置二级或多级科目。

例：原材料——木板——红木

总分类科目（一级科目）　二级科目　三级科目

【要点】

①并不是所有的科目都有二级科目、三级科目；

②科目一般分到三级，不是越多越好；

③二级科目和三级科目统称为明细科目。

【链接】总分类科目和明细分类科目的关系：

总分类科目总括反映会计对象的具体内容，明细分类科目详细反映会计对象的具体内容。总分类科目对明细分类科目具有统驭和控制作用，而明细分类科目是对总分类科目的补充和说明。

（三）会计科目的设置

1. 会计科目的设置原则，如表2.1所示。

表2.1　会计科目的设置原则

合法性原则	企业应当按照国家财政部门制定的会计制度法规中规定的会计科目来设置本企业适用的会计科目；企业可以根据自身的生产经营特点，在不影响会计核算要求和会计报表指标汇总，以及对外提供统一的财务会计报表的前提下，自行增设、减少或合并某些会计科目

续表

相关性原则	设置会计科目，应当提供各方所需要的会计信息服务，要满足有关各方对报告的要求
实用性原则	企业在合法性的基础上，应根据自身的特点，设置符合企业实际情况的会计科目，对于本企业重要的经济业务，可以按照重要性原则对会计科目进行细分，设置更为具体的会计科目；对于不重要的经济业务或者不经常发生的业务，可以对某些会计科目进行适当的归并。对于会计科目的名称，在不违背会计科目使用原则的基础上，可以结合本企业的实际情况，设置本企业特有的会计科目

2. 常用会计科目

我国新发布的《企业会计准则——应用指南》就是按照上述分类进行的，一般工商企业使用的会计科目如表 2.2 所示。

表 2.2　　会计科目参照表（简表）

编号	会计科目名称	编号	会计科目名称
	一、资产类	2203	预收账款
1001	库存现金	2211	应付职工薪酬
1002	银行存款	2221	应交税费
1012	其他货币资金	2231	应付利息
1101	交易性金融资产	2232	应付股利
1121	应收票据	2241	其他应付款
1122	应收账款	2401	递延收益
1123	预付账款	2501	长期借款
1131	应收股利	2502	应付债券
1132	应收利息	2701	长期应付款
1221	其他应收款	2702	未确认融资费用
1231	坏账准备	2711	专项应付款
1303	贷款	2801	预计负债
1304	贷款损失准备	2901	递延所得税负债
1401	材料采购		三、共同类
1402	在途物资	3001	清算资金往来
1403	原材料	3002	货币兑换
1404	材料成本差异	3101	衍生工具

续表

编号	会计科目名称	编号	会计科目名称
1405	库存商品	3201	套期工具
1406	发出商品	3202	被套期项目
1407	商品进销差价		四、所有者权益类
1408	委托加工物资	4001	实收资本
1411	周转材料	4002	资本公积
1471	存货跌价准备	4101	盈余公积
1501	持有至到期投资	4103	本年利润
1502	持有至到期投资减值准备	4104	利润分配
1503	可供出售金融资产		五、成本类
1511	长期股权投资	5001	生产成本
1512	长期股权投资减值准备	5101	制造费用
1521	投资性房地产	5201	劳务成本
1531	长期应收款	5301	研发支出
1532	未实现融资收益	5401	工程施工
1601	固定资产	5402	工程结算
1602	累计折旧		六、损益类
1603	固定资产减值准备	6001	主营业务收入
1604	在建工程	6051	其他业务收入
1605	工程物资	6061	汇兑损益
1606	固定资产清理	6101	公允价值变动损益
1611	未担保余值	6111	投资收益
1701	无形资产	6301	营业外收入
1702	累计摊销	6401	主营业务成本
1703	无形资产减值准备	6402	其他业务成本
1711	商誉	6403	营业税金及附加
1801	长期待摊费用	6601	销售费用
1811	递延所得税资产	6602	管理费用
1901	待处理财产损溢	6603	财务费用
	二、负债类	6701	资产减值损失
2001	短期借款	6711	营业外支出
2101	交易性金融负债	6801	所得税费用
2201	应付票据	6901	以前年度损益调整
2202	应付账款		

【例题9·单选题】会计科目按其所（ ）不同分为总分类科目和明细分类科目。

A. 反映的会计对象

B. 归属的会计要素

C. 提供信息的详细程度及其统驭关系

D. 反映的经济业务

【答案】C

【例题10·多选题】以下属于按照会计科目归属的会计要素不同进行的分类有（ ）。

A. 明细分类科目　　B. 总分类科目

C. 损益类　　D. 成本类

【答案】CD

（四）会计科目与账户

【说明】为了帮助考生学习，此处采取了与大纲不同的位置来讲解，会计账户的内容在本书第五章中也会做详细的讲解。

1. 账户的概念

账户是用于分类反映会计要素增减变动情况及其结果的载体，是用来记录会计科目所反映的经济业务的工具，账户以会计科目作为名称，同时又具备一定的格式，即结构；而会计科目只是对会计对象的具体内容进行了分类，它只有分类的名称而没有一定的格式。

2. 账户和会计科目的联系和区别

会计科目和账户所反映的会计对象的具体内容是相同的，两者口径一致，性质相同，都是体现对会计要素具体内容的分类。会计科目是账户的名称，也是设置账户的依据；账户则是根据会计科目来设置的，账户是会计科目的具体运用。因此，会计科目的性质决定了账户的性质，账户的分类和会计科目的分类一样，可分为资产类账户、负债类账户、共同类账户、所有者权益类账户、收入类账户、费用类账户、利润类账户等。会计科目和账户对会计对象的经济内容分类的方法和分类的用途及分类的结果是完全相同的。没有会计科目，账户便失去了设置的依据；没有账户，会计科目就无法发挥作用。

会计科目和账户的主要区别在于会计科目仅仅是账户的名称，不存在结构；而账户则具有一定的格式和结构。会计科目仅说明反映的经济内容是什么，而账户不仅说明反映的经济内容是什么，而且系统反映和控制其增减变化及结余情况的工具。会计科目的作用主要是为了开设账户，填制凭证所运用；而账户的作用主要是提供某一具体会计对象的会计资料，为编制财务报表所运用。

在实际工作中，账户和会计科目这两个概念已不加严格区别，往往是互相通用。

同步系统训练

一、单项选择题

1. “应交税费”科目，属于(　)类会计科目。

A. 所有者权益　　B. 负债

C. 成本　　D. 损益

2. 下列说法不正确的是(　)。

A. 所有者权益是指企业所有者在企业资产中享有的经济利益

B. 所有者权益的金额等于资产减去负债后的余额

C. 所有者权益也称为净资产

D. 所有者权益包括实收资本（或股本）、资本公积、盈余公积和留存收益等

3. 下列各项中，属于资产类科目的是(　)。

A. 应付账款　　B. 资本公积

C. 银行存款　　D. 预收账款

4. 下列会计科目中，不属于资产类的是(　)。

A. 应收账款　　B. 累计折旧
C. 预收账款　　D. 预付账款

5. 企业在日常活动中形成的、会导致所有者权益增加的、与所有者投入资本无关的经济利益的总流入称为(　)。
A. 利润　　B. 资产
C. 利得　　D. 收入

6. “营业外支出”科目按其所归属的会计要素不同，属于(　)类科目。
A. 资产　　B. 负债
C. 成本　　D. 损益

7. “应付账款”科目按其所归属的会计要素不同，属于(　)类科目。
A. 资产　　B. 负债
C. 所有者权益　　D. 成本

8. 总分类会计科目一般按(　)进行设置。
A. 企业管理的需要　　B. 统一会计制度的规定
C. 会计核算的需要　　D. 经济业务的种类不同

9. 下列会计科目中，属于负债类科目的是(　)。
A. 资本公积　　B. 预付账款
C. 生产成本　　D. 预收账款

10. 对会计要素具体内容进行总括分类、提供总括信息的会计科目称为(　)。
A. 二级科目　　B. 明细分类科目
C. 备查科目　　D. 总分类科目

11. 下列会计科目中，属于所有者权益类科目的是(　)。
A. 营业外收入　　B. 生产成本
C. 应收账款　　D. 利润分配

12. 在下列项目中，与“制造费用”属于同一类科目的是(　)。
A. 固定资产　　B. 其他业务成本

C. 生产成本　　D. 主营业务成本

13. 下列会计科目中，属于损益类科目的是(　)。

A. 主营业务成本　　B. 生产成本

C. 制造费用　　D. 其他应收款

14. “预付账款”科目按其所归属的会计要素不同，属于(　)类科目。

A. 资产　　B. 负债

C. 所有者权益　　D. 成本

15. “财务费用”科目按其所归属的会计要素不同，属于(　)类科目。

A. 资产　　B. 所有者权益

C. 成本　　D. 损益

16. 二级科目是介于(　)之间的科目。

A. 总分类科目和明细分类科目

B. 总账与明细账

C. 总分类科目

D. 明细分类科目

17. “其他业务成本”科目按其所归属的会计要素不同，属于(　)类科目。

A. 成本　　B. 资产

C. 损益　　D. 所有者权益

18. “管理费用”科目按其所归属的会计要素不同，属于(　)类科目。

A. 资产　　B. 所有者权益

C. 成本　　D. 损益

19. 所设置的会计科目应符合单位自身特点，满足单位实际需要，这一点符合(　)原则。

A. 实用性　　B. 合法性

C. 谨慎性　　D. 相关性

20. ( )不是设置会计科目的原则。

A. 实用性原则　　B. 相关性原则

C. 权责发生制原则　　D. 合法性原则

21. 下列会计科目中，属于成本类科目的是( )。

A. 其他业务收入　　B. 生产成本

C. 财务费用　　D. 其他业务成本

22. 下列各项中，不属于所有者权益类科目是( )。

A. 应付股利　　B. 盈余公积

C. 资本公积　　D. 实收资本

23. 下列各项中，不属于反映企业财务状况的会计要素是( )。

A. 资产　　B. 负债

C. 所有者权益　　D. 利润

24. 下列各项中，属于反映企业经营成果的会计要素是( )。

A. 资产　　B. 所有者权益

C. 负债　　D. 费用

25. 下列各项中，属于企业资产的是( )。

A. 应付账款　　B. 融资租入的设备

C. 预收账款　　D. 即将购入的原材料

26. 下列各项中，符合收入会计要素定义的是( )。

A. 出售材料收入

B. 出售无形资产净收益

C. 出售固定资产净收益

D. 向购货方收取的增值税销项税额

27. 下列各项中，属于所有者权益的是( )。

A. 长期借款　　B. 银行存款

C. 预收账款　　D. 实收资本

28. 投资人投入的资金和债权人投入的资金，投入企业后，形成企业的( )。

A. 成本　　B. 费用

C. 资产　　D. 负债

29. 下列各项中，不属于流动资产的是（ ）。

A. 预收账款　　B. 预付账款

C. 应收账款　　D. 应收票据

30. 下列各项中，不属于企业资产的是（ ）。

A. 实收资本　　B. 融资租入的固定资产

C. 机器设备　　D. 专利权

二、多项选择题

1. 下列各项中，属于反映企业经营成果的动态要素的有（ ）。

A. 收入　　B. 费用

C. 利润　　D. 负债

2. 下列各项中，属于所有者权益直接来源的有（ ）。

A. 所有者投入的资本

B. 不应计入当期损益的利得或者损失

C. 留存收益

D. 收入

3. 下列各项中，属于资产要素特点的有（ ）。

A. 必须是经济资源

B. 必须是有形的

C. 必须是预期能给企业带来经济利益

D. 必须是企业拥有或控制的

4. 以下有关明细分类科目的表述中，正确的有（ ）。

A. 明细分类科目也称一级会计科目

B. 明细分类科目是对总分类科目作进一步分类的科目

C. 明细分类科目是对会计要素具体内容进行总括分类的科目

D. 明细分类科目是能提供更加详细更加具体会计信息的科目

5. 下列各项中，属于会计科目设置原则的有（ ）。

A. 相关性原则　　B. 实用性原则

C. 合法性原则　　D. 真实性原则

6. 下列会计科目中，属于所有者权益类科目的有（　）。
A. 主营业务成本　　B. 盈余公积
C. 利润分配　　D. 其他业务收入

7. 下列会计科目中，属于负债类科目的有（　）。
A. 长期借款　　B. 应交税费
C. 累计折旧　　D. 应付利息

8. 下列各项中，属于费用要素特点的有（　）。
A. 企业在日常活动中发生的经济利益的总流入
B. 会导致所有者权益减少
C. 与向所有者分配利润无关
D. 会导致所有者权益增加

9. 下列各项中，属于资产要素的有（　）。
A. 应收账款　　B. 在途物资
C. 预收账款　　D. 预付账款

10. 下列会计科目中，属于资产类科目的有（　）。
A. 预收账款　　B. 预付账款
C. 应收账款　　D. 应付账款

11. 下列各项中，属于资产的特征的有（　）。
A. 资产是由于过去或现在的交易或事项形成的
B. 资产必须能够用货币计量其价值
C. 资产能够给企业带来经济利益
D. 资产一定具有具体的实物形态

12. 下列各项中，属于反映企业财务状况的静态要素的有（　）。
A. 资产　　B. 负债
C. 利润　　D. 所有者权益

13. 企业的收入可能会导致（　）。
A. 库存现金的增加　　B. 银行存款的增加
C. 企业其他资产的增加　　D. 企业负债的减少

14. 下列会计科目中，属于损益类科目的有（　）。

A. 营业外支出　　B. 本年利润

C. 销售费用　　D. 营业税金及附加

15. 下列各项中，影响利润金额计量的有（　）。

A. 资产

B. 收入

C. 费用

D. 直接计入所有者权益的利得或损失

16. 下列各项中，属于负债要素特点的有（　）。

A. 负债是由现在的交易或事项引起的偿债义务

B. 负债是由过去的交易或事项形成的现时义务

C. 负债是由将来的交易或事项引起的偿债义务

D. 负债将会导致经济利益流出企业

17. 下列各项中，属于成本类科目的有（　）。

A. 制造费用　　B. 管理费用

C. 生产成本　　D. 主营业务成本

18. 下列各项中，属于所有者权益的有（　）。

A. 未分配利润　　B. 资本公积

C. 盈余公积　　D. 实收资本

19. 下列各项中，属于负债要素的项目有（　）。

A. 短期借款　　B. 预收账款

C. 预付账款　　D. 应交税费

三、判断题

1. 资产是指企业现时的交易或者事项形成的、由企业拥有或者控制的、预期会给企业带来经济利益的资源。（　）

2. 明细分类科目对总分类科目起着补充说明和统驭控制的作用。（　）

3. 只要企业拥有某项财产物资的所有权就能将其确认为资产。（　）

4. 预付账款属于资产类科目，而制造费用属于成本类科目。（　）

5. 对于明细科目较多的总账科目，可在总分类科目与明细分类科目之间设置二级或多级科目。（　）

6. 按照我国的会计准则，负债不仅指现时已经存在的债务责任，还包括某些将来可能发生的、偶然事项形成的债务责任。（ ）
7. 成本类科目包括制造费用、生产成本及主营业务成本等科目。（ ）
8. 总分类科目与其所属的明细分类科目的核算内容相同，所不同的是前者提供的信息比后者更加详细。（ ）
9. 设置会计科目的相关性原则是指所设置的会计科目应当符合国家统一的会计制度的规定。（ ）
10. 利润是收入与费用配比相抵后的差额，是经营成果的最终要素。（ ）
11. 所有者权益是指企业投资人对企业资产的所有权。（ ）
12. 企业的利得和损失包括直接计入所有者权益的利得和损失以及直接计入当期利润的利得和损失。（ ）
13. 企业只能使用国家统一的会计制度规定的会计科目，不可以自行制定会计科目。（ ）
14. 所有者权益与企业特定的、具体的资产并无直接关系，不与企业任何具体的资产项目发生对应关系。（ ）
15. 资产包括固定资产和流动资产两部分。（ ）
16. 二级科目（子目）不属于明细分类科目。（ ）
17. 会计要素中既有反映财务状况的要素，又有反映经营成果的要素。（ ）

四、简答题

1. 简述资产的主要特征。
2. 简述负债的主要特征。

同步系统训练参考答案及解析

一、单项选择题

1. B

2. D

【解析】所有者权益包括实收资本（或股本）、资本公积、盈余公积和未分配利润等，盈余公积和未分配利润又统称为留存收益。所以，也可以表述为：所有者权益包括实收资本（或股本）、资本公积和留存收益等，因此选项D不正确。

3. C

【解析】应付账款和预收账款是负债类科目；资本公积是所有者权益类科目。

4. C

5. D

【解析】收入是指企业在日常的经营活动中形成的、会导致所有者权益增加的、与所有者投入资本无关的经济利益的总流入。

6. D

7. B

8. B

【解析】总分类科目也叫总账科目或一级科目，一般是按照财政部门制定的统一会计制度规定设置。

9. D

【解析】“资本公积”属于所有者权益类科目；“预付账款”属于资产类科目；“生产成本”属于成本类科目。

10. D

【解析】总分类科目是对会计要素具体内容进行总括分类、提供总括信息的会计科目。

11. D

【解析】“营业外收入”属于损益类科目；“生产成本”属于成本类科目；“应收账款”属于资产类科目。

12. C

【解析】选项A属于资产类科目；选项B和选项D属于损益类科目；选项C和“制造费用”同属于成本类科目。

13. A

【解析】“生产成本”和“制造费用”属于成本类科目；“其他应收款”属于资产类科目。

14. A

【解析】“预付账款”属于资产类科目，预期会导致经济利益流入企业。

15. D

16. A

【解析】对于明细科目较多的总账科目，可在总分类科目与明细科目之间设置二级或多级科目。

17. C

18. D

19. A

【解析】企业应该在合法性原则的基础上，应根据企业自身的特点，设置符合企业实际情况的会计科目，这是会计科目设置原则中实用性的要求。

20. C

【解析】会计科目的设置原则包括：合法性原则、相关性原则、实用性原则。

21. B

【解析】其他三项都属于损益类科目。

22. A

【解析】所有者权益类科目包括实收资本、资本公积、盈余公积、本年利润和利润分配；“应付股利”属于负债类科目。

23. D

【解析】反映财务状况的会计要素包括资产、负债和所有者权益；反映经营成果的会计要素包括收入、费用和利润。

24. D

25. B

【解析】选项AC属于负债，选项D不符合资产的定义。

26. A

【解析】收入，是指企业在日常活动中形成的、会导致所有者权益增加的、与所有者投入资本无关的经济利益的总流入，包括销售商品收入、提供劳务收入和让渡资产使用权收入。企业销售其他存货，如原材料、包装物等也视同销售商品。但收入不包括偶发的交易或事项产生的经济利益流入，如出售无形资产净收益、转让固定资产净收益；收入也不包括为第三方或客户代收的款项，如向购货方收取的增值税销项税额。

27. D

【解析】长期借款和预收账款是负债，银行存款是资产，实收资本属于所有者权益。

28. C

【解析】投资人投入的资金称为所有者权益，债权人投入的资金称为负债。资金投入企业后，形成企业的资产，资产＝负债＋所有者权益。

29. A

【解析】预收账款属于企业的流动负债。

30. A

【解析】实收资本是企业的所有者权益，而不是资产；融资租入的固定资产作为承租企业的资产核算；机器设备是企业的固定资产；专利权是企业的无形资产。

二、多项选择题

1. ABC

【解析】负债是反映企业财务状况的静态要素。

2. ABC

【解析】选项 B 不计入当期损益的利得或损失应该直接计入所有者权益中；收入不是所有者权益的直接来源。

3. ACD

【解析】企业的某些资产可以是无形的，比如不具有实物形态的专利权、商标权，它们作为企业的无形资产核算。

4. BD

【解析】总分类科目是一级会计科目；总分类科目是对会计要素具体内容进行总括分类的科目。所以选项 AC 不正确。

5. ABC

【解析】会计科目的设置原则包括相关性、合法性和实用性这三个原则。

6. BC

【解析】选项 AD 属于损益类科目。

7. ABD

【解析】“累计折旧”是固定资产的备抵科目，属于资产类科目。

8. BC

【解析】费用是指企业日常经营活动中发生的、会导致所有者权益减少的、与向所有者分配利润无关的经济利益的总流出。

9. ABD

【解析】预收账款是负债要素，其他三项是资产要素。

10. BC

【解析】预付账款和应收账款属于资产类科目；预收账款和应付账款属于负债类科目。

11. BC

【解析】选项 A 的表述不正确，资产不是由现在的交易或事项形成的。选项 D 明显不正确，例如无形资产属于资产，但没有具体的实物形态。

12. ABD

【解析】利润是反映企业的经营成果的动态要素。

13. ABCD

14. ACD

【解析】“本年利润”属于所有者权益类科目。

15. BC

【解析】收入和费用期末应该转入到“本年利润”科目中，因此会影响利润金额的计量。直接计入所有者权益的利得和损失通过“资本公积”科目核算，不影响利润。

16. BD

【解析】负债是指企业过去的交易或者事项形成的，预期会导致经济利益流出企业的现时义务。

17. AC

【解析】选项 BD 属于损益类科目。

18. ABCD

19. ABD

【解析】选项 C 是资产要素。

三、判断题

1. ×

【解析】资产是企业过去的交易或者事项形成的，而不是现在的交易或事项。

2. ×

【解析】总分类科目对明细分类科目起着统驭控制的作用，明细分类科目对总分类科目起着补充说明的作用。

3. ×

【解析】资产是指企业过去的交易或者事项形成的、由企业拥有或控制的、预期会给企业带来经济利益的资源，而该题中只是满足“拥有财产物资”这一个条件，所以是不正确的。

4. √

5. √

6. ×

【解析】负债必须是现时义务，将来可能承担的义务不是负债。

7. ×

【解析】主营业务成本属于损益类科目。

8. ×

【解析】明细分类科目是对总分类科目做进一步分类、提供更详细更具体会计信息的科目。

9. ×

【解析】合法性原则要求企业所使用的会计科目符合国家统一会计制度的规定，相关性要求设置的会计科目应该为提供有关各方所需用的会计信息服务，满足企业有关方面对其财务报告的要求。

10. √

【解析】利润是指企业在一定会计期间的经营成果。它是企业在一定会计期间内生产经营活动的最终结果，即收入与费用配比相抵后的差额，它是经营成果的最终要素。

11. ×

【解析】所有者权益是指企业资产扣除负债后，由所有者享有的剩余权益，代表企业投资人对企业净资产的所有权。

12. √

13. ×

【解析】企业可以在合法性的基础上，根据企业自身特点，设置符合企业实际情况的会计科目。

14. √

【解析】所有者权益与企业特定的、具体的资产并无直接关系，它并不与企业任何具体的资产项目发生对应关系。例如，一定数额的所有者权益并不代表相应数额的货币资产或存货。所有者权益只是在整体上、在抽象的意义上与企业的资产保持数量关系。

15. ×

【解析】资产包括流动资产和非流动资产，固定资产、无形资产等属于非流动资产。

16. ×

17. √

四、简答题

1. **【答案】**

资产的主要特征：

（1）资产是由企业过去的交易或事项形成的；

（2）资产是由企业拥有或控制的；

（3）资产必须是预期会给企业带来经济利益的资源。

2. **【答案】**

负债的主要特征：

（1）负债是由于过去的交易或事项而产生的；

（2）负债的清偿预期会导致经济利益流出企业；

（3）负债是企业承担的现时义务。

第 3 章 会计等式与复式记账

考情分析

本章是学习会计核算的基础，考生应该重点掌握会计等式、经济业务对会计恒等式的影响、借贷记账法下不同性质账户的结构和记账规则、借贷记账法下的试算平衡、会计分录、总分类科目和明细分类科目的平行登记。考试应该从客观题题型来把握。

本章主要考点

（一）会计等式
（二）经济业务对会计恒等式的影响
（三）复式记账法
（四）借贷记账法的概念
（五）借贷记账法下账户的结构
（六）借贷记账法的记账规则
（七）账户的对应关系和会计分录
（八）借贷记账法的试算平衡
（九）总分类账户与明细分类账户的平行登记

本章基本内容框架

- 会计等式与复式记账
  - 会计等式
    - 资产＝负债＋所有者权益
    - 收入－费用＝利润
  - 复式记账
    - 复式记账法
    - 借贷记账法
    - 总分类账户与明细分类账户的平行登记

重点、难点讲解及典型例题

一、会计等式

会计等式是表明各个会计要素之间基本关系的恒等式。

（一）资产＝负债＋所有者权益

企业的资产来源表现为所有者的投入资本和债权人的借入资金。其中所有者投入的资本就是所有者权益，债权人借入的资金就是负债。

资产、负债和所有者权益实际上是同一价值运动的两个方面，从数量上来说，来源必然等于占用。所以资产的价值量必然等于负债与所有者权益之和。这一会计等式还是会计复式记账、会计核算和财务报表的基础。

其中负债也叫做债权人权益，所以负债和所有者权益合称权益。会计等式也可以写为：

资产＝权益

企业经济活动的发生只是表现在数量上，影响资产总额与负债、所有者权益总额的同时增、减变化，资产总额或权益总额内部项目同时增、减变化，并不能也不会破坏这一基本的恒等关系。

从“资产＝权益”来看，各项经济业务的发生所引起的会计要素的变动，归纳起来，有以下4种情况：

(1) 资产与权益同时等额增加；

(2) 资产方等额有增有减，权益不变；

(3) 资产与权益同时等额减少；

(4) 权益方等额有增有减，资产不变。

从“资产＝负债＋所有者权益”来看各项经济业务的发生所引起的会计要素的变动，归纳起来，有以下9种情况：

(1) 一项资产和一项负债同时增加；

(2) 一项资产和一项所有者权益同时增加；

(3) 一项资产和一项负债同时减少；

(4) 一项资产和一项所有者权益同时减少；

(5) 一项资产增加，另一项资产减少；

(6) 一项负债增加，另一项负债减少；

(7) 一项负债增加，一项所有者权益减少；

(8) 一项负债减少，一项所有者权益增加；

(9) 一项所有者权益增加，另一项所有者权益减少。

(二) 收入－费用＝利润

企业一定时期所获得的收入，扣除所发生费用后的余额表现为利润。在实际工作中，由于收入不包括处置固定资产净收益、出售无形资产净收益等，费用也不包括处置固定资产净损失、自然灾害损失等，所以，收入减去费用，并经过调整后，才等于利润。

收入、费用和利润之间的上述关系，是编制利润表的基础。

(三) 资产＝负债＋所有者权益＋（收入－费用）

实际上会计基本恒等式只有（一）、（二），而（三）是将两者结合起来的等式，将公式（二）代入公式（一）得到，资产＝负债＋所有者权益＋利润＝负债＋所有者权益＋（收入－费用）。

这一等式表明了会计主体的财务状况与经营成果之间的相互联系。财务状况表明企业一定日期资产的来源和占用情况，反映一定日期的资产的存量情况。而经营成果表明一定期间净资产的增加或减少的情况，反映一定期间资产的增量或者减量。经营成果最终要影响到企业的财务状况。

【例题1·单选题】下列各项中，能够使企业资产总额减少的是（ ）。

A. 向银行借款

B. 向银行借款直接偿还应付账款

C. 以银行存款偿还借款

D. 接受投资者投入现金

【答案】C

【解析】向银行借款会使资产和负债同时增加；向银行借款直接偿还应付账款会使负债内部一增一减，资产和权益总额不变；以银行存款偿还借款会使资产和负债同时减少，资产总额减少；接受投资者投入的现金会使资产和所有者权益同时增加，资产总额增加。

二、复式记账

（一）复式记账法

为了将发生的经济业务记录到有关的账户中，这就需要采用一定的记账方法，复式记账法是会计核算方法中最基本、最主要的会计方法之一，是以资产与权益的平衡关系作为记账基础，对于每一笔经济业务，都要在两个或两个以上相互联系的账户中进行登记，系统地反映资金运动变化及其结果的一种记账方法。

复式记账法与单式记账法相比，具有以下三个明显的特点：

（1）采用复式记账，能全面地反映每一项经济业务的来龙去脉。

（2）采用复式记账，能全面、系统地反映经济活动的过程和结果。

（3）采用复式记账，便于检查账户记录的正确性。

正是因为复式记账法具有以上特点，因而被公认为是一种科学的记账方法，为世界各国所广泛采用。

（二）借贷记账法

1. 借贷记账法的概念

借贷记账法是指以“借”和“贷”为记账符号的一种复式记

账方法。

2. 借贷记账法的记账符号

借贷记账法是以“借”、“贷”两字作为记账符号，分别作为账户的左方和右方。这里的“借”、“贷”已失去其原有的含义，变成了专门的记账符号。

3. 借贷记账法下账户的结构

在借贷记账法下，账户的基本结构是：左方为借方，右方为贷方。但哪一方登记增加，哪一方登记减少，则要根据账户的性质和类型决定，表 3.1 中所示情况均为一般情况。

表 3.1　　　　账户结构表

	借方	贷方	余　额	期末余额计算公式	举　例
资产类	增加	减少	借方	资产类账户期末余额＝期初余额＋本期借方发生额（增加额）－本期贷方发生额（减少额）	银行存款
权益类（负债、所有者权益）	减少	增加	贷方	权益类账户期末余额＝期初余额＋本期贷方发生额（增加额）－本期借方发生额（减少额）	应付账款
收入类（损益类）	减少	增加	期末结转入本年利润后应无余额	收入类账户一般期末无余额	主营业务收入
费用类（损益类）	增加	减少	期末结转入本年利润后应无余额	平时余额在借方，期末余额转销后一般无余额	主营业务成本
成本类	增加	减少	借方	成本类账户期末余额＝期初余额＋本期借方发生额（增加额）－本期贷方发生额（减少额）	生产成本

注：权益与所有者权益的区别与联系，权益包括负债与所有者权益两大部分，因此考生在学习中要注意区分权益与所有者权益。

4. 借贷记账法的记账规则

借贷记账法的记账规则为：有借必有贷，借贷必相等。即对于每一笔经济业务，都要在两个或两个以上相互联系的账户中以借方和贷方相等的金额进行登记。

企业发生的任何经济业务均可概括为表3.2中所示四种类型：

表3.2　　四类经济业务

类　型	例　题	讲　解
资产与权益同时增加，总额增加	企业收到投资者投入现金60 000元存入银行。（假定不产生溢价）	此项经济业务一方面使资产类账户“银行存款”借方增加了60 000元，另一方面增加了权益类账户“实收资本”贷方增加了60 000元，借贷金额相等
资产与权益同时减少，总额减少	企业用银行存款偿还应付账款80 000元。	此项经济业务一方面使资产类账户“银行存款”减少了80 000元，记入该账户的贷方；另一方面减少了权益类账户“应付账款”80 000元，计入该账户的借方，借贷金额相等
资产内部有增有减，总额不变	企业使用银行存款50 000元购买固定资产。（不考虑增值税）	此项经济业务一方面使资产类账户“银行存款”减少50 000元，记入该账户的贷方；另一方面使资产类账户“固定资产”在借方增加50 000元，借贷方金额相等，资产总额不变
权益内部有增有减，总额不变	企业按当年实现净利润的10%计提法定盈余公积，金额为6 000元。	该事项一方面使权益类账户“盈余公积”增加6 000元，记入该账户的贷方；另一方面使企业的权益类账户“利润分配”减少6 000元，记入该账户的借方，权益总额不变

5. 会计科目的对应关系和会计分录

(1) 会计科目的对应关系

会计科目的对应关系，是指按照借贷记账法的记账规则记录经济业务时，在两个或两个以上有关账户之间形成的应借、应贷的相互对照关系。

在借贷记账法下，发生的每项经济业务，都要记录在一个或几个账户的借方与另一个或几个账户的贷方。对每项经济业务记录所形成的这种“借”记科目和“贷”记科目之间的联系，称为会计科目的对应关系，存在这种对应关系的会计科目称为对应科目，通过会计科目的对应关系，可以了解经济业务的内容和资金运动的来龙去脉。

（2）会计分录

会计分录简称分录。它是指按照复式记账的要求，对每项经济业务列示出应借、应贷的账户名称及其金额的一种记录。在实务中，为了保证记录的正确性，在把经济业务记录之前，应先确定经济业务所涉及的账户及其应记的借贷方金额，然后再根据经济业务发生时所取得的原始凭证，在记账凭证中编制会计分录。

会计分录应当包括以下内容：

①一组对应的记账符号：借方和贷方；

②涉及两个或两个以上的账户名称；

③借贷双方的相等金额。

按照所涉及账户的多少，会计分录分为简单会计分录和复合会计分录。简单会计分录指只涉及一个账户借方和另一个账户贷方的会计分录，即一借一贷的会计分录；复合会计分录指由两个以上（不含两个）对应账户所组成的会计分录，即一借多贷、一贷多借或多借多贷的会计分录。

编制会计分录，应按以下步骤进行：

①分析经济业务事项涉及的是资产（成本、费用）还是权益（收入）。一项经济业务发生后，首先分析该经济业务所涉及的会计账户类型，看看是资产类账户、负债类账户、所有者权益类账户，还是收入类账户、费用（成本）类账户等；

②确定涉及到哪些账户，是增加还是减少；

③确定应记入哪个（或哪些）账户的借方，哪个（或哪些）账户的贷方；

④编制会计分录、并检查是否符合记账规则。

【**要点**】无论是简单会计分录还是复合会计分录，其编制步骤都是相同的。

表 3.3　　**会计分录**

例　题	简单会计分录	复合会计分录
天华股份有限公司以银行存款 30 000 元购买 50 000元原材料，余款暂未支付（不考虑增值税）	借：原材料　30 000 　贷：银行存款　30 000 借：原材料　20 000 　贷：应付账款　20 000	借：原材料　50 000 　贷：银行存款　30 000 　　应付账款　20 000
正保公司以银行存款偿还到期的短期借款4 000元，同时支付尚未计提的借款利息 150 元	借：短期借款　4 000 　贷：银行存款　4 000 借：财务费用　150 　贷：银行存款　150	借：短期借款　4 000 　财务费用　150 　贷：银行存款　4 150

【**例题 2 · 计算题**】根据表 3.2 中列举的四个例题做如下分录：

（1）借：银行存款　60 000
　　　贷：实收资本　60 000

（2）借：应付账款　80 000
　　　贷：银行存款　80 000

（3）借：固定资产　50 000
　　　贷：银行存款　50 000

（4）借：利润分配　6 000
　　　贷：盈余公积　6 000

6. 借贷记账法的试算平衡

试算平衡是指根据“资产＝负债＋所有者权益”的恒等关系以及借贷记账法的记账规则，检查和验证所有账户记录是否正确的一种方法。试算平衡有发生额试算平衡法和余额试算平衡法。

（1）发生额试算平衡法

发生额试算平衡法是根据本期所有账户的借方发生额合计等于当期所有账户的贷方发生额合计的关系，检验本期发生额记录是否正确的方法。其公式为：

全部账户本期借方发生额合计＝全部账户本期贷方发生额合计

（2）余额试算平衡法

余额试算平衡法是运用会计等式，根据本期所有账户的借方余额合计等于本期所有账户的贷方余额合计的关系，检验本期账户记录是否正确的方法。根据余额时间的不同，又分为期初余额平衡和期末余额平衡两类，其公式为：

全部账户的借方期初余额合计＝全部账户的贷方期初余额合计

全部账户的借方期末余额合计＝全部账户的贷方期末余额合计

【要点】

1. 上述两个等式成立原因：资产＝负债＋所有者权益；

2. 这里所指的账户为全部账户，并非某一部分或某一个账户。

在编制试算平衡表时，应注意以下几点：

（1）必须保证所有账户的余额均已记入试算平衡表。因为试算平衡是对全部会计账户而言的，缺少任何一个账户的余额，都会造成期初或期末借方余额合计与贷方余额合计不相等。

（2）如果试算平衡表借贷不相等，肯定是账户记录有错误，应认真查找，直到实现平衡为止。

（3）即使实现了有关三栏的平衡关系，并不能说明账户记录绝对正确，因为有些错误并不会影响借贷双方的平衡关系。例如：

①漏记某项经济业务，将使本期借贷双方的发生额发生等额减少，借贷仍然平衡；

②重记某项经济业务，将使本期借贷双方的发生额发生等额虚增，借贷仍然平衡；

③某项经济业务记错有关账户，借贷仍然平衡；

④某项经济业务在账户记录中，颠倒了记账方向，借贷仍然平衡；

⑤借方或贷方发生额中，偶然发生多记少记并相互抵销，借贷仍然平衡等。

因此，在编制试算平衡表之前，应认真核对有关账户记录。

【例题 3 · 计算题】 某企业总分类账户的月初余额如表 3.4 所示：

表 3.4　　总分类账户余额表

单位：元

资　产	期初借方余额	负债及所有者权益	期初贷方余额
银行存款	100 000	短期借款	100 000
原材料	100 000	应付账款	180 000
应收账款	130 000	实收资本	400 000
固定资产	350 000		
合计	680 000	合计	680 000

该企业本月发生下列经济业务：

（1）公司购买原材料，用银行存款支付价款 20 000 元，原材料已经验收入库。假定不考虑增值税。

（2）收到某公司的投资 100 000 元，已经存入银行，假定不产生溢价。

（3）公司购入一台机器设备 50 000 元，机器设备已投入使用，款项尚未支付。假定不考虑增值税。

（4）公司以银行存款支付应付账款 20 000 元。

根据上述资料，运用借贷记账法的试算平衡公式进行试算平衡，步骤如下：

第一步，根据上述经济业务编制如下会计分录：

（1）借：原材料　　20 000

　　　贷：银行存款　　20 000

（2）借：银行存款　　100 000

　　　贷：实收资本　　100 000

（3）借：固定资产　　50 000

　　　贷：应付账款　　50 000

（4）借：应付账款　　20 000

　　　贷：银行存款　　20 000

第二步，根据上述会计分录登记账户，期末结出账户的本期发生额和期末余额，如下图所示。

银行存款

借	贷
期初余额 100 000	
(2) 100 000	(1) 20 000
	(4) 20 000
本期发生额 100 000	本期发生额 40 000
期末余额 160 000	

应付账款

借	贷
	期初余额 180 000
	(3) 50 000
(4) 20 000	
本期发生额 20 000	本期发生额 50 000
	期末余额 210 000

短期借款

借	贷
	期初余额 100 000
本期发生额 0	本期发生额 0
	期末余额 100 000

原材料

借	贷
期初余额 100 000	
(1) 20 000	
本期发生额 20 000	本期发生额 0
期末余额 120 000	

固定资产

借	贷
期初余额 350 000	
(3) 50 000	
本期发生额 50 000	本期发生额 0
期末余额 400 000	

借	实收资本	贷
	期初余额 400 000	
	(2) 100 000	
本期发生额 0	本期发生额 100 000	
	期末余额 500 000	

第三步，根据账户记录进行试算平衡。

表 3.5　　**发生额及余额试算平衡表**　　单位：元

会计科目	期初余额		本期发生额		期末余额	
	借方	贷方	借方	贷方	借方	贷方
银行存款	100 000		100 000	40 000	160 000	
原材料	100 000		20 000		120 000	
应收账款	130 000				130 000	
固定资产	350 000		50 000		400 000	
应付账款		180 000	20 000	50 000		210 000
短期借款		100 000				100 000
实收资本		400 000		100 000		500 000
合计	680 000	680 000	190 000	190 000	810 000	810 000

（三）总分类账户与明细分类账户的平行登记

1. 总分类账户和明细分类账户的关系

账户按其提供信息的详细程度及统驭关系不同，可以分为总分类账户（简称总账）和明细分类账户（简称明细账）。总分类账户是根据总分类科目开设的，提供资产、权益、收入和费用的总括资料；明细分类账户是根据明细分类科目开设的，提供资产、权益、收入和费用的详细资料。总分类账户与明细分类账户的关系可以概括为：

（1）总分类账户对明细分类账户具有统驭控制作用

总分类账户提供的总括核算资料是对有关明细分类账户资料的综合；明细分类账户所提供的明细核算资料是对其总分类账户资料的具体化。

(2) 明细分类账户对总分类账户具有补充说明作用

总分类账户是对会计要素各项目增减变化的总括反映，只提供货币信息资料；明细分类账户是对会计要素各项目增减变化的详细反映，对某一具体方面提供货币、实物量信息资料。

(3) 总分类账户与其所属明细分类账户在总金额上应当相等

由于总分类账户与其明细分类账户是根据相同的依据来进行平行登记，所反映的经济内容是相同的，其总金额必然相等。

2. 总分类账户和明细分类账户的平行登记

平行登记是指对发生的每一笔经济业务，都要根据相同的会计凭证，一方面登入总分类账户，另一方面登入总分类账户所属的明细分类账户的一种记账方法。

总分类账户与明细分类账户平行登记要求做到：

(1) 所依据会计凭证相同（依据相同）

对发生的经济业务事项，要根据相同的会计凭证，既登记有关总分类账户，又登记所属其明细分类账户。

(2) 借贷方向相同（方向相同）

将经济业务记入总分类账户和明细分类账户，记账方向必须相同。即总分类账户记入借方，明细分类账户也应记入借方；总分类账户记入贷方，明细分类账户也应记入贷方。

(3) 所属会计期间相同（期间相同）

对每项经济业务在记入总分类账户和明细分类账户的过程中，可以有先有后，但必须在同一会计期间（如同一个月）全部登记入账。

(4) 计入总分类账户的金额与计入总分类账户所属明细分类账户的合计金额相等（金额相等）

记入总分类账户的金额，必须与记入其所属明细分类账户的金额之和相等。

通过平行登记，总分类账户与明细分类账户之间在登记金额上就形成了如下关系：

总分类账户期初余额＝所属各明细分类账户期初余额之和

总分类账户借方发生额=所属各明细分类账户借方发生额之和
总分类账户贷方发生额=所属各明细分类账户贷方发生额之和
总分类账户期末余额=所属各明细分类账户期末余额之和

同步系统训练

一、单项选择题

1. 某企业所有者权益总额为 700 万元，负债总额为 200 万元。那么该企业的资产总额为(　)万元。

   A. 900　　B. 1 000

   C. 500　　D. 以上答案都不对

2. 账户发生额试算平衡是根据(　)来确定的。

   A. 借贷记账法的记账规则

   B. 资产=负债+所有者权益

   C. 收入-费用=利润

   D. 平行登记原则

3. 下列会计分录中，属于复合会计分录的是(　)。

   A. 借：生产成本
   　　　贷：制造费用

   B. 借：银行存款
   　　　贷：实收资本——A 公司
   　　　　　　　　　——B 公司

   C. 借：原材料——甲材料
   　　　　　　　——乙材料
   　　　贷：银行存款

   D. 借：管理费用
   　　　制造费用
   　　　贷：累计摊销

4. 下列账户中，期末应无余额的是（　）。

A. 实收资本　　　　B. 应付账款

C. 固定资产　　　　D. 管理费用

5. 下列记账错误中，不能通过试算平衡检查发现的是（　）。

A. 将某一账户的借方发生额 600 元，误写成 6 000 元，贷方金额无误

B. 某项经济业务在记账过程颠倒了借贷科目，金额无误

C. 借方的金额误记到贷方

D. 漏记了借方的发生额

6. 在借贷记账法下，账户的贷方用来登记（　）。

A. 收入类科目的减少

B. 所有者权益类科目的增加

C. 负债类科目的减少

D. 成本类科目的增加

7. “应收账款”账户的期末余额等于（　）。

A. 期初余额＋本期借方发生额－本期贷方发生额

B. 期初余额－本期借方发生额－本期贷方发生额

C. 期初余额＋本期借方发生额＋本期贷方发生额

D. 期初余额－本期借方发生额＋本期贷方发生额

8. 下列关于借贷记账法的表述中，正确的是（　）。

A. 漏记一项经济业务通过试算平衡可以发现

B. 借贷记账法是复式记账法的一种

C. 在借贷记账法下，负债增加记借方，减少记贷方

D. 在借贷记账法下，“借”代表增加，“贷”代表减少

9. 下列错误中能够通过试算平衡发现的是（　）。

A. 重记经济业务　　　　B. 漏记经济业务

C. 借贷方向相反　　　　D. 借贷金额不等

10. A 公司月初应付账款余额为 80 万元，本月购入材料一批，货款 30 万元，款项尚未支付，另支付上期购买商品的欠款 50 万

元。则本月应付账款的余额为( )万元。

A. 借方 60　　B. 贷方 100

C. 借方 100　　D. 贷方 60

11. 借贷记账法余额试算平衡的依据是( )。

A. 账户的对应关系　　B. 账户的结构

C. 借贷记账法的记账规则　　D. 资产与权益的恒等关系

12. 期末收入类账户一般( )。

A. 余额在借方　　B. 余额在贷方

C. 无余额　　D. 余额在借方或贷方

13. 某企业本月发生管理费用开支计 58 万元，月末结平“管理费用”账户，则“管理费用”账户( )。

A. 月末借方余额 58 万元　　B. 本月期末余额为 0

C. 月末贷方余额 58 万元　　D. 以上都不对

14. 甲公司月末编制的试算平衡表中，全部账户的本月借方发生额合计为 136 万元，除实收资本账户以外的账户本月贷方发生额合计 120 万元，则实收资本账户( )。

A. 本月贷方发生额为 16 万元

B. 本月借方发生额为 16 万元

C. 本月借方余额为 16 万元

D. 本月贷方余额为 16 万元

15. 在借贷记账法下，成本类账户的期末余额一般( )。

A. 在借方　　B. 为零

C. 在贷方　　D. 在减少方

16. 借贷记账法的发生额试算平衡公式是( )。

A. 每个账户的借方发生额＝每个账户的贷方发生额

B. 全部账户期初借方余额合计＝全部账户期初贷方余额合计

C. 全部账户本期借方发生额合计＝全部账户本期贷方发生额合计

D. 全部账户期末借方余额合计＝全部账户期末贷方余额合计

17. 下列经济业务中，借记资产类账户，贷记负债类账户的是( )。

A. 赊购原材料（不考虑增值税）

B. 收到其他企业的欠款

C. 从银行提取现金备用

D. 以银行存款偿还债务

18. 目前我国采用的复式记账法主要是( )。

A. 单式记账法　　B. 增减记账法

C. 收付记账法　　D. 借贷记账法

19. 在借贷记账法下，所有者权益类账户的期末余额等于( )。

A. 期初余额－借方发生额－贷方发生额

B. 期初余额－借方发生额＋贷方发生额

C. 期初余额＋借方发生额－贷方发生额

D. 期初余额＋借方发生额＋贷方发生额

20. 期末资产类账户一般( )。

A. 余额在借方　　B. 余额在贷方

C. 无余额　　D. 余额在借方或贷方

21. 某企业 2010 年 10 月 1 日，“本年利润”账户的期初贷方余额为 20 万元，表明( )。

A. 该企业 2010 年 12 月份的净利润为 20 万元

B. 该企业 2010 年 9 月份的净利润为 20 万元

C. 该企业 2010 年 1～9 月份的净利润为 20 万元

D. 该企业 2010 年全年的净利润为 20 万元

22. 复式记账法对于每项经济业务都以相等的金额在( )中进行登记。

A. 一个账户

B. 两个

C. 全部账户

D. 两个或两个以上相互联系的账户

23. 下列会计分录形式中，属于简单会计分录的是（ ）。
A. 一借一贷　　B. 一借多贷
C. 一贷多借　　D. 多借多贷

24. 复式记账法是以（ ）为记账基础的一种记账方法。
A. 试算平衡　　B. 资产和权益平衡关系
C. 会计科目　　D. 经济业务

25. 下列关于“生产成本”账户的表述中，正确的是（ ）。
A. “生产成本”账户期末肯定无余额
B. “生产成本”账户期末若有余额，一般在借方
C. “生产成本”账户的余额表示已完工产品的成本
D. “生产成本”账户的余额表示本期发生的生产费用总额

26. 根据资产与权益的恒等关系以及借贷记账法的记账规则，检查所有账户记录是否正确的方法称为（ ）。
A. 记账　　B. 试算平衡
C. 对账　　D. 结账

27. 某企业资产总额为 100 万元，当发生下列三笔经济业务后：(1) 向银行借款 20 万元存入银行；(2) 用银行存款偿还债务 5 万元；(3) 收回应收账款 4 万元存入银行，其资产总额为（ ）万元。
A. 115　　B. 119
C. 111　　D. 71

28. 负债及所有者权益类账户的期末一般（ ）。
A. 余额在借方　　B. 余额在借方或贷方
C. 余额在贷方　　D. 无余额

29. 年末结转后，“利润分配”账户的借方余额表示（ ）。
A. 净利润　　B. 利润总额
C. 未分配的利润　　D. 未弥补的亏损

30. 某企业原材料总分类账户的本期借方发生额为 50 万元，贷方发生额为 30 万元，其所属的三个明细分类账中：甲材料本期

借方发生额为 20 万元，贷方发生额为 9 万元；乙材料借方发生额为 15 万元，贷方发生额为 11 万元，则丙材料的本期借贷发生额分别为(　)。

A. 借方发生额为 15 万元，贷方发生额为 50 万元

B. 借方发生额为 15 万元，贷方发生额为 10 万元

C. 借方发生额为 85 万元，贷方发生额为 10 万元

D. 借方发生额为 85 万元，贷方发生额为 50 万元

31. 某公司资产总额为 20 万元，负债总额为 5 万元，以银行存款 2 万元偿还短期借款，并以银行存款 2 万元购买设备（不考虑增值税）。则上述业务入账后该公司的负债总额为(　)万元。

A. 2　　B. 3

C. 25　　D. 15

32. 对所发生的每项经济业务事项都要以会计凭证为依据，一方面记入有关总分类账户，另一方面记入有关总分类账户所属明细分类账户的方法称为(　)。

A. 借贷记账法　　B. 试算平衡

C. 复式记账法　　D. 平行登记

33. 对某项经济业务事项标明应借、应贷账户名称及其金额的记录称为(　)。

A. 对应关系　　B. 对应账户

C. 会计分录　　D. 账户

34. 下列有关总分类账户与明细分类账户关系的表述中，错误的是(　)。

A. 总分类账户与其所属的明细分类账户在总金额上应当相等

B. 明细分类账户对总分类账户具有补充说明作用

C. 总分类账户对明细分类账户具有统驭控制作用

D. 总分类账户与明细分类账户登记的依据不同

35. 下列引起资产和负债同时减少的经济业务是(　)。

A. 收到其他单位归还的欠款，存入银行

B. 以银行存款归还银行短期借款

C. 将库存现金存入银行

D. 购进材料一批，货款暂欠（不考虑增值税）

36. 在借贷记账法下，账户的借方用来登记(　)。

A. 资产类科目的减少

B. 收入类科目的增加

C. 负债类科目减少

D. 所有者权益类科目的增加

37. M公司月初资产总额为2 000万元。本月发生下列业务：（1）以银行存款购买一项固定资产，价值100万元（不考虑增值税）；（2）向银行借入长期借款300万元，款项存入银行；（3）以银行存款归还前欠货款60万元；（4）收到其他企业的欠款50万元，款项已存入银行。则月末该公司资产总额为(　)万元。

A. 2 240　　B. 2 290

C. 2 350　　D. 2 450

38. 下列经济业务会引起资产类科目和所有者权益类科目同时增加的是(　)。

A. 赊购原材料

B. 接受投资者投入的现金资产

C. 向银行借入长期借款

D. 用银行存款归还企业的银行短期借款

39. 某企业月初权益总额为200万元，假定本月仅发生一笔以银行存款20万元偿还短期借款的业务，则该企业月末资产总额为(　)万元。

A. 180　　B. 200

C. 190　　D. 240

40. 某公司期初资产总额为500万元，当期期末负债总额比期初减少20万元，期末所有者权益比期初增加25万元。则该企业期末资产总额为(　)万元。

A. 500　　B. 480

C. 505　　D. 525

41. 下列会引起资产和负债总额同时减少的经济业务是(　)。

A. 把现金存入银行

B. 赊购材料一批

C. 用银行存款偿还银行借款

D. 收到某企业的欠款并存入银行

二、多项选择题

1. 根据会计等式可知，下列哪些经济业务不会发生(　)。

A. 资产增加，负债减少，所有者权益不变

B. 资产不变，负债增加，所有者权益增加

C. 资产有增有减，权益不变

D. 债权人权益增加，所有者权益减少，资产不变

2. 借贷记账法的试算平衡方法包括(　)。

A. 增加额试算平衡法　　B. 减少额试算平衡法

C. 发生额试算平衡法　　D. 余额试算平衡法

3. 会计分录的内容包括(　)。

A. 经济业务内容摘要　　B. 账户名称

C. 经济业务发生额　　D. 应借应贷方向

4. 下列各项经济业务中，能引起资产和负债总额同时增加的有(　)。

A. 从银行借款存入企业的存款账户

B. 用银行存款偿还所欠货款

C. 企业赊购材料一批

D. 收到投资人投入的资金存入银行

5. 某企业月末编制试算平衡表时，因“库存现金”账户的余额计算不正确，导致试算平衡中月末借方余额合计为 168 000 元，而全部账户月末贷方余额合计为 160 000 元，则“库存现金”

账户（　）。

A. 为借方余额　　B. 为贷方余额

C. 贷方余额多记 8 000 元　　D. 借方余额多记 8 000 元

6. 总分类账户余额试算平衡表中的平衡关系有（　）。

A. 全部账户的本期借方发生额合计＝全部账户的本期贷方发生额合计

B. 全部账户的期初借方余额合计＝全部账户的期末贷方余额合计

C. 全部账户的期初借方余额合计＝全部账户的期初贷方余额合计

D. 全部账户的期末借方余额合计＝全部账户的期末贷方余额合计

7. 在借贷记账法下，账户的贷方应登记（　）。

A. 负债、收入的增加数　　B. 负债、收入的减少数

C. 资产、成本的减少数　　D. 资产、成本的增加数

8. 下列关于借贷记账法的说法中正确的有（　）。

A. 借贷记账法下哪一方登记增加，哪一方登记减少取决于账户的性质和类型

B. 可以进行发生额试算平衡和余额试算平衡

C. 以“有借必有贷，借贷必相等”作为记账规则

D. 以“借”、“贷”作为记账符号

9. 对于资产、成本类账户而言（　）。

A. 增加记借方　　B. 增加记贷方

C. 减少记贷方　　D. 期末无余额

10. 年末结账后，下列会计科目中一定没有余额的有（　）。

A. 本年利润　　B. 制造费用

C. 应付账款　　D. 主营业务收入

11. 收到投资者投入的固定资产 20 万元（假定不考虑增值税，且不产生溢价），正确的说法有（　）。

A. 借记“固定资产”20 万元

B. 贷记“实收资本”20 万元

C. 贷记“固定资产”20 万元

D. 借记“实收资本”20 万元

12. 企业用银行存款偿还所欠货款，引起(　)。

A. 资产增加　　B. 资产减少

C. 负债增加　　D. 负债减少

13. 在借贷记账法下，可以在账户贷方登记的有(　)。

A. 资产的减少　　B. 负债的增加

C. 收入的增加　　D. 费用的增加

14. 经济业务发生后，一般可以编制的会计分录有(　)。

A. 多借多贷　　B. 一借多贷

C. 多借一贷　　D. 一借一贷

15. 下列经济业务中，会使资产和权益总额同时增加的有(　)。

A. 用银行存款购入一台机器设备（不考虑增值税）

B. 偿还购入材料的欠款

C. 收到投资者投入的资金并存入银行

D. 购入一批商品，款项未付（不考虑增值税）

16. 下列各项经济业务中，能引起资产和所有者权益同时增加的有(　)。

A. 盈余公积金转增资本

B. 提取盈余公积

C. 收到外单位现金投资存入银行

D. 收到国家投资存入银行

17. 以下错误不能通过试算平衡发现的有(　)。

A. 某项经济业务借贷方金额登记了两遍

B. 漏记了一项经济业务

C. 借方金额记错，贷方金额正确

D. 借贷方向颠倒

18. 下列各项经济业务中，会导致企业资产总额和负债总额同时减少的有(　)。

A. 用现金支付职工薪酬

B. 购买材料一批，货款未付

C. 将资本公积转增资本

D. 用银行存款偿还所欠货款

19. 下列经济业务中，属于资产内部增减变动的有（　）。

A. 购买一批材料，款项尚未支付

B. 购买一批材料，以银行存款支付货款（不考虑增值税）

C. 从银行提取现金备用

D. 接受现金捐赠，款项存入银行

20. 下列各项经济业务中，能引起会计等式左右两边会计要素同时变动的有（　）。

A. 收到某单位前欠货款存入银行

B. 以银行存款偿还银行借款

C. 收到某单位投入机器设备一台

D. 以银行存款购买材料（不考虑增值税）

21. 企业向银行借款，存入银行，这项业务引起（　）要素同时增加。

A. 资产　　B. 负债

C. 所有者权益　　D. 收入

22. 下列各项经济业务中，会使企业资产总额和权益总额同时增加的有（　）。

A. 向银行借入半年期的借款，已转入本企业银行存款账户

B. 赊购设备一台，设备已经交付使用

C. 收到某投资者投资，款项已存入银行

D. 用资本公积转增实收资本

三、判断题

1. 复式记账法是以资产与权益平衡关系作为记账基础，对于每一笔经济业务，都要在两个或两个以上相互联系的账户中进行登记，系统地反映资金运动变化结果的一种记账方法。（　）

2. 借贷记账法的记账规则为：有借必有贷，借贷必相等。即对于

每一笔经济业务都只要在两个账户中以借方和贷方相等的金额进行登记。 ( )

3. “收入－费用＝利润”这一会计等式，是复式记账法的理论基础，也是编制资产负债表的依据。 ( )
4. 借贷记账法下，借方表示增加，贷方表示减少。 ( )
5. 经济业务的发生，可能引起资产与权益总额发生变化，但是不会破坏会计基本等式的平衡关系。 ( )
6. 在会计处理中，只能编制一借一贷、一借多贷、一贷多借的会计分录，而不能编制多借多贷的会计分录，以避免对应关系混乱。 ( )
7. 借贷记账法下，负债类账户与所有者权益账户通常都有期末余额，而且在借方。 ( )
8. 资产、负债与所有者权益的平衡关系是企业资金运动处于相对静止状态下出现的，如果考虑收入、费用等动态要素，则资产与权益总额的平衡关系必然被破坏。 ( )
9. 企业可以将不同类型的经济业务合并在一起，这样可以形成复合会计分录。 ( )
10. 运用单式记账法记录经济业务，可以反映每项经济业务的来龙去脉，可以检查每笔业务是否合理、合法。 ( )
11. 核算期间费用的各账户期末结转入“本年利润”账户后应无余额。 ( )
12. 企业以银行存款偿还短期借款，该业务会引起资产与负债同时减少。 ( )
13. 某企业银行存款期初借方余额为10万元，本期借方发生额为5万元，本期贷方发生额为3万元，则期末借方余额为12万元。( )
14. 复合会计分录指的是多借多贷形式的会计分录。 ( )
15. 发生额试算平衡是根据资产与权益的恒等关系，检验本期发生额记录是否正确的方法。 ( )
16. 在借贷记账法下，负债类账户与成本类账户的结构截然相反。( )

17. 在实际工作中，余额试算平衡通过编制试算平衡表进行。（ ）

18. 在借贷记账法下，损益类账户的借方登记减少数，贷方登记增加数，期末无余额。（ ）

四、简答题

简述企业经济业务发生变化，所引起的会计要素变动的几种情况。

五、计算题

假设甲公司期初的资产和权益总额均为1 000万元，当期发生下列经济业务：

(1) 甲、乙两家公司进行债务重组，经协商，甲公司将欠乙公司的20万元转为本公司的资本；

(2) 收到丁公司归还以前期间销售原材料发生的欠款50万元，款项存入银行；

(3) 接受投资者投入现金100万元，存入银行（假定不产生溢价）；

(4) 用银行存款购入固定资产，价款50万元（不考虑增值税）。

要求：逐项说明上述经济业务对甲公司资产与权益总额有无影响，如有影响，说明影响的方向和金额。

同步系统训练参考答案及解析

一、单项选择题

1. A

【解析】根据“资产＝负债＋所有者权益”，资产总额＝700＋200＝900（万元）。

2. A

【解析】发生额试算平衡法是按照“有借必有贷，借贷必相等”

的记账规则确定的。

3. D

【解析】复合会计分录指涉及的账户数量为两个以上，即一借多贷、一贷多借、多借多贷。

4. D

【解析】管理费用属于损益类科目，损益类科目期末结转后无余额，对于资产、负债、所有者权益类科目期末一般是有余额的。

5. B

6. B

7. A

【解析】应收账款是资产类账户，增加额计入借方，减少额计入贷方，期末余额在借方，所以期末余额＝期初余额＋本期借方发生额－本期贷方发生额。

8. B

【解析】漏记经济业务不影响借贷双方的平衡，所以无法通过试算平衡发现；借贷记账法下，负债增加记入贷方，减少记入借方；借贷记账法下资产、成本、费用的“借”表示增加，“贷”表示减少；负债、所有者权益、收入的“借”表示减少，“贷”表示增加。

9. D

10. D

【解析】本月末应付账款的余额＝月初应付账款余额＋本期增加发生额－本期减少发生额＝80＋30－50＝60（万元），余额在贷方。

11. D

12. C

【解析】收入类科目属于损益类科目，一般情况下期末应该转入到“本年利润”科目，因此期末无余额。

13. B

【解析】因为月末管理费用结转入“本年利润”后应无余额，因此B选项正确。

具体分析如下：

本月发生管理费用时，要做分录：

借：管理费用　　58

　　贷：银行存款等　　58

月末结平“管理费用”账户，要做分录：

借：本年利润　　58

　　贷：管理费用　　58

所以，本题应该选B。

14. A

【解析】根据等式“全部账户的本期借方发生额合计＝全部账户的本期贷方发生额合计”，实收资本账户的发生额＝所有账户本月借方发生额－除实收资本账户以外其他账户的本月贷方发生额＝136－120＝16（万元）。

15. A

【解析】成本类账户的增加额记入借方，期末余额一般情况下也在借方。

16. C

【解析】选项BD是余额试算平衡法的两个公式。

17. A

【解析】选项B和C是借记资产类科目，贷记资产类科目；选项D是借记负债类科目，贷记资产类科目。

18. D

19. B

【解析】所有者权益类账户增加记入贷方，减少记入借方，根据“期末余额＝期初余额＋（本期增加发生额－本期减少发生额）”可知，所有者权益类账户的期末余额＝期初余额－借方发生额＋贷方发生额。

20. A

【解析】一般情况下账户中增加发生额的记账方向和余额的方向是一致的，比如资产类账户增加记入借方，那么期末余额一般也在借方；负债类账户增加记入贷方，那么期末余额一般也在贷方。但是损益类科目是一种例外情况，因为损益类科目期末余额应该转入到“本年利润”科目，因此损益类科目期末没有余额。

21. C

【解析】10月1日“本年利润”账户期初贷方余额20万元，就说明9月30日“本年利润”账户期末贷方余额为20万元，即为1～9月份的累计净利润。

22. D

【解析】复式记账法是以资产与权益的平衡关系作为记账基础，对于每一笔经济业务都要在两个或两个以上相互联系的账户中进行登记，系统地反映资金运动变化结果的一种记账方法。

23. A

【解析】简单会计分录是指所涉及的账户数量只有两个，也就是一个账户的借方与另一个账户的贷方发生对应关系的会计分录，即一借一贷。

24. B

【解析】复式记账的记账基础是会计等式“资产＝负债＋所有者权益＝权益”。

25. B

【解析】“生产成本”账户期末借方余额，反映企业尚未加工完成的在产品成本。

26. B

【解析】试算平衡是根据“资产＝负债＋所有者权益（资产＝权益)”的恒等关系以及借贷记账法的记账规则，检查和验证所有账户记录是否正确的一种方法。

27. A

【解析】(1) 向银行借款20万元存入银行，资产增加，负债增加；

(2) 用银行存款偿还债务5万元，资产减少，负债减少；

(3) 收回应收账款4万元存入银行，资产内部一增一减，资产总额不变。

所以，期末资产总额＝100＋20－5＝115（万元）。

28. C

【解析】负债及所有者权益类账户增加在贷方，减少在借方，期末余额一般在贷方。

29. D

【解析】“利润分配”账户贷方余额表示的是未分配的利润；借方余额表示的是未弥补的亏损。

30. B

【解析】丙材料借方发生额＝总分类账借方发生额－（甲材料借方发生额＋乙材料借方发生额）＝50－（20＋15）＝15（万元）；

丙材料贷方发生额＝总分类账贷方发生额－（甲材料贷方发生额＋乙材料贷方发生额）＝30－（9＋11）＝10（万元）。

31. B

【解析】以银行存款2万元偿还短期借款，会导致负债减少2万元，银行存款购入设备不会影响负债，因此业务入账后的负债总额＝5－2＝3（万元）。

32. D

【解析】平行登记是指对所发生的每项经济业务都要以会计凭证为依据，一方面要计入有关总分类账户，另一方面记入有关总分类账户所属明细分类账户的方法。

33. C

【解析】会计分录又称记账公式或简称分录，它是按照复式记账的要求，对每项经济业务列示出应借、应贷的账户名称及其金额的一种记录。

34. D

35. B

【解析】选项 A 的分录：

借：银行存款

　　贷：应收账款

这个分录导致资产内部一增一减。

选项 B 的分录：

借：短期借款

　　贷：银行存款

这个分录导致资产和负债同时减少。

选项 C 的分录：

借：银行存款

　　贷：库存现金

这个分录导致资产内部一增一减。

选项 D 的分录：

借：原材料

　　贷：应付账款

这个分录导致资产和负债同时增加。

36. C

【解析】一般情况下资产类、成本类、费用类科目增加记入借方，减少记入贷方；一般情况下负债类、所有者权益类、收入类科目增加记入贷方，减少记入借方。

37. A

【解析】首先做出各项业务的分录，分录中的金额单位均为万元：

事项（1）的分录：

借：固定资产　　100

　　贷：银行存款　　100

事项（2）的分录：

借：银行存款　　300

　　贷：长期借款　　300

事项（3）的分录：

借：应付账款　　60

　　贷：银行存款　　60

事项（4）的分录

借：银行存款　　50

　　贷：应收账款　　50

其次，根据“期末资产总额＝期初资产总额＋（资产本期增加发生额－资产本期减少发生额）”，期末资产总额＝2 000＋100－100＋300－60＋50－50＝2 240（万元）。

38. B

39. A

【解析】根据权益总额 200 万元，可以得到月初资产总额为 200 万元，本月发生的业务导致资产减少 20 万元，所以期末资产总额＝200－20＝180（万元）。

40. C

【解析】期末资产总额＝期初资产总额＋本期发生额，根据会计等式“资产＝负债＋所有者权益”可知，负债的发生额＋所有者权益的发生额＝资产的发生额，本期负债减少 20 万元，所有者权益增加 25 万元，所以资产的本期发生额＝－20＋25＝5（万元），所以期末资产总额＝500＋5＝505（万元）。

41. C

【解析】选项 A 涉及的都是资产类科目，不涉及负债，因此不符合题目要求；选项 B 中资产和负债都是增加的，所以也不符合题目要求；选项 D 导致资产内部一增一减，资产总额不变，也不影响负债，因此不符合题目要求。

二、多项选择题

1. AB

【解析】“资产增加，负债减少，所有者权益不变”结果导致资产大于权益，会计等式被破坏，不会发生这样的业务；“资产不变，负债增加，所有者权益增加”结果导致资产小于权益，会计等式被破坏，也不会发生这样的业务；选项 C 和选项 D 不会破坏会计等式，所以选项 C、D 的业务可能发生。

2. CD

3. BCD

【解析】会计分录是指对某项经济业务事项标明其应借应贷账户及其金额的记录。选项 A 是凭证应该具备的内容。

4. AC

【解析】选项 B 导致资产和负债同时减少，选项 D 导致资产和所有者权益同时增加，所以都不符合题目要求。

5. AD

【解析】库存现金为资产类账户，期末余额在借方，因为库存现金账户记录不正确，全部账户借方余额大于全部账户贷方余额 8 000元，所以借方余额多记了 8 000 元。

6. CD

【解析】全部账户的本期借方发生额合计＝全部账户的本期贷方发生额合计是发生额试算平衡法下的公式。

7. AC

【解析】负债、收入增加记入贷方，减少记入借方；资产、成本增加记入借方，减少记入贷方。

8. ABCD

9. AC

【解析】对于资产、成本类账户，借方登记增加数，贷方登记减少数；资产类账户期末一般有余额，余额一般在借方。

10. AD

【解析】"本年利润"期末应该转入"利润分配——未分配利润"，"主营业务收入"期末应该转入到"本年利润"，年末没有余额。

11. AB

12. BD

【解析】用银行存款偿还前欠货款借记"应付账款"，贷记"银行存款"，导致资产和负债同时减少。

13. ABC

【解析】（1）借方登记：资产的增加额、负债的减少额、所有者权益的减少额、收入的减少额、费用的增加额；

（2）贷方登记：资产的减少额、负债的增加额、所有者权益的增加额、收入的增加额、费用的减少额。

14. ABCD

15. CD

【解析】权益包括债权人权益和所有者权益，也就是负债和所有者权益。

选项A的分录是：

借：固定资产

　　贷：银行存款

这个分录导致资产内部一增一减。

选项B的分录：

借：应付账款

　　贷：银行存款

这个分录导致资产和负债同时减少。

选项C的分录：

借：银行存款

　　贷：实收资本

这个分录导致资产和所有者权益同时增加。

选项D的分录：

借：库存商品

　　贷：应付账款

这个分录导致资产和负债同时增加。

16. CD

【解析】选项 A 和 B 都是在所有者权益内部发生的增减变动，不会影响所有者权益和资产总额，所以不符合题目要求。

17. ABD

【解析】选项 C 会导致借贷方金额不一致，通过试算平衡可以发现。

18. AD

【解析】选项 B 会导致资产和负债同时增加；选项 C 是所有者权益内部的增减变动，所有者权益总额不发生变化，也不会影响资产和负债的金额。因此这两个选项不符合题目要求。

19. BC

【解析】选项 B、C 涉及到的都是资产类科目，所以是资产内部的增减变动。

20. BC

【解析】选项 A、D 都是在资产内部一增一减，资产总额不变，更不会影响负债和所有者权益，因此不符合题目要求。

21. AB

22. ABC

【解析】选项 D 是权益内部一增一减，权益总额不发生变化；这里需要注意的是权益包括负债和所有者权益，选项 ABC 符合题目要求。

三、判断题

1. √

2. ×

【解析】借贷记账法要求对于每一项经济业务都要在两个或两个以上相互联系的账户中以借方和贷方相等的金额进行登记。

3. ×

【解析】“资产＝负债＋所有者权益”这一会计恒等式，是复式记账法的理论基础，也是编制资产负债表的基础；“收入－费用＝利润”这一会计等式是编制利润表的基础。

4. ×

【解析】借贷记账法下资产、成本、费用的借方表示增加，贷方表示减少；负债、所有者权益、收入的借方表示减少，贷方表示增加。

5. √

6. ×

【解析】会计处理中也可以编制多借多贷的会计分录。

7. ×

【解析】负债和所有者权益账户的余额一般在贷方。

8. ×

【解析】资产和权益是恒等的关系，企业的任何经济活动都不会破坏这一基本的恒等关系。

9. ×

【解析】复合会计分录必须是同一经济业务的处理合在一起，不同类型的经济业务不可以合并编制复合会计分录。

10. ×

【解析】单式记账法是指对于发生的每一项经济业务只在一个账户中进行记录的记账方法，运用单式记账法记录经济业务，不能反映每项经济业务的来龙去脉，不能检查每笔业务是否合理、合法。

11. √

【解析】核算期间费用的账户包括管理费用、财务费用和销售费用账户，期末余额全部转入“本年利润”账户，转入“本年利润”后无余额。

12. √

【解析】企业偿还银行的短期借款应该借记“短期借款”，贷记“银行存款”，这项业务导致资产和负债同时减少。

13. √

【解析】期末借方余额＝期初借方余额＋本期借方发生额－本期贷方发生额＝10＋5－3＝12（万元）

14. ×

【解析】一借多贷和一贷多借也是复合会计分录。

15. ×

【解析】发生额试算平衡是根据本期所有账户的借方发生额合计等于贷方发生额合计的关系，检验本期发生额记录是否正确的方法。

16. √

17. √

18. ×

【解析】损益类科目中的收入类科目借方登记减少数，贷方登记增加数；损益中的费用类科目借方登记增加数，贷方登记减少数。损益类科目期末转入“本年利润”后无余额。

四、简答题

【答案】

各项经济业务发生变化，所引起的会计要素的变动主要包括以下9种情况：

（1）一项资产增加，另一项资产减少；

（2）一项资产增加，一项负债增加；

（3）一项资产增加，一项所有者权益增加；

（4）一项资产减少，一项负债减少；

（5）一项资产减少，一项所有者权益减少；

（6）一项负债增加，另一项负债减少；

（7）一项所有者权益增加，另一项所有者权益减少；

（8）一项所有者权益增加，一项负债减少；

（9）一项负债增加，一项所有者权益减少。

五、计算题

【答案】

（1）将欠乙公司的 20 万元转为本公司的资本，应该借记“应付账款”，贷记“实收资本”，导致企业负债减少，所有者权益增加，因此是权益内部增减变动，对权益总额不产生影响。

（2）收到丁公司归还以前期间销售原材料发生的欠款 50 万元，款项已存入银行，应该借记“银行存款”，贷记“应收账款”，导致资产内部增减变动，对资产总额不产生影响。

（3）接受投资者投入现金 100 万元，存入银行，应该借记“银行存款”，贷记“实收资本”，导致企业资产和所有者权益同时增加，增加金额是 100 万元。

（4）用银行存款购入固定资产，价款 50 万元，应该借记“固定资产”，贷记“银行存款”，导致资产内部增减变动，对资产总额不产生影响。

第 4 章 会计凭证

考情分析

本章主要讲解会计凭证的概念、种类、填制审核的要求以及传递保管的方法。填制和审核会计凭证是会计核算方法之一，是会计核算的初始阶段和基本环节，作为一项重要的基础性工作，它是记录经济业务并将其转化为会计语言的载体，在学习时要注意多看多练习。

本章主要考点

（一）会计凭证的概念和种类
（二）会计凭证的作用
（三）原始凭证的概念和种类
（四）原始凭证的基本内容和填制要求
（五）原始凭证的审核内容
（六）记账凭证的概念和种类
（七）记账凭证的基本内容和编制要求
（八）会计凭证的传递与保管

本章基本内容框架

- 会计凭证
  - 会计凭证概述
    - 会计凭证的概念和种类
    - 会计凭证的作用
  - 原始凭证
    - 原始凭证的种类
    - 原始凭证的基本内容
    - 原始凭证的填制要求
    - 原始凭证的审核
  - 记账凭证
    - 记账凭证的种类
    - 记账凭证的基本内容
    - 记账凭证的填制要求
  - 会计凭证的传递和保管
    - 会计凭证的传递
    - 会计凭证的保管

重点、难点讲解及典型例题

一、会计凭证概述

（一）会计凭证的概念

会计凭证是记录经济业务事项发生或完成情况的书面证明，也是登记账簿的依据。通过填制或取得会计凭证，可以明确经济责任。

（二）会计凭证的作用

填制和审核会计凭证是会计核算方法之一，是会计核算的初始阶段和基本环节，是一项重要的基础性会计工作。

其作用主要体现在以下三个方面：

(1) 记录经济业务，提供记账依据；

(2) 明确经济责任，强化内部控制；

(3) 监督经济活动，控制经济运行。

(三) 会计凭证的种类

会计凭证按其填制的程序和用途不同可分为原始凭证和记账凭证。

【例题1·单选题】会计凭证按其( )不同，分为原始凭证和记账凭证。

A. 填制的程序和用途　　B. 填制的手续

C. 来源　　D. 记账凭证

【答案】A

二、原始凭证

原始凭证又称单据，是在经济业务发生或完成时取得或填制的，用以记录或证明经济业务的发生或完成情况的文字凭据。会计人员对不真实、不合法的原始凭证，不予受理；对记载不准确、不完整的原始凭证，应予以退回，要求更正、补充。

(一) 原始凭证的种类

原始凭证也可以根据不同的标准进行分类（参见表4.1）。

表4.1　原始凭证的分类

按其来源的不同	(1) 外来原始凭证。外来原始凭证是指在经济业务发生或完成时，从其他单位或个人直接取得的原始凭证，如购买材料时取得的增值税专用发票、银行转来的各种结算凭证、对外支付款项时取得的收据、职工出差取得的飞机票、车船票等
	(2) 自制原始凭证。自制原始凭证是指由本单位内部经办业务的部门或个人，在执行或完成某项经济业务时自行填制的、仅供本单位内部使用的原始凭证，如收料单、领料单、限额领料单、产品入库单、产品出库单、借款单、工资发放明细表、折旧计算表等

续表

按照填制手续及内容不同	（1）一次凭证。一次凭证是指一次填制完成、只记录一笔经济业务的原始凭证。所有的外来原始凭证和大部分的自制原始凭证都属于一次凭证。如购货发票、销货发票、收据、领料单、收料单、借款单、银行结算凭证等
	（2）累计凭证。累计凭证是指在一定时期内多次记录发生的同类型经济业务的原始凭证。其特点是，在一张凭证内可以连续登记相同性质的经济业务，随时结出累计数及结余数，并按照费用限额进行费用控制，期末按实际发生额记账。累计凭证是多次有效的原始凭证。这类凭证的填制手续是多次进行才能完成的。它一般为自制原始凭证，最具有代表性的累计凭证是“限额领料单”
	（3）汇总凭证。汇总凭证也称原始凭证汇总表，是指对一定时期内反映经济业务内容相同的若干张原始凭证，按照一定标准综合填制的原始凭证。它合并了同类型经济业务，简化了记账工作量。常用的汇总原始凭证有：发出材料汇总表、工资结算汇总表、销售日报、差旅费报销单等
按照格式不同	（1）通用凭证。通用凭证是指由有关部门统一印制、在一定范围内使用的具有统一格式和使用方法的原始凭证。通用凭证的使用范围，因制作部门不同而异，可以是某一地区、某一行业，也可以是全国通用。如某省（市）印制的发货票、收据等，在该省（市）通用；由人民银行制作的银行转账结算凭证，在全国通用等
	（2）专用凭证。专用凭证是指由单位自行印制、仅在本单位内部使用的原始凭证。如领料单、差旅费报销单、折旧计算表、工资费用分配表等

【例题 2 · 单选题】差旅费报销单按填制的手续及内容分类，属于原始凭证中的（　）。

A. 一次凭证　　　　B. 累计凭证

C. 汇总凭证　　　　D. 专用凭证

【答案】C

【解析】差旅费报销单按照格式不同分类属于专用凭证，按照填制手续及内容不同分类属于汇总凭证。

（二）原始凭证的基本内容

原始凭证一般应具备以下基本内容（也称为原始凭证要素）：

（1）原始凭证的名称和编号；

（2）填制原始凭证的日期；

（3）接受原始凭证单位名称；

（4）经济业务内容（含数量、单价、金额等）；

（5）填制单位签章；

（6）有关人员签章；

（7）填制单位名称或者填制人姓名；

（8）凭证附件。

（三）原始凭证的填制要求

1. 填制原始凭证的基本要求

（1）记录要真实。

（2）内容要完整。

（3）手续要完备。单位自制的原始凭证应有经办人员和经办单位负责人的签名或盖章；对外开出的原始凭证必须加盖本单位公章；从外部取得的原始凭证，必须盖有填制单位的公章或财务专用章；从个人取得的原始凭证，必须有填制人员的签名或盖章。

（4）书写要清楚、规范。在金额前要填写人民币符号“￥”，人民币符号“￥”与阿拉伯数字之间不得留有空白，金额数字一律填写到角分，无角分的，写“00”或符号“—”，有角无分的，分位写“0”，不得用符号“—”；大写金额用汉字壹、贰、叁、肆、伍、陆、柒、捌、玖、拾、佰、仟、万、亿、元、角、分、零、整等，一律用正楷或行书字书写，大写金额前未印有“人民币”字样的，应加写“人民币”三个字，“人民币”字样和大写金额之间不得留有空白，大写金额到元或角为止的，后面要写“整”或“正”字，有分的，不写“整”或“正”字。如小写金额为￥1 008.00，大写金额应写成“壹仟零捌元整”。

（5）编号要连续。如果凭证已预先印定编号，如发票、支票等重要凭证，在写坏作废时，应加盖“作废”戳记，妥善保管，不得撕毁。

（6）不得涂改、刮擦、挖补。原始凭证有错误的，应当由出具单位重开或更正，更正处应当加盖出具单位印章。原始凭证金额有错误的，应当由出具单位重开，不得在原始凭证上更正。

（7）填制要及时。

2. 自制原始凭证的填制要求

（1）一次凭证的填制

一次凭证的填制手续是在经济业务发生或完成时，由经办人员填制的，一般只反映一项经济业务，或者同时反映若干项同类性质的经济业务。

（2）累计凭证的填制

累计凭证是在一定时期不断重复地反映同类经济业务的完成情况，它是由经办人每次经济业务完成后在其上面重复填制而成的。

（3）汇总原始凭证的填制

汇总原始凭证，是指在会计的实际工作日，为了简化记账凭证的填制工作，将一定时期若干份记录同类经济业务的原始凭证汇总编制一张汇总凭证，用以集中反映某项经济业务的完成情况。汇总原始凭证是有关责任者根据经济管理的需要定期编制的。

3. 外来原始凭证的填制要求

外来原始凭证是在企业同外单位发生经济业务时，由外单位的经办人员填制的。外来原始凭证一般由税务局等部门统一印制，或经税务部门批准由经济单位印制，在填制时加盖出据凭证单位公章方有效，对于一式多联的原始凭证必须用复写纸套写。

【例题3·单选题】 在填制会计凭证时，1 516.54 的大写金额数字为（ ）。

A. 壹仟伍佰壹拾陆元伍角肆分

B. 壹仟伍佰拾陆元伍角肆分整

C. 壹仟伍佰壹拾陆元伍角肆分整

D. 壹仟伍佰拾陆元伍角肆分

【答案】 A

【解析】 大写金额到元或角为止的，后面要写“整”或“正”；

有分的不写“整”或“正”字。

（四）原始凭证的审核内容

（1）审核原始凭证的真实性；

（2）审核原始凭证的合法性；

（3）审核原始凭证的合理性；

（4）审核原始凭证的完整性；

（5）审核原始凭证的正确性；

（6）审核原始凭证的及时性。

经审核的原始凭证应根据不同情况处理：

（1）对于完全符合要求的原始凭证，应及时据以编制记账凭证入账；

（2）对于真实、合法、合理但内容不够完整、填写有错误的原始凭证，应退回给有关经办人员，由其负责将有关凭证补充完整、更正错误或重开后，再办理正式会计手续；

（3）对于不真实、不合法的原始凭证，会计机构和会计人员有权不予接受，并向单位负责人报告。

【例题4·单选题】下列不属于原始凭证审核内容的是(　)。

A. 凭证是否有填制单位的公章和填制人员签章

B. 凭证是否符合规定的审核程序

C. 凭证是否符合有关计划和预算

D. 会计科目使用是否正确

【答案】D

【解析】原始凭证的审核内容：审核原始凭证的真实性（对于外来原始凭证必须要有填制单位的公章和人员签章），审核原始凭证的合法性（符合有关的审核程序），审核原始凭证的合理性（符合有关的计划和预算），审核原始凭证的正确性，审核原始凭证的及时性。原始凭证不涉及会计科目的使用。

三、记账凭证

记账凭证又称记账凭单，是会计人员根据审核无误的原始凭证，按照经济业务事项的内容加以归类，并据以确定会计分录后所填制的会计凭证，它是登记账簿的直接依据。

【要点】记账凭证和原始凭证同属于会计凭证，但二者之间存在着以下差别：

(1) 填制人员不同。原始凭证由经办人员填制，而记账凭证一律由会计人员填制。

(2) 填制依据不同。原始凭证是根据发生或完成的经济业务填制的，而记账凭证则是根据审核后的原始凭证填制。

(3) 填制方式不同。原始凭证仅用以记录、证明经济业务已经发生或完成，而记账凭证则要依据会计科目对已经发生或完成的经济业务进行归类、整理编制。

(4) 发挥作用不同。原始凭证是记账凭证的附件和填制记账凭证的依据，而记账凭证则是登记账簿的直接依据。

(一) 记账凭证的种类

1. 按内容分类

记账凭证按其反映经济业务的内容不同，可以分为收款凭证、付款凭证和转账凭证。

(1) 收款凭证。收款凭证是指用于记录库存现金和银行存款收款业务的会计凭证。它是根据有关库存现金和银行存款收款业务的原始凭证编制的。其格式见表4.2：

表4.2　　收款凭证

借方科目　　　　年　月　日　　　　收字第　号

摘　要	贷方科目		记　账	金　额
	一级科目	二级或明细科目		
合计				

附件　张

会计主管：　记账：　出纳：　审核：　制单：

（2）付款凭证。付款凭证是指用于记录库存现金和银行存款付款业务的会计凭证。其格式见表 4.3：

表 4.3　　付款凭证

贷方科目　　　　年　月　日　　　　付字第　号

摘　要	借方科目		记　账	金　额	
	一级科目	二级或明细科目			附件
					张
合计					

会计主管：　记账：　出纳：　审核：　制单：

（3）转账凭证。转账凭证是指用于记录不涉及库存现金和银行存款业务的会计凭证。在经济业务中，凡是不涉及库存现金和银行存款收付的业务，称之为转账业务，如计提固定资产折旧、车间领用原材料、期末结转成本等。其格式见表 4.4：

表 4.4　　转账凭证

年　月　日　　　　转字第　号

摘　要	会计科目		记　账	借方金额	贷方金额	
	一级科目	二级或明细科目				附件
						张
合计						

会计主管：　记账：　出纳：　审核：　制单：

收款凭证、付款凭证和转账凭证，可用不同颜色印制，以便于识别，减少差错，提高工作效率。在业务少、凭证不多的小型企业，为简化凭证手续，可以使用通用记账凭证（不具体区分收付转三类，其格式和填制方法与转账凭证相同），记录发生的各种经济业务。

【例题 5·多选题】收款凭证的借方科目可能有（　）。

A. 应收账款　　　　B. 库存现金

C. 银行存款　　　　D. 应付账款

【答案】BC

【解析】收款凭证左上角“借方科目”按收款的性质填写“库存现金”或“银行存款”。

2. 按照填列方式分类

记账凭证按其填列方式，可分为复式记账凭证和单式记账凭证两种。

（1）复式记账凭证。是指将每一笔经济业务事项所涉及的全部会计科目及其发生额均在同一张记账凭证中反映的一种凭证。以上所举的收款凭证、付款凭证和转账凭证，以及通用记账凭证均为复式记账凭证。复式记账凭证可以集中反映一项经济业务的科目对应关系，便于了解有关经济业务的全貌；减少凭证数量，节约纸张等，但不便于汇总计算每一个会计科目的发生额。

（2）单式记账凭证。是指每一张记账凭证只填列经济业务事项所涉及的一个会计科目及其金额的记账凭证。

（二）记账凭证的基本内容

为了满足记账的基本要求，记账凭证应具备以下基本内容或要素：

（1）记账凭证的名称。记账凭证的名称通常分为收款凭证、付款凭证和转账凭证。

（2）填制记账凭证的日期。记账凭证的填制日期与原始凭证的填制日期可能相同，也可能不同。

（3）记账凭证的编号。

（4）经济业务事项的内容摘要。摘要要简明扼要。

（5）经济业务事项所涉及的会计科目及其记账方向。

（6）经济业务事项的金额。

（7）记账标记。

（8）所附原始凭证张数。

（9）会计主管、记账、审核、出纳、制单等有关人员签章。

（三）记账凭证的编制要求

1. 基本要求

记账凭证的主要作用是将经济信息资料转化为会计语言。由于记账凭证是登记账簿的直接依据，它的填制是否正确将直接关系着账簿登记的质量。因此，编制记账凭证要按照有关规定进行，其基本要求如下：

（1）记账凭证各项内容必须完整。

（2）记账凭证应连续编号。一笔经济业务需要填制两张以上记账凭证的，可以采用分数编号法编号。

（3）记账凭证的书写应清楚、规范。相关要求同原始凭证。

（4）记账凭证可以根据每一张原始凭证填制，或根据若干张同类原始凭证汇总编制，也可以根据原始凭证汇总表填制。但不得将不同内容和类别的原始凭证汇总填制在一张记账凭证上。

（5）除结账和更正错误的记账凭证可以不附原始凭证外，其他记账凭证必须附有原始凭证。所附原始凭证张数的计算，一般以原始凭证的自然张数为准。与记账凭证中的经济业务事项记录有关的每一张证据都应当作为原始凭证。

一张原始凭证所列的支出需要由几个单位共同负担时，应当由保存该原始凭证的单位开具原始凭证分割单给其他应负担的单位。原始凭证分割单必须具备原始凭证的基本内容。

（6）填制记账凭证时若发生错误应当重新填制。

①已登记入账的记账凭证在当年内发现会计科目填写错误时，可以用红字填写一张与原内容相同的记账凭证，在摘要栏注明“注销某月某日某号凭证”字样，同时再用蓝字重新填制一张正确的记账凭证，注明“订正某月某日某号凭证”字样。

②如果会计科目没有错误，只是金额错误。也可将正确数字与错误数字之间的差额，另编一张调整的记账凭证，调增金额用蓝字、调减金额用红字。

③发现以前年度记账凭证有错误的，应当用蓝字填制更正的

记账凭证。

(7) 记账凭证填制完经济业务事项后，如有空行，应当自金额栏最后一笔金额数字下的空行处至合计数上的空行处划线注销。

2. 收款凭证的编制要求

收款凭证左上角的“借方科目”按收款的性质填写“库存现金”或“银行存款”；日期填写的是编制本凭证的日期；右上角填写编制收款凭证的顺序号；“摘要”填写对所记录的经济业务的简要说明；“贷方科目”填写与收入库存现金或银行存款相对应的会计科目；“记账”是指该凭证已登记账簿的标记，防止经济业务所涉事项重记或漏记；“金额”是指该项经济业务的发生额；凭证右边“附件×张”是指本记账凭证所附原始凭证的张数；最下边分别由有关人员签名或盖章，以明确经济责任。

【例题 6 · 计算题】 天华公司 2010 年 10 月 10 日，收回上月支付给乙公司的包装物押金 25 000 元，存入银行。假设已登记入账，附件 1 张，应编制收款凭证见表 4.5。

表 4.5　　收款凭证

借方科目：银行存款　　2010 年 10 月 10 日　　银收字第 1 号

摘　要	贷方科目		记　账	金　额
	一级科目	二级或明细科目		
收到乙公司所欠押金存入银行	其他应收款	乙公司	√	25 000
合　计				￥25 000

附件 1 张

会计主管：　记账：　出纳：　审核：　制单：

3. 付款凭证的编制要求

付款凭证的编制方法与收款凭证基本相同，只是左上角由“借方科目”换为“贷方科目”，凭证中间的“贷方科目”换为“借方科目”。

【例题7·计算题】2010年11月11日，用现金购买办公用品3 000元。假设已登记入账，附件1张，应编制付款凭证见表4.6。

表4.6　付款凭证

贷方科目：库存现金　　2010年11月11日　　现付字第1号

摘要	借方科目		记账	金额	
	一级科目	二级或明细科目			
用现金购买办公用品	管理费用	办公费用	√	3 000	附件1张
合计				¥3 000	

会计主管：　记账：　出纳：　审核：　制单：

【要点】对于涉及现金和银行存款之间的经济业务，为了避免重复记账，一般只编制付款凭证，不编制收款凭证。如从银行提现只需要编制银行存款付款凭证。

【例题8·计算题】2010年12月15日，将当日多余的现金60 000元存入银行。假设已登记入账，附件1张，此时，应只编制一张库存现金的付款凭证见表4.7。

表4.7　付款凭证

贷方科目：库存现金　　2010年12月15日　　现付字第2号

摘要	借方科目		记账	金额	
	一级科目	二级或明细科目			
将现金存入银行	银行存款		√	60 000	附件1张
合计				¥60 000	

会计主管：　记账：　出纳：　审核：　制单：

4. 转账凭证的编制要求

转账凭证将经济业务事项中所涉及的全部会计科目，按照先借后贷的顺序记入“会计科目”栏中的“一级科目”和“二级或明细科目”，并按应借、应贷方向分别记入“借方金额”或“贷方金额”栏。其他项目的填列与收、付款凭证相同。

【例题 9 · 计算题】 2010 年 10 月 30 日，计提本月管理用无形资产摊销 360 000 元。假设已登记入账，附件 2 张，应编制转账凭证见表 4.8。

表 4.8　　**转账凭证**

2010 年 10 月 30 日　　转字第 1 号

摘　要	会计科目		记账	借方金额	贷方金额
	一级科目	二级或明细科目			
计提无形资产摊销	管理费用		√	360 000	
	累计摊销		√		360 000
合　计				¥360 000	¥360 000

附件 2 张

会计主管：　记账：　出纳：　审核：　制单：

【注意】 当一项经济业务，既涉及现金和银行存款收付的业务，又涉及转账业务时，需要分别编制记账凭证。

5. 记账凭证的审核内容

记账凭证的审核内容主要包括：

(1) 内容是否真实；

(2) 项目是否齐全；

(3) 科目是否正确；

(4) 金额是否正确；

(5) 书写是否正确。

出纳人员在办理收款或付款业务后，应在原始凭证上加盖“收讫”或“付讫”的戳记，以避免重收重付。

四、会计凭证的传递与保管

（一）会计凭证的传递

会计凭证的传递是指从会计凭证的取得或填制时起至归档保管过程中，在单位内部有关部门和人员之间的传送程序。

会计凭证的传递一般包括传递程序和传递时间两个方面。

在制定合理的凭证传递程序和时间时，通常考虑以下几点：

（1）规定传递程序。应根据经济业务的特点、企业内部的机构设置和人员分工情况以及管理上的要求等，使有关部门既能按规定手续处理业务，又能利用凭证资料掌握情况，提供数据，协调一致。同时还要注意流程合理，避免不必要的环节影响传递速度。

（2）确定传递时间。应根据有关部门和人员办理业务的必要手续时间，确定凭证的传递时间，时间过紧会影响业务手续的完成，过松则影响工作效率。

（3）建立会计凭证交接的签收制度。各环节应指定专人办理交接手续，做到手续完备、严密，责任明确。

（二）会计凭证的保管

会计凭证的保管是指会计凭证记账后的整理、装订、归档和存查工作。

对会计凭证的保管，既要做到完整无缺，又要便于翻阅查找。其主要要求有：

（1）会计凭证应定期装订成册，防止散失。

从外单位取得的原始凭证遗失时，应取得原签发单位盖有公章的证明，并注明原始凭证的号码、金额、内容等，由经办单位会计机构负责人、会计主管人员和单位负责人批准后，才能代作原始凭证。若确实无法取得证明的，如车票丢失，则应由当事人写明详细情况，由经办单位会计机构负责人、会计主管人员和单位负责人批准后，代作原始凭证。

（2）会计凭证封面应注明单位名称、凭证种类、凭证张数、起止号数、年度、月份、会计主管人员、装订人员等有关事项，会计主管人员和保管人员应在封面上签章。

（3）会计凭证应加贴封条，防止抽换凭证。原始凭证不得外借，其他单位如有特殊原因确实需要使用时，经本单位会计机构负责人、会计主管人员批准，可以复制。向外单位提供的原始凭证复制件，应在专设的登记簿上登记，并由提供人员和收取人员共同签名、盖章。

（4）原始凭证较多时，可单独装订，但应在凭证封面注明所属记账凭证的日期、编号和种类，同时在所属的记账凭证上应注明"附件另订"及原始凭证的名称和编号，以便查阅。

（5）每年装订成册的会计凭证，在年度终了时可暂由单位会计机构保管一年，期满后应当移交本单位档案机构统一保管；未设立档案机构的，应当在会计机构内部指定专人保管。出纳人员不得兼管会计档案。

（6）严格遵守会计凭证的保管期限要求，期满前不得任意销毁。有关会计凭证保管要求详见第九章会计档案。

【例题10·多选题】以下说法正确的有(　)。

A. 会计凭证应定期装订成册，防止散失

B. 原始凭证不得外借

C. 单位会计机构对会计凭证可保管一年

D. 出纳人员不得兼管会计档案

【答案】ABCD

同步系统训练

一、单项选择题

1. 将现金送存银行，应填制的记账凭证是(　)。

A. 现金收款凭证　　B. 现金付款凭证

C. 银行存款收款凭证　　D. 银行存款付款凭证

2. 审核原始凭证所记录的经济业务是否符合企业生产经营活动的需要、是否符合有关的计划和预算，属于(　)审核。

A. 合理性　　B. 合法性

C. 真实性　　D. 完整性

3. 记账凭证应根据审核无误的(　)编制。

A. 收款凭证　　B. 付款凭证

C. 转账凭证　　D. 原始凭证

4. 出纳人员付出货币资金的依据是(　)。

A. 收款凭证　　B. 付款凭证

C. 转账凭证　　D. 原始凭证

5. 企业常用的收款凭证、付款凭证和转账凭证均属于(　)。

A. 单式记账凭证　　B. 复式记账凭证

C. 一次凭证　　D. 通用记账凭证

6. 出纳人员在办理收款或付款后，应在(　)上加盖“收讫”或“付讫”的戳记，以避免重收重付。

A. 记账凭证　　B. 原始凭证

C. 收款凭证　　D. 付款凭证

7. 下列原始凭证中属于通用凭证的是(　)。

A. 领料单　　B. 差旅费报销单

C. 折旧计算表　　D. 银行转账结算凭证

8. 会计凭证的传递，是指(　)，在单位内部有关部门及人员之间的传递程序。

A. 会计凭证的填制或取得时起至归档保管过程中

B. 会计凭证的填制到登记账簿止

C. 会计凭证审核后到归档止

D. 会计凭证的填制或取得到汇总登记账簿止

9. 付款凭证左上角的“贷方科目”可能登记的科目是(　)。

A. 预付账款　　B. 银行存款

C. 应付账款　　D. 其他应付款

10. 会计机构和会计人员对真实、合法、合理但内容不准确、不完整的原始凭证，应当( )。

A. 不予受理　　B. 予以受理

C. 予以纠正　　D. 予以退回，要求更正、补充

11. 汇总原始凭证与累计原始凭证的主要区别点是( )。

A. 登记的经济业务内容不同

B. 填制时期不同

C. 会计核算工作繁简不同

D. 填制手续和方法不同

12. 已经登记入账的记账凭证，在当年内发现有误，可以用红字填写一张与原内容相同的记账凭证，在摘要栏注明( )，以冲销原错误的记账凭证。

A. 注销某月某日某号凭证　　B. 订正某月某日某号凭证

C. 经济业务的内容　　D. 对方单位

13. 记账凭证的填制是由( )完成的。

A. 出纳人员　　B. 会计人员

C. 经办人员　　D. 主管人员

14. 各种原始凭证，除由经办业务的有关部门审核以外，最后都要由( )进行审核。

A. 财政部门　　B. 董事会

C. 总经理　　D. 会计部门

15. 可以不附原始凭证的记账凭证是( )。

A. 更正错误的记账凭证

B. 从银行提取现金的记账凭证

C. 以现金发放工资的记账凭证

D. 职工临时性借款的记账凭证

16. 5 月 25 日行政管理人员将标明日期为 4 月 25 日的发票拿来报销，经审核后会计人员依据该发票编制记账凭证时，记账凭证的日期应为( )。

A. 5月1日　　B. 4月25日

C. 5月25日　　D. 4月30日

17. 下列凭证中属于外来原始凭证的是（　）。

A. 收料单　　B. 发出材料汇总表

C. 购货发票　　D. 领料单

18. 接收外单位投资的材料一批，应填制（　）。

A. 收款凭证　　B. 付款凭证

C. 转账凭证　　D. 汇总凭证

19. 会计核算工作的基础环节是（　）。

A. 登记会计账簿

B. 填制和审核会计凭证

C. 进行财产清查

D. 编制财务报表

20. 限额领料单属于（　）。

A. 通用凭证　　B. 一次凭证

C. 累计凭证　　D. 汇总凭证

21. 将记账凭证分为收款凭证、付款凭证和转账凭证的依据是（　）。

A. 凭证用途的不同

B. 凭证填制手续的不同

C. 记载经济业务内容的不同

D. 所包括的会计科目是否单一

22. 下列说法正确的是（　）。

A. 按照填制方法的不同，记账凭证分为通用记账凭证和专用记账凭证

B. 通用记账凭证是单式记账凭证，专用记账凭证是复式记账凭证

C. 复式记账凭证能够反映会计账户之间的对应关系

D. 通用记账凭证适用于规模较大、经济业务数量以及收付款

业务较多的单位

23. 下列各项中，( )不属于记账凭证的基本要素。
A. 交易或事项的内容摘要
B. 交易或事项的数量、单价
C. 应记会计科目、方向及金额
D. 凭证的编号

24. “工资结算汇总表”是一种( )。
A. 一次凭证 B. 累计凭证
C. 汇总凭证 D. 复式凭证

25. 某企业根据一项不涉及现金与银行存款的会计业务，由于涉及项目较多，需填制两张记账凭证，则记账凭证编号为( )。
A. 转字第×号
B. 收字第××号
C. 转字第××1/2号和转字第××2/2号
D. 收字第××1/2号和收字第××2/2号

26. 记账凭证填制完毕加计合计数以后，如有空行应( )。
A. 空置不填 B. 划线注销
C. 盖章注销 D. 签字注销

27. 用转账支票支付前欠货款应填制( )。
A. 转账凭证 B. 收款凭证
C. 付款凭证 D. 原始凭证

28. 对于“企业赊购一批原材料，已经验收入库”的经济业务，应当编制( )。
A. 收款凭证 B. 付款凭证
C. 转账凭证 D. 付款凭证或转账凭证

29. 职工出差的借款单，按其填制方法属于( )。
A. 自制原始凭证 B. 外来原始凭证
C. 一次凭证 D. 累计凭证

30. 对于一些经常重复发生的经济业务，可以根据同类原始凭证编制（ ）。

A. 记账凭证　　B. 汇总原始凭证

C. 收料汇总表　　D. 发料汇总表

31. 记账凭证的编制依据是（ ）。

A. 会计分录

B. 经济业务

C. 原始凭证或汇总原始凭证

D. 账簿记录

32. 以下项目中，属于一次凭证和累计凭证的主要区别是（ ）。

A. 一次凭证是通用凭证，累计凭证是专用凭证

B. 累计凭证是自制原始凭证，一次凭证是外来原始凭证

C. 累计凭证填制的手续是多次完成的，一次凭证填制的手续是一次完成的

D. 累计凭证是汇总凭证，一次凭证是单式凭证

33. 会计机构和会计人员对不真实、不合法的原始凭证和违法收支，应当（ ）。

A. 不予接受

B. 予以退回

C. 予以纠正

D. 不予接受，并向单位负责人报告

34. 收款凭证左上角“借方科目”应填列的会计科目是（ ）。

A. 应收账款　　B. 预收账款

C. 主营业务收入　　D. 银行存款或库存现金

35. 现金收款凭证上的填写日期应当是（ ）。

A. 收取现金的日期　　B. 编制收款凭证的日期

C. 原始凭证上注明的日期　　D. 登记总账的日期

36. 下列业务中，应该填制现金收款凭证的是（ ）。

A. 将现金存入银行

B. 从银行提取现金

C. 出售产品一批，收到一张转账支票

D. 出售多余材料，收到现金

37. 在原始凭证上书写阿拉伯数字，错误的做法是(　)。

A. 金额数字前书写货币币种符号

B. 币种符号与金额数字之间要留有空白

C. 币种符号与金额数字之间不得留有空白

D. 数字金额一律写到角分，有角无分的，分位写“0”，不得用符号“—”

二、多项选择题

1. 在原始凭证上书写阿拉伯数字，正确的有(　)。

A. 金额数字一律填写到角分

B. 无角分的，角位和分位可写“00”或者符号“—”

C. 有角无分的，分位应当写“0”

D. 有角无分的，分位也可以用符号“—”代替

2. 原始凭证的基本内容中包括(　)。

A. 原始凭证的名称　　B. 原始凭证的种类

C. 经济业务的性质　　D. 填制单位签章

3. 以下属于汇总原始凭证的有(　)。

A. 差旅费报销单　　B. 收料凭证汇总表

C. 限额领料单　　D. 发料凭证汇总表

4. 下列原始凭证中，属于单位自制原始凭证的有(　)。

A. 收料单　　B. 限额领料单

C. 产品入库单　　D. 领料单

5. 下列说法正确的有(　)。

A. 已经登记入账的记账凭证，在当年内发现填写错误时，直接用蓝字重新填写一张正确的记账凭证即可

B. 发现以前年度记账凭证有错误的，可以用红字填写一张与原内容相同的记账凭证，再用蓝字重新填写一张正确的记账凭证

C. 如果会计科目没有错误只是金额错误，也可以将正确数字与

错误数字之间的差额，另填制一张调整的记账凭证，调增金额用蓝字，调减金额用红字

D. 发现以前年度记账凭证有错误的，应当用蓝字填制一张更正的记账凭证

6. 专用记账凭证按其所反映的经济业务是否与现金和银行存款有关，通常可以分为（ ）。

A. 收款凭证　　B. 付款凭证

C. 转账凭证　　D. 结算凭证

7. 下列人员中，应在记账凭证上签名或盖章的有（ ）。

A. 审核人员　　B. 会计主管人员

C. 记账人员　　D. 制单人员

8. 下列项目中符合填制会计凭证要求的有（ ）。

A. 汉字大小写金额必须相符且填写规范

B. 阿拉伯数字连笔书写

C. 阿拉伯数字前面的人民币符号写为“¥”

D. 大写金额有分的，分字后面不写“整”或“正”字

9. 下列经济业务中，应填制付款凭证的有（ ）。

A. 从银行提现金备用

B. 购买材料预付订金

C. 购买材料未付款

D. 以银行存款支付前欠单位货款

10. 记账凭证可以根据（ ）编制。

A. 一张原始凭证　　B. 若干张原始凭证汇总

C. 原始凭证汇总表　　D. 明细账

11. 以下有关会计凭证的表述中正确的有（ ）。

A. 会计凭证是记录经济业务的书面证明

B. 会计凭证可以明确经济责任

C. 会计凭证是编制报表的依据

D. 会计凭证是登记账簿的依据

12. 记账凭证的填制除了必须做到记录真实、内容完整、填制及时、书写清楚外，还必须符合( )要求。
A. 如有空行，应当在空行处划线注销
B. 填制记账凭证时发生错误应当重新编制
C. 必须连续编号
D. 除另有规定外，应该有附件并注明附件张数

13. 下列凭证属于外来原始凭证的有( )。
A. 付款收据 B. 银行转来的各种结算凭证
C. 工资发放明细表 D. 出差人员车票

14. 涉及现金与银行存款之间的划款业务时，可以编制的记账凭证有( )。
A. 银行存款收款凭证 B. 银行存款付款凭证
C. 现金收款凭证 D. 现金付款凭证

15. 原始凭证审核的内容包括( )。
A. 真实性 B. 合法性
C. 正确性 D. 及时性

16. 关于原始凭证的下列说法中，正确的有( )。
A. 对于真实合法、合理但内容不够完整、填写有错误的原始凭证，应该由出具单位重开或更正
B. 对于真实合法、合理但内容不够完整、填写有错误的原始凭证，应该由本单位的会计人员代为更正
C. 金额发生错误的，可由出具单位在原始凭证上更正
D. 金额发生错误的，应当由出具单位重开

17. 记账凭证审核的主要内容有( )。
A. 项目是否齐全 B. 科目是否正确
C. 内容是否真实 D. 金额是否正确

18. 王明出差回来，报销差旅费 1 000 元，原预借 1 500 元，交回剩余现金 500 元，这笔业务应该编制的记账凭证有( )。
A. 付款凭证 B. 收款凭证

C. 转账凭证　　　　　　　　D. 原始凭证

三、判断题

1. 原始凭证是编制记账凭证的依据，是会计核算最基础的原始资料。（　）
2. 原始凭证金额有错误的，应当由出具单位重开，不得在原始凭证上更正。（　）
3. 记账凭证上的日期是经济业务发生的日期。（　）
4. 填制原始凭证，汉字大写金额数字一律用正楷或行书字书写，汉字大写金额数字到元位或角位为止的，后面写“正”或“整”，分位后面不写“正”或“整”。（　）
5. 现金存入银行时，为避免重复记账只编制银行存款收款凭证，不编制现金付款凭证。（　）
6. 已登记入账的记账凭证在当年内发生填写错误时，可以用红字填写一张与原内容相同的记账凭证，在摘要栏注明“注销某年某月某日某号凭证”字样。（　）
7. 会计凭证传递是指从原始凭证的填制或取得起，到会计凭证归档保管止，在财会部门内部按规定的路线进行传递和处理的程序。（　）
8. 发现以前年度记账凭证有错误，应先用红字冲销，然后用蓝字填制一张更正的记账凭证。（　）
9. 会计凭证上填写的“人民币”字样或符号“￥”与汉字大写金额数字或阿拉伯金额数字之间应留有空白。（　）
10. 转账凭证只登记与库存现金和银行存款收付无关的经济业务。（　）
11. 累计凭证是在一定期间内根据多张相同的原始凭证累计而成。（　）
12. 填制会计凭证，所有以元为单位的阿拉伯数字，除单价等情况外，一律填写到角分；有角无分的，分位应当写“0”或用符号“—”代替。（　）
13. 企业的各种原始凭证都不得涂改、刮擦和变造，如果发生错误，应采用划线更正法予以更正。（　）

14. 原始凭证的编制可以由非财会部门和人员填写，但记账凭证的编制只能由财会部门的人员填写。 ( )
15. 原始凭证发生错误，正确的更正方法是由出具单位在原始凭证上更正。 ( )
16. 如果原始凭证已预先印定编号，在写坏作废时，应加盖“作废”戳记，妥善保管，不得撕毁。 ( )
17. 审核无误的原始凭证是登记账簿的直接依据。 ( )
18. 为了简化工作手续，可以将不同内容和类别的原始凭证汇总，填制在一张记账凭证上。 ( )
19. 从外单位取得的原始凭证遗失时，必须取得原签发单位盖有公章的证明，并注明原始凭证的号码、金额、内容等，由经办单位会计机构负责人、会计主管人员审核签章后，才能代作原始凭证。 ( )
20. 凡是现金或银行存款增加的经济业务必须填制收款凭证。 ( )
21. 采用累计原始凭证可以减少原始凭证的张数和记账的次数。 ( )
22. 记账人员根据记账凭证记账后，在“记账符号”栏内作“√”记号。表示该笔金额已记入有关账户，以免漏记或重记。 ( )
23. 付款凭证只有在银行存款减少时才填制。 ( )
24. 根据规定，记账凭证必须附有原始凭证，但是，结账和更正错误的记账凭证可以不附原始凭证。 ( )

四、简答题

1. 简述会计凭证的作用。
2. 简述原始凭证和记账凭证的区别。
3. 简述原始凭证的基本内容。
4. 简述原始凭证的审核内容。
5. 简述记账凭证编制的基本要求。
6. 列举记账凭证的基本内容。
7. 简述会计凭证、原始凭证、记账凭证的分类。
8. 简述会计凭证的保管要求。

同步系统训练参考答案及解析

一、单项选择题

1. B

【解析】对于涉及“库存现金”和“银行存款”之间的经济业务，为避免重复记账，一般只编制付款凭证，不编制收款凭证。

2. A

【解析】审核原始凭证所记录的经济业务是否符合企业生产经营活动的需要、是否符合有关的计划和预算，这是审核的原始凭证的合理性。

3. D

【解析】记账凭证是由会计人员根据审核无误的原始凭证按照经济业务事项的内容加以归类，并据以确定会计分录后所填制的会计凭证。

4. B

【解析】出纳人员应该根据审核无误的付款凭证付出货币资金。

5. B

【解析】收款凭证、付款凭证和转账凭证，以及通用记账凭证均为复式记账凭证。

6. B

【解析】出纳人员在办理收款或付款后，应在原始凭证上加盖“收讫”或“付讫”的戳记，以避免重收重付。

7. D

【解析】通用凭证包括增值税专用发票、银行转账结算凭证等。

8. A

9. B

【解析】付出现金或银行存款的业务需要编制付款凭证，所以贷方科目可能为库存现金或银行存款。

10. D

【解析】会计机构和会计人员对真实、合法、合理但内容不准确、不完整的原始凭证，应当予以退回，要求更正、补充。

11. D

【解析】根据填制手续和方法的不同，原始凭证可以分为一次凭证，累计凭证和汇总凭证。

12. A

【解析】已经登记入账的记账凭证，在当年内发现有误，可以用红字填写一张与原内容相同的记账凭证，在摘要栏注明“注销某月某日某号凭证”，以冲销原错误的记账凭证。

13. B

【解析】记账凭证是由会计人员根据审核无误的原始凭证按照经济业务事项的内容加以归类，并据以确定会计分录后所填制的会计凭证。由此可见记账凭证是由会计人员填制的。

14. D

【解析】各种原始凭证，除由经办业务的有关部门审核以外，最后都要由会计部门进行审核。

15. A

【解析】根据规定，除结账和更正错误的记账凭证可以不附原始凭证外，其他记账凭证必须附有原始凭证。选项 B“从银行提取现金的记账凭证”后面应该附上相关的原始凭证；选项 C“以现金发放工资的记账凭证”后面应该附上工资表等；选项 D“职工临时性借款的记账凭证”后面应该附上职工的借款收据等。

16. C

【解析】记账凭证是哪一天编制的，就写上哪一天，记账凭证的填制日期与原始凭证的填制日期可能相同，也可能不同。本题中填制记账凭证的日期是5月25日。

17. C

【解析】其他几项都是自制原始凭证。

18. C

【解析】转账凭证是指用于记录不涉及现金及银行存款业务的会计凭证。本题中不涉及现金和银行存款，所以应该填制转账凭证。

19. B

【解析】填制和审核会计凭证是会计核算方法之一，是会计核算的初始阶段和基本环节，是一项重要的基础性会计工作。

20. C

【解析】累计凭证的填制手续是多次进行才能完成的，它一般为自制原始凭证，最具代表性的累计凭证是"限额领料单"。

21. C

【解析】记账凭证按其反映经济业务的内容不同，可以分为收款凭证、付款凭证和转账凭证。

22. C

【解析】记账凭证按照使用范围不同分为通用记账凭证和专用记账凭证，所以选项A的说法不正确；无论是通用记账凭证还是专用记账凭证均是复式记账凭证，选项B的说法不正确；复式记账凭证指的是将每一笔经济业务所涉及的全部会计科目及其内容在同一张记账凭证中反映的记账凭证。因此复式记账凭证能够反映会计账户之间的对应关系，便于了解有关经济业务的全貌，所以选项C的说法正确；通用记账凭证适用于规模较小，经济业务数量不多，收付款业务较少的单位。而专用记账凭证适用于规模较大、经济业务数量以及收付款业务较多的单位，所以选项D的说法不正确。

23. B

【解析】记账凭证的基本要素包括：记账凭证的名称，填制记账凭证的日期，记账凭证的编号，经济业务的内容摘要，经济业务所涉及的会计科目及其记账方向，经济业务事项的金额，记账标记，所附原始凭证张数，会计主管、记账、审核、出纳、制单等有关人员签章。

24. C

25. C

【解析】本题业务不涉及现金和银行存款，所以需要编制转账凭证。一笔业务需要编制两张以上记账凭证的，可以采用分数编号法编号。

26. B

【解析】记账凭证填制完经济业务事项后，如有空行，应当自金额栏最后一笔金额数字下的空行处至合计数上的空行处划线注销。

27. C

【解析】付款凭证是指用于记录现金和银行存款付款业务的会计凭证，本题是用转账支票支付前欠货款，是银行存款的付款业务，所以要编制付款凭证。

28. C

【解析】转账凭证是用于记录不涉及现金和银行存款业务的会计凭证，本题中的业务由于是赊购，不涉及库存现金和银行存款，所以应当编制转账凭证。

29. C

【解析】原始凭证按填制方法分为一次凭证、累计凭证、汇兑凭证，而比较常见的一次凭证有：购货发票、销货发票、收据、领料单、收料单、借款单、银行结算凭证等。

30. B

【解析】对于一些经常重复发生的经济业务，可以根据同类原始凭证编制汇总原始凭证。

31. C

【解析】记账凭证的编制依据是原始凭证或汇总原始凭证。

32. C

【解析】累计凭证填制的手续是多次完成的，一次凭证填制的手续是一次完成的，这是一次凭证和累计凭证的主要区别。

33. D

【解析】对于不真实、不合法的原始凭证和违法收支，会计机构和会计人员有权不予接受，并向单位负责人报告。

34. D

【解析】收款凭证登记的是库存现金或银行存款的增加，所以收款凭证左上角“借方科目”应填列的会计科目是银行存款或库存现金。

35. B

【解析】现金收款凭证上的填写日期应当是编制收款凭证的日期。

36. D

【解析】选项A填制现金付款凭证；选项B需要填制银行存款付款凭证；选项C需要填制银行存款收款凭证，选项D需要填制现金收款凭证。

37. B

【解析】按照规定，原始凭证中的阿拉伯金额数字前应当书写货币币种符号或者“货币名称简写和币种符号”。币种符号和阿拉伯数字之间不得留有空白，数字金额一律写到角分，无角分的，写“00”或符号“—”，有角无分的，分位写“0”，不得用符号“—”。

二、多项选择题

1. ABC

【解析】有角无分的，分位写“0”，不得用符号“—”代替。

2. AD

【解析】原始凭证的基本内容包括：（1）原始凭证的名称和编

号；（2）填制原始凭证的日期；（3）接受原始凭证的单位名称；（4）经济业务的内容（含数量、单价和金额等）；（5）填制单位签章；（6）有关人员签章；（7）填制单位名称或填制人姓名；（8）凭证附件。

3. ABD

【解析】常见的汇总原始凭证有：发出材料汇总表、工资结算汇总表、销售日报、差旅费报销单等；限额领料单属于累计凭证。

4. ABCD

【解析】自制原始凭证是指由本单位内部经办业务的部门或个人，在执行或完成某项经济业务时自行填制的，仅供本单位内部使用的原始凭证，如收料单、领料单、限额领料单、产品入库单、产品出库单、借款单、工资发放明细表、折旧计算表等。

5. CD

【解析】已经登记入账的记账凭证，在当年内发现填写错误时，可以用红字填写一张与原内容相同的记账凭证，在摘要栏注明"注销某月某日某号凭证"字样，同时再用蓝字重新填写一张正确的记账凭证，注明"订正某月某日某号凭证"字样；发现以前年度记账凭证有错误的，应当用蓝字填制一张更正的记账凭证。

6. ABC

【解析】专用记账凭证按其所反映的经济业务是否与现金和银行存款有关，通常可以分为收款凭证、付款凭证、转账凭证。

7. ABCD

【解析】审核人员、会计主管人员、记账人员、制单人员都应该在记账凭证上签名或盖章。

8. ACD

【解析】阿拉伯数字不可以用连笔书写。

9. ABD

【解析】购买材料未付款不涉及现金或银行存款的付出，应该编制转账凭证。

10. ABC

【解析】记账凭证可以根据每一张原始凭证填制或根据若干张同类原始凭证汇总编制，也可以根据原始凭证汇总表填制。

11. ABD

【解析】会计凭证是记录经济业务事项发生或完成情况的书面证明，也是登记账簿的依据，通过填制或取得会计凭证，可以明确经济责任。

12. ABCD

【解析】记账凭证的编制要求：（1）记账凭证的内容必须完整；（2）记账凭证应连续编号；（3）记账凭证的书写应清楚、规范；（4）记账凭证可以根据每一张原始凭证填制或根据若干张同类原始凭证汇总编制，也可以根据原始凭证汇总表填制，但是不得将不同内容和类别的原始凭证汇总填制在一张记账凭证上；（5）除结账和更正错误的记账凭证可以不附原始凭证外，其他的记账凭证必须附有原始凭证，应该注明所附原始凭证的张数；（6）填制记账凭证时发生错误应当重新填制；（7）记账凭证填制完经济业务事项后，如有空行，应当在空行处划线注销。

13. ABD

【解析】外来原始凭证是指从其他单位或个人直接取得的原始凭证，如购买材料时取得的增值税专用发票，银行转来的各种结算凭证，对外支付款项时取得的收据，职工出差取得的飞机票，车船票等；工资发放明细表属于自制原始凭证。

14. BD

15. ABCD

【解析】原始凭证的审核内容主要包括：真实性、合法性、合理性、完整性、正确性和及时性。

16. AD

【解析】原始凭证有错误的，应当由出具原始凭证的单位重开或更正，更正处应当加盖出具原始凭证单位的印章。原始凭证金额有错误的不得更正，只能由出具原始凭证的单位重开。

17. ABCD

【解析】记账凭证审核的内容：(1) 内容是否真实；(2) 项目是否齐全；(3) 科目是否正确；(4) 金额是否正确；(5) 书写是否正确。

18. BC

【解析】报销差旅费时，填制转账凭证，交回剩余现金时需要填制收款凭证。

三、判断题

1. √

2. √

3. ×

【解析】记账凭证上的日期是编制记账凭证的日期。

4. √

【解析】填制原始凭证，汉字大写金额数字一律用正楷或行书字书写，汉字大写金额数字到元位或角位为止的，后面写“正”或“整”，分位后面不写“正”或“整”。

5. ×

【解析】现金存入银行编制现金付款凭证，不编制银行收款凭证。

6. √

【解析】已登记入账的记账凭证在当年内发生填写错误时，可以用红字填写一张与原内容相同的记账凭证，在摘要栏注明“注销某年某月某日某号凭证”字样。

7. ×

【解析】会计凭证的传递是指从会计凭证的取得或填制时起至归档保管过程中，在单位内部有关部门和人员之间的传送程序。

8. ×

【解析】发现以前年度记账凭证有错误的，不必用红字冲销，直接用蓝字填制一张更正的记账凭证。

9. ×

【解析】会计凭证上填写的“人民币”字样或符号“¥”与汉字大写金额数字或阿拉伯金额数字之间不应留有空白。

10. √

【解析】转账凭证是指用于记录不涉及库存现金和银行存款业务的会计凭证。

11. ×

【解析】累计凭证是指在一定时期内多次记录发生的同类型经济业务的原始凭证。

12. ×

【解析】有角无分的，分位应当写“0”不可以用符号“—”代替。

13. ×

【解析】原始凭证不得涂改、刮擦、挖补。原始凭证有错误的，应当由出具单位重开或更正，更正处应该加盖出具单位印章。

14. √

【解析】例如收料单、领料单是由经办人员填写的，是非财会人员，但收、付款凭证和转账凭证是由财会人员填制的。

15. ×

【解析】原始凭证有错误的，应当由出具原始凭证的单位重开或更正，更正处应当加盖出具原始凭证单位的印章。

16. √

【解析】如果原始凭证已预先印定编号，在写坏作废时，应加盖“作废”戳记，妥善保管，不得撕毁。

17. ×

【解析】审核无误的原始凭证是填制记账凭证的依据，而记账凭证则是登记账簿的依据。

18. ×

【解析】记账凭证可以根据每一张原始凭证填制或根据若干张同类原始凭证汇总编制，也可以根据原始凭证汇总表填制，但是不得将不同内容和类别的原始凭证汇总填制在一张记账凭证上。

19. ×

【解析】从外单位取得的原始凭证遗失时，应取得原签发单位盖有公章的证明，并注明原始凭证的号码、金额、内容等，由经办单位会计机构负责人、会计主管人员和单位负责人批准后，才能代作原始凭证。若确实无法取得证明的，如车票丢失，则应由当事人写明详细情况，由经办单位会计机构负责人、会计主管人员和单位负责人批准后，代作原始凭证。

20. ×

【解析】从银行提取现金，现金增加，应编制银行存款付款凭证；将现金存入银行，银行存款增加，但不编制银行存款收款凭证，而是编制现金付款凭证。

21. √

22. √

23. ×

【解析】现金减少时也应该编制付款凭证。

24. √

四、简答题

1. **【答案】**

填制和审核会计凭证是会计核算方法之一，是会计核算的初始阶段和基本环节，是一项重要的基础性会计工作。

其作用主要体现在以下三个方面：

(1) 记录经济业务，提供记账依据。

(2) 明确经济责任，强化内部控制。

(3) 监督经济活动，控制经济运行。

2.【答案】

(1) 填制人员不同。原始凭证大多是由本单位或外单位的业务经办人员填制的，而记账凭证则一律是由本单位的会计人员填制的；

(2) 填制依据不同。原始凭证是根据已经发生或完成的经济业务填制的，而记账凭证是根据审核后的原始凭证填制的；

(3) 填制方式不同。原始凭证只是经济业务发生或完成情况的原始证明，而记账凭证则要依据会计科目对已发生或完成的经济业务进行初步归类、整理；

(4) 发挥作用不同。原始凭证是填制记账凭证的依据，而记账凭证是登记会计账簿的直接依据。

3.【答案】

(1) 原始凭证的名称和编号；

(2) 填制原始凭证的日期；

(3) 接受原始凭证的单位名称；

(4) 经济业务内容（含数量、单价和金额等）；

(5) 填制单位签章；

(6) 有关人员签章；

(7) 填制单位名称或者填制人姓名；

(8) 凭证附件。

4.【答案】

(1) 审核原始凭证的真实性；

(2) 审核原始凭证的合法性；

(3) 审核原始凭证的合理性；

(4) 审核原始凭证的完整性；

(5) 审核原始凭证的正确性；

(6) 审核原始凭证的及时性。

5.【答案】

(1) 记账凭证的各项内容必须完整；

(2) 记账凭证应连续编号；

(3) 记账凭证的书写应清楚，规范；

(4) 记账凭证可以根据每一张原始凭证填制，或根据若干张同类原始凭证汇总编制，也可以根据原始凭证汇总表填制，但是不得将不同内容和类别的原始凭证汇总填制在一张记账凭证上；

(5) 除结账和更正错误的记账凭证可以不附原始凭证外，其他记账凭证必须附有原始凭证；

(6) 填制记账凭证时若发生错误，应当重新填制；

(7) 记账凭证填制完经济业务事项后，如有空行，应当自金额栏最后一笔金额数字下的空行处至合计数上空行处划线注销。

6. **【答案】**

(1) 记账凭证的名称；

(2) 填制记账凭证的日期；

(3) 记账凭证的编号；

(4) 经济业务事项的内容摘要；

(5) 经济业务事项所涉及的会计科目及其记账方向；

(6) 经济业务事项的金额；

(7) 记账标记；

(8) 所附原始凭证的张数；

(9) 会计主管、记账、审核、出纳、制单等有关人员的签章。

7. **【答案】**

(1) 会计凭证按其填制的程序和用途不同来划分，可以分为原始凭证和记账凭证两类；

(2) 原始凭证可以按照 3 种不同的标准进行分类：

①原始凭证按其来源的不同，可以分为外来原始凭证和自制原始凭证；

②原始凭证按其填制手续及内容（方法）的不同，可以分为一次凭证、累计凭证、汇总凭证；

③原始凭证按其格式的不同，可以分为通用凭证和专用凭证；

(3) 记账凭证也可以按照不同的标准进行分类：

①记账凭证按其反映经济业务的内容不同，可以分为收款凭证、付款凭证和转账凭证；

②按照填列方式的不同，可以分为复式记账凭证和单式记账凭证。

8.【答案】

(1) 会计凭证应当装订成册，防止散失；

(2) 会计凭证封面应注明单位名称、凭证种类、凭证张数、起止号数、年度、月份、会计主管人员、装订人员等有关事项，会计主管人员和保管人员应在封面上签章；

(3) 会计凭证应加贴封条，防止抽换凭证；

(4) 原始凭证较多时，可以单独装订，但应在凭证封面注明所属记账凭证的日期，编号和种类，同时在所属的记账凭证上应注明“附件另订”及原始凭证的名称和编号，以便查阅；

(5) 严格遵守会计凭证的保管期限要求，期满前不得任意销毁。

第 5 章 会计账簿

考情分析

本章所讲的会计账簿是会计报表与会计凭证的中间环节，承上启下，对于会计核算至关重要，是详细记录企业经济业务活动的载体。考生需要重点掌握会计账簿的内容、记账规则、格式和登记方法、对账、错账更正方法及结账的方法，主要从客观题和简答题的角度来把握。

本章主要考点

（一）会计账簿的概念和分类
（二）会计账簿的内容、启用与登记规则
（三）会计账簿的格式和登记方法
（四）对账
（五）错账更正方法
（六）结账
（七）会计账簿的更换与保管

本章基本内容框架

- 会计账簿
  - 会计账簿概述
    - 会计账簿的概念
    - 会计账簿的分类
    - 会计账簿与账户
  - 会计账簿的内容、启用与登记规则
    - 会计账簿的基本内容
    - 会计账簿的启用
    - 会计账簿的登记规则
  - 会计账簿的格式和登记方法
    - 日记账的格式和登记方法
    - 总分类账的格式和登记方法
  - 对账
    - 账证核对
    - 账账核对
    - 账实核对
  - 错账更正方法
    - 划线更正法
    - 红字更正法
    - 补充登记法
  - 结账
    - 结账的程序
    - 结账的方法
  - 会计账簿的更换与保管
    - 会计账簿的更换
    - 会计账簿的保管

重点、难点讲解及典型例题

一、会计账簿概述

（一）会计账簿的概念和意义

会计账簿是指由一定格式账页组成的，以经过审核的会计凭证为依据，全面、系统、连续地记录各项经济业务事项的簿籍。

设置和登记账簿，是编制会计报表的基础，是连接会计凭证与会计报表的中间环节，在会计核算中具有重要意义，主要表现在：

(1) 通过账簿的设置和登记，可以记载、储存会计信息；

(2) 通过账簿的设置和登记，可以分类、汇总会计信息；

(3) 通过账簿的设置和登记，可以检查、校正会计信息；

(4) 通过账簿的设置和登记，可以编报、输出会计信息。

（二）会计账簿的分类

账簿一般可以按其用途、账页格式和外形特征进行分类。见表 5.1 所示。

表 5.1　会计账簿的分类

分类	内容	
按用途分类	(1) 序时账簿。序时账簿又称日记账，是按照经济业务发生或完成时间的先后顺序逐日逐笔进行登记的账簿。日记账的特点是序时登记和逐笔登记。序时账簿通常有两种，一种是用来登记全部经济业务的发生情况的账簿，称为普通日记账；另一种是用来登记某一类经济业务发生情况的账簿，称为特种日记账 (2) 分类账簿。分类账簿按照其反映指标的详细程度不同，又分为总分类账和明细分类账两种。按照总分类账户分类登记经济业务事项的是总分类账簿，简称总账。按照明细分类账户分类登记经济业务事项的是明细分类账簿，简称明细账。明细账是对总分类账的补充和具体化，并受总分类账的控制和统驭。分类账簿提供的核算信息是编制会计报表的主要依据 (3) 备查账簿。备查账簿简称备查簿，是对某些在序时账簿和分类账簿等主要账簿中都不予登记或登记不够详细的经济业务事项进行补充登记时使用的账簿	**【注意】**备查账簿与序时账簿和分类账簿相比，存在两点不同之处：一是登记可能不需要依据记账凭证，甚至不需要依据一般意义上的原始凭证；二是账簿的格式和登记方法不同，备查账簿的主要栏目不记录金额，它更注重用文字来表述某项经济业务的发生情况

续表

分类	内容
按账页格式分类	(1) 两栏式账簿。两栏式账簿是指只有借方和贷方两个基本金额栏目的账簿。普通日记账和转账日记账一般采用两栏式 (2) 三栏式账簿。三栏式账簿是设有借方、贷方和余额三个基本栏目的账簿。各种日记账、总分类账以及资本、债权、债务明细账都可采用三栏式账簿 (3) 多栏式账簿。多栏式账簿是在账簿的两个基本栏目借方和贷方按需要分设若干专栏的账簿。收入、费用明细账一般采用这种格式的账簿 (4) 数量金额式账簿。数量金额式账簿的借方、贷方和余额三个栏目内，都分设数量、单价和金额三小栏，借以反映财产物资的实物数量和价值量。如原材料、库存商品、产成品等明细账一般都采用数量金额式账簿。
按外型特征分类	(1) 订本账。订本账是启用之前就已将账页装订在一起，并对账页进行了连续编号的账簿。订本账的优点是能避免账页散失和防止抽换账页；其缺点是不能准确为各账户预留账页。这种账簿一般适用于总分类账、现金日记账、银行存款日记账 (2) 活页账。活页账是在账簿登记完毕之前并不固定装订在一起，而是装在活页账夹中。各种明细分类账一般采用活页账形式 (3) 卡片账。卡片账是将账户所需格式印刷在硬卡上。在我国，企业一般只对固定资产的核算采用卡片账形式，也有少数企业在材料核算中使用材料卡片

【例题 1 · 单选题】 账簿按(　)不同，可分为两栏式账簿、三栏式账簿、多栏式账簿和数量金额式账簿。

A. 用途　　B. 作用

C. 账页格式　　D. 外型特征

【答案】 C

【解析】 账簿按账页格式不同，可分为两栏式账簿、三栏式账簿、多栏式账簿和数量金额式账簿。

【例题 2 · 单选题】 下列账簿中，必须采用订本式账簿的是(　)。

A. 原材料明细账　　B. 库存商品明细账

C. 银行存款日记账　　　　D. 固定资产登记簿

【答案】 C

【解析】 订本式账簿一般适用于总分类账、现金日记账、银行存款日记账。

（三）会计账簿与账户

1. 账户的概念

账户是用于分类反映会计要素增减变动情况及其结果的载体。账户以会计科目作为名称，同时又具备一定的格式，即结构；而会计科目只是对会计对象的具体内容进行了分类，它只有分类的名称而没有一定的格式。

2. 账户的基本结构

账户是用来记录经济业务的，其作用有三方面：一是用来分门别类地记载各项经济业务；二是能够提供日常会计核算的资料和数据；三是为编制财务报表提供依据。为此，账户不仅要有核算内容，而且还应该具有一定的格式，账户的结构包括增加和减少两个方面，账户分为左方、右方两个方向，一方登记增加，另一方登记减少。至于哪一方记增加，哪一方记减少，则取决于账户的性质和经济业务的类型。账户的基本结构应同时具备以下内容：

（1）账户名称（即会计科目）；

（2）日期（用以说明经济业务记录的日期）；

（3）凭证编号（表明账户记录所依据的凭证）；

（4）摘要（概括说明经济业务的内容）；

（5）增加额、减少额和余额。

账户一般格式如表 5.2 所示：

表 5.2 **账户名称（会计科目）**

年		凭证编号	摘　要	发生额		借或贷	余额
月	日			借方	贷方		

在会计实务中账户的基本结构通常简化为 T 字型（丁字型）账户，T 型账户的基本结构如图 5.1：

（借方）　　账户名称（会计科目）　　（贷方）

图 5.1

上述 T 型账户的格式分左、右两方，分别记录经济业务所引起的会计要素的增加额和减少额，增加额和减少额相抵以后的差额，就形成了账户的余额。余额按其表现的不同时点，又分为期初余额和期末余额，为此，通过账户记录的金额可以提供四项会计核算的指标，分别是期初余额、本期增加额、本期减少额、期末余额。所谓本期增加额是指一定时期内记入账户的增加金额的合计数，也叫本期增加发生额；本期减少额是指一定时期内记入账户的减少金额的合计数，也叫本期减少发生额。余额是一个静态指标，它说明的是资产权益在某一时点增减变动的结果。本期的期末余额就是下期的期初余额。

上述四项金额的关系是：

本期期初余额＋本期增加发生额－本期减少发生额＝本期期末余额

【要点】上述关系式可以变形为下面三个等式：

变形一：本期期初余额＝本期期末余额＋本期减少发生额－本期增加发生额

变形二：本期期初余额＋本期增加发生额＝本期减少发生额＋本期期末余额

变形三：本期期初余额＋本期增加发生额－本期期末余额＝本期减少发生额

有些计算或概念性的题目均可以使用上述变形公式找到正确答案。

【例题3·多选题】下列等式中正确的有(　)。

A. 本期期初余额＝本期增加发生额＋本期期末余额－本期减少发生额

B. 本期期初余额＝本期增加发生额－本期期末余额－本期减少发生额

C. 本期期初余额＝本期减少发生额＋本期期末余额－本期增加发生额

D. 本期期末余额＝本期增加发生额＋本期期初余额－本期减少发生额

【答案】CD

【解析】本期期末余额＝本期期初余额＋（本期增加发生额－本期减少发生额），本题需要根据这个公式的演化进行判断。

本期增加发生额和本期减少发生额是记在账户左方还是右方、账户的余额反映在左方还是右方取决于账户的性质和经济业务的类型。

由于使用的记账方法不同，账户左方、右方反映的内容也不相同。我国的《企业会计准则》规定：采用借贷记账法下的账户，其左方一律称为借方，右方一律称为贷方，借方和贷方记账符号与现实生活中借贷并不具有相同的含义。在借贷记账法下，对不同性质的账户，借和贷的含义各不相同。以工业企业为例，各类性质账户的“借”、“贷”含义可以概括如表5.3所示。

表 5.3 “借”、“贷”含义

(借方)	账户名称 (贷方)
① 资产的增加	① 资产的减少
② 负债的减少	② 负债的增加
③ 所有者权益的减少	③ 所有者权益的增加
④ 费用、成本的增加	④ 费用、成本的减少
⑤ 收入、利润的减少	⑤ 收入、利润的增加

运用借贷记账法在账户中登记经济业务时，凡是记入账户借方的账项称为借项；凡是记入账户贷方的账项称为贷项，每一个账户的借方和贷方在一定期间内所登记的金额的合计额称为本期发生额，账户借方的金额合计称为本期借方发生额，账户贷方的金额合计额称为本期贷方发生额。各账户的基本结构如表 5.4、表 5.5、表 5.6、表 5.7 所示。

表 5.4 资产类账户

借方	贷方
期初余额 ×××	
本期增加发生额 ×××	本期减少发生额 ×××
期末余额 ×××	

表 5.5 负债类账户

借方	贷方
	期初余额 ×××
本期减少发生额 ×××	本期增加发生额 ×××
	期末余额 ×××

表 5.6 成本、费用类账户

借方	贷方
期初余额 ×××	
本期增加发生额 ×××	本期减少发生额 ×××
期末余额 ×××	

表5.7　　收入、利润、所有者权益类账户

借方	贷方
	期初余额 ×××
本期减少发生额 ×××	本期增加发生额 ×××
	期末余额 ×××

【要点】各类账户的期末余额，分别按下列公式计算：

资产、费用、成本类账户的期末余额＝期初余额＋本期借方发生额－本期贷方发生额

负债、所有者权益、收入、利润类账户的期末余额＝期初余额＋本期贷方发生额－本期借方发生额

注：收入、费用类账户属于损益类账户，期末转入“本年利润”后无余额。上述等式的总结针对的是结转前余额的计算。

【例题4·多选题】根据借贷记账法的账户结构，账户贷方登记的内容有(　)。

A. 收入的增加　　B. 所有者权益的增加

C. 费用的增加　　D. 负债的增加

【答案】ABD

【解析】根据借贷记账法的账户结构，账户贷方登记的内容有：资产的减少，负债的增加，所有者权益的增加，收入的增加和费用的减少。

【例题5·单选题】如果某一账户的左方登记增加，右方登记减少，期初余额在左方，而期末余额在右方，则表明(　)。

A. 本期增加发生额低于本期减少发生额的差额小于期初余额

B. 本期增加发生额低于本期减少发生额的差额大于期初余额

C. 本期增加发生额超过本期减少发生额的差额大于期初余额

D. 本期增加发生额超过本期减少发生额的差额小于期初余额

【答案】B

【解析】左方（借方）登记增加，右方（贷方）登记减少，而期初余额在左方（借方），期末余额在右方（贷方），那么就说明

本期发生额是负数，而发生额＝增加发生额－减少发生额，因此增加发生额应该小于减少发生额；另外根据期末余额＝期初余额＋本期发生额，那么只有本期发生额（本期增加发生额低于本期减少发生额的差额）大于期初余额时，期末余额才能够在右方（贷方），因此本题应该选B。

3. 账簿与账户的关系

账户存在于账簿之中，账簿中的每一账页就是账户的存在形式和载体，没有账簿，账户不能独立存在；账簿序时、分类地记载经济业务，是在账户中完成的。因此，账簿只是一个外在形式，账户才是其内在真实内容，二者间的关系是形式和内容的关系。

二、会计账簿的内容、启用与登记规则

（一）会计账簿的基本内容

1. 封面

主要标明账簿的名称，如总分类账、现金日记账、银行存款日记账、各种明细分类账等。

2. 扉页

主要列明科目索引、账簿启用和经管人员一览表等。该表格式参见表5.8。

表5.8　账簿启用登记表

账簿名称：　　单位名称：

账簿编号：　　账簿册数：

账簿页数：　　启用日期：

会计主管：　　记账人员：

移交日期			移交人		接管日期			接管人		会计主管	
年	月	日	姓名	签章	年	月	日	姓名	签章	姓名	签章

3. 账页

账页的基本内容包括：

（1）账户的名称（总分类账户、二级账户或明细账户）；

（2）登记账簿的日期栏；

（3）凭证种类和号数栏；

（4）摘要栏（简要说明所记录经济业务的内容）；

（5）金额栏（记录经济业务金额的增减变动和余额）；

（6）总页次和分户页次栏。

（二）会计账簿的启用

启用会计账簿时，应当在账簿封面上写明单位名称和账簿名称，并在账簿扉页上附"账簿启用登记表"。

启用订本式账簿应当从第一页到最后一页按顺序编定页数，不得跳页、缺号。

使用活页式账页应当按账户顺序编号，并须定期装订成册；装订后再按实际使用的账页顺序编定页码，另加目录，记录每个账户的名称和页次。

（三）会计账簿的登记规则

1. 准确完整

为了保证账簿记录的准确、整洁，应当根据审核无误的会计凭证登记会计账簿。

每一项会计事项，一方面要记入有关的总账，另一方面要记入该总账所属的明细账。账簿记录中的日期，应该填写记账凭证上的日期；以自制原始凭证（如发料单、领料单等）作为记账依据的，账簿记录中的日期应按有关自制凭证上的日期填列。

2. 注明记账符号

账簿登记完毕后，要在记账凭证上签名或者盖章，并在记账凭证的"过账"栏内注明账簿页数或画对勾，注明已经登账的符号，表示已经记账完毕，避免重记、漏记。

3. 书写留空

账簿中书写的文字和数字上面要留有适当的空格，不要写满格，一般应占格距的 1/2。

4. 正常记账使用蓝黑墨水

为了保持账簿记录的持久性，防止涂改，登记账簿必须使用蓝黑墨水或碳素墨水并用钢笔书写，不得使用圆珠笔（银行的复写账簿除外）或者铅笔书写。

5. 特殊记账使用红墨水

在下列情况下，可以用红色墨水记账：

（1）按照红字冲账的记账凭证，冲销错误记录；

（2）在不设借贷等栏的多栏式账页中，登记减少数；

（3）在三栏式账户的余额栏前，如未印明余额方向的，在余额栏内登记负数余额；

（4）根据国家统一的会计制度的规定可以用红字登记的其他会计记录。

由于会计中的红字表示负数，因而除上述情况外，不得用红色墨水登记账簿。

6. 顺序连续登记

在登记各种账簿时，应按页次顺序连续登记，不得隔页、跳行。如发生隔页、跳行现象，应在空页、空行处用红色墨水划对角线注销，或者注明“此页空白”或“此行空白”字样，并由记账人员和会计机构负责人签章。

7. 结出余额

凡需要结出余额的账户，结出余额后，应当在“借或贷”栏目内注明“借”或“贷”字样，以示余额的方向；对于没有余额的账户，应在“借或贷”栏内写“平”字，并在“余额”栏用“θ”表示。现金日记账和银行存款日记账必须逐日结出余额。

8. 过次承前

每一账页登记完毕结转下页时，应当结出本页合计数及余额，写在本页最后一行和下页第一行相关栏内，并在摘要栏内注明

"过次页"和"承前页"字样；也可以将本页合计数及金额只写在下页第一行相关栏内，并在摘要栏内注明"承前页"字样，以保持账簿记录的连续性，便于对账和结账。

对需要结计本月发生额的账户，结计"过次页"的本页合计数应当为自本月初起至本页末止的发生额合计数；对需要结计本年累计发生额的账户，结计"过次页"的本页合计数应当为自年初起至本页末止的累计数；对既不需要结计本月发生额也不需要结计本年累计发生额的账户，可以只将每页末的余额结转次页。

【例题6·多选题】 登记账簿时，除银行的复写账簿外，不得使用(　)笔书写。

A. 蓝黑墨水　　B. 碳素墨水

C. 圆珠笔　　D. 铅笔

【答案】 CD

【解析】 登记账簿要用蓝黑墨水或者碳素墨水书写，不得使用圆珠笔（银行的复写账簿除外）或者铅笔书写。故答案为CD。

三、会计账簿的格式和登记方法

（一）日记账的格式和登记方法

日记账按其所核算和监督经济业务的范围，可分为特种日记账和普通日记账。

特种日记账是用来核算和监督某一类型经济业务的发生和完成情况的账簿。各单位一般应设置特种日记账，常见的特种日记账有库存现金日记账、银行存款日记账和转账日记账。下面只介绍库存现金日记账与银行存款日记账的设置和登记方法(参见表5.9)。

表 5.9

类 别	格 式	登记方法
现金日记账	其格式有三栏式和多栏式两种。无论采用三栏式还是多栏式现金日记账，都必须使用订本账	现金日记账由出纳人员根据同现金收付有关的记账凭证，按时间顺序逐日逐笔进行登记，并根据“上日余额+本日收入−本日支出=本日余额”的公式，逐日结出现金余额，与库存现金实存数核对，以检查每日库存现金收付是否有误
银行存款日记账	银行存款日记账的格式与现金日记账相同，可以采用三栏式，也可以采用多栏式。但不管三栏式还是多栏式，都应在适当位置增加一栏“结算凭证”，以便记账时标明每笔业务的结算凭证及编号，便于与银行核对账目	由出纳人员根据与银行存款收付业务有关的记账凭证，按时间先后顺序逐日逐笔进行登记。根据银行存款收款凭证和有关的库存现金付款凭证（库存现金存入银行的业务）登记银行存款收入栏，根据银行存款付款凭证登记其支出栏，每日结出银行存款余额

（二）总分类账的格式和登记方法

1. 总分类账的格式

每一企业都应设置总分类账。总分类账的账页格式有三栏式和多栏式两种。总分类账最常用的格式为三栏式，设置借方、贷方和余额三栏式的订本账。

2. 总分类账的登记方法

总分类账可以根据记账凭证逐笔登记，也可以根据经过汇总的科目汇总表或汇总记账凭证等登记，见表 5.10 所示。

表 5.10　　　　　　总分类账（三栏式）

账户名称：

年		凭证		摘要	借方金额	贷方金额	余额
月	日	种类	号数				

【例题 7 · 多选题】 以下登记总分类账的方法中，正确的有(　)。

A. 根据汇总记账凭证逐笔登记总分类账

B. 根据原始凭证或汇总记账凭证登记总分类账

C. 根据科目汇总表登记总分类账

D. 根据明细账逐笔登记总分类账

【答案】 AC

【解析】 总分类账可以根据记账凭证逐笔登记，也可以根据经过汇总的科目汇总表或汇总记账凭证等登记。

（三）明细分类账的格式和登记方法

1. 明细分类账的格式

明细分类账是根据二级账户或明细账户开设账页，分类、连续地登记经济业务以提供明细核算资料的账簿。其格式有三栏式、多栏式、数量金额式等。

表 5.11 明细分类账的格式

三栏式明细分类账	适用于只进行金额核算的账户，如应收账款、应付账款、应交税费等往来结算账户
多栏式明细分类账	适用于成本费用类账户的明细核算。 在实际工作中，成本费用类账户的明细账，可以只按借方发生额设置专栏，贷方发生额由于每月发生的笔数很少，可以在借方直接用红字冲销。这类明细账也可以在借方设专栏的情况下，贷方设一个总的金额栏，再设一个余额栏
数量金额式明细分类账	其借方（收入）、贷方（发出）和余额（结存）都分别设有数量、单价和金额三个专栏

2. 明细分类账的登记方法

明细分类账的登记通常有几种方法：一是根据原始凭证直接登记明细账；二是根据汇总原始凭证登记明细账；三是根据记账凭证登记明细账。

不同类型经济业务的明细分类账，可根据管理需要，依据记账凭证、原始凭证或汇总原始凭证逐日逐笔或定期汇总登记。固定资产、债权、债务等明细账应逐日逐笔登记；库存商品、原材料、产成品收发明细账以及收入、费用明细账可以逐笔登记，也可定期汇总登记。

3. 总分类账户与明细分类账户的平行登记

所谓平行登记，是指对所发生的每一项经济业务都要以会计凭证为依据，一方面要记入有关总分类账户，另一方面也要记入有关总分类账户所属明细分类账户的方法。通过总分类账户与其所属明细分类账户的平行登记，便于账户核对和检查，纠正错误和遗漏。平行登记的要点如下：

（1）依据相同；

（2）方向相同；

（3）期间相同；

（4）金额相等。

对于发生的每一项经济业务，记入总分类账户的金额必须等于所属明细分类账户的金额之和。进而，总分类账户本期发生额与其所属明细分类账户本期发生额合计相等；总分类账户期初余额与其所属明细分类账户期初余额合计相等。总分类账户期末余额与其所属明细分类账户期末余额合计相等。

四、对账

对账就是核对账目，是指对账簿、账户记录所进行的核对工作。

对账的内容一般包括账证核对、账账核对、账实核对三个方面。

表 5.12　　对账的内容

账证核对	账证核对是指核对会计账簿记录与原始凭证、记账凭证的时间、凭证字号、内容、金额是否一致，记账方向是否相符。日记账应与收、付款凭证相核对，总账应与记账凭证相核对，明细账应与记账凭证或原始凭证相核对。通常这些核对工作是在日常制证和记账工作中进行的
账账核对	账账核对是指核对不同会计账簿之间的账簿记录是否相符。具体核对的内容包括： (1) 总分类账簿有关账户的余额核对。资产类账户的余额应等于权益类账户的余额，或总账账户的借方期末余额合计数应与贷方期末余额合计数核对相符。 (2) 总分类账簿与所属明细分类账簿核对。总账账户的期末余额应与所属明细分类账户期末余额之和核对相符。 (3) 总分类账簿与序时账簿核对。现金日记账必须每天与库存现金核对相符，银行存款日记账也必须定期与银行对账。在此基础上，还应检查库存现金总账和银行存款总账的期末余额，与现金日记账和银行存款日记账的期末余额应核对相符。 (4) 明细分类账簿之间的核对。会计部门各种财产物资明细分类账的期末余额应与财产物资保管或使用部门有关明细账的期末余额核对相符
账实核对	(1) 现金日记账账面余额与库存现金数额是否相符； (2) 银行存款日记账账面余额与银行对账单的余额是否相符； (3) 各项财产物资明细账账面余额与财产物资的实有数额是否相符； (4) 有关债权债务明细账账面余额与对方单位的账面记录是否相符

【例题8·多选题】下列对账工作中，属于账账核对的有（ ）。

A. 银行存款日记账与银行对账单的核对

B. 应收、应付款项明细账与债权债务单位账项核对

C. 财产物资明细账与财产物资保管明细账核对

D. 现金日记账余额与库存现金总账余额核对

【答案】CD

【解析】账账核对包括的内容：总分类账簿有关账户的余额核对；总分类账簿与所属明细分类账簿核对；总分类账簿与序时账簿核对；明细分类账簿之间的核对。选项A、B属于账实核对。

【例题9·单选题】下列项目中，不属于账实核对内容的是（ ）。

A. 现金日记账余额与库存现金数核对

B. 银行存款日记账余额与银行对账单余额核对

C. 账簿记录与原始凭证核对

D. 债权债务明细账余额与对方单位的账面记录核对

【答案】C

【解析】账实核对的内容包括：（1）现金日记账账面余额与库存现金数额是否相符；（2）银行存款日记账账面余额与银行对账单的余额是否相符；（3）各项财产物资明细账账面余额与财产物资的实有数额是否相符；（4）有关债权债务明细账账面余额与对方单位的账面记录是否相符。

五、错账更正方法

如果账簿记录发生错误，必须按照规定的方法予以更正，不准涂改、挖补、刮擦或者用药水消除字迹，不准重新抄写。

错账更正方法通常有划线更正法、红字更正法和补充登记法等几种。

（一）划线更正法

划线更正法又称红线更正法。在结账前发现账簿记录有文字或数字错误，而记账凭证没有错误，可以采用划线更正法。更正

时，可在错误的文字或数字上划一条红线，在红线的上方填写正确的文字或数字，并由记账及相关人员在更正处盖章。对于错误的数字，应全部划红线更正，不得只更正其中的错误数字。对于文字错误，可只划去错误的部分。

【例题 10 · 分析题】 某账簿记录中，将 128.50 元误记为 125.80 元。

【分析】 错误的更正方法：只划去其中的“5.80”，改为“8.50”；正确的更正方法：应当把“125.80”全部用红线划去，并在其上方写上“128.50”。

（二）红字更正法

红字更正法是指用红字冲销原有错误的账户记录或凭证记录，以更正或调整账簿记录的一种方法。通常有两种情况：

(1) 记账后在当年内发现记账凭证所记的会计科目错误，可以采用红字更正法。更正方法是：记账凭证会计科目错误时，用红字填写一张与原记账凭证完全相同的记账凭证，以示注销原记账凭证，然后用蓝字填写一张正确的记账凭证，并据以记账。

【例题 11 · 计算题】 某企业会计人员在分配工资费用时，将车间管理人员的工资 2 000 元记入了“管理费用”科目，并已据以登记入账。会计分录如下：

借：管理费用　　2 000
　　贷：应付职工薪酬　　2 000

更正时，用红字填制一张与原错误记账凭证内容完全相同的记账凭证，以冲销原错误记录。会计分录如下：

借：管理费用　　−2 000
　　贷：应付职工薪酬　　−2 000

然后，用蓝字填制一张正确的记账凭证。会计分录如下：

借：制造费用　　2 000
　　贷：应付职工薪酬　　2 000

(2) 会计科目无误而所记金额大于应记金额，从而引起记账错误，可以采用红字更正法。更正方法是：按多记的金额用红字编制一张与原记账凭证应借、应贷科目完全相同的记账凭证，以冲销多记的金额，并据以记账。

【例题 12·计算题】 某企业用现金支付员工工资 7 500 元，编制的会计分录为：

借：应付职工薪酬——工资　　75 000

　　贷：库存现金　　75 000

发现错误后，应将多记的金额用红字作相同的会计分录，以冲销多记的金额。编制的会计分录如下：

借：应付职工薪酬——工资　　—67 500

　　贷：库存现金　　—67 500

【例题 13·判断题】 会计人员在记账以后，当年内若发现所依据的记账凭证中的应借、应贷会计科目有错误，应采用红字更正法进行更正。（ ）

【答案】 √

【解析】 记账后在当年内发现记账凭证所记的会计科目错误时，可以采用红字更正法。

（三）补充登记法

补充登记法是在记账后发现记账凭证填写的会计科目无误，只是所记金额小于应记金额时，所采用的一种更正方法。

具体更正方法是：按少记的金额用蓝字编制一张与原记账凭证应借、应贷科目完全相同的记账凭证，以补充少记的金额，并据以记账。

【例题 14·计算题】 某企业销售原材料一批，增值税专用发票上注明售价 200 000 元，增值税 34 000 元。款项已收到并存入银行。编制的会计分录为：

借：银行存款　　23 400

　　贷：其他业务收入　　20 000

　　　　应交税费——应交增值税（销项税额）　　3 400

发现错误后，应将少记的金额用蓝字编制一张与原记账凭证应借、应贷科目完全相同的记账凭证，登记入账：

借：银行存款　　210 600
　　贷：其他业务收入　　180 000
　　　　应交税费——应交增值税（销项税额）　　30 600

【例题15·多选题】记账后发现记账凭证中应借、应贷会计科目正确，只是金额发生错误，可采用的错账更正方法有（　）。

A. 划线更正法　　B. 横线登记法

C. 红字更正法　　D. 补充登记法

【答案】CD

【解析】记账凭证中，应借、应贷会计科目正确，如果所记金额大于应记金额，采用红字更正法；如果所记金额小于应记金额，采用补充登记法。

六、结账

结账的内容通常包括两个方面：一是结清各种损益类账户，并据以计算确定本期利润；二是结清各资产、负债和所有者权益类账户，分别结出本期发生额和期末余额。

（一）结账的程序

（1）将本期发生的经济业务事项全部登记入账，并保证其止确性；

（2）根据权责发生制的要求，调整有关账项，合理确定本期应计的收入和应计的费用；

（3）将损益类科目转入“本年利润”科目，结平所有损益类科目；

（4）结算出资产、负债和所有者权益类科目的本期发生额和余额，并结转至下期。

（二）结账的方法

表 5.13　　结账的方法

月末结账	对不需按月结计本期发生额的账户，每次记账以后，都要随时结出余额，每月最后一笔余额为月末余额。月末结账时，只需要在最后一笔经济业务记录之下通栏划单红线，不需要再结计一次余额
库存现金、银行存款日记账需按月结计发生额	库存现金、银行存款日记账和需要按月结计发生额的收入、费用等明细账，每月结账时，要结出本月发生额和余额，在摘要栏内注明“本月合计”字样，并在下面通栏划单红线
结计本年累计发生额	需要结计本年累计发生额的某些明细账户，每月结账时，应在“本月合计”行下结出自年初起至本月末止的累计发生额，登记在月份发生额下面，在摘要栏内注明“本年累计”字样，并在下面通栏划单红线。12 月末的“本年累计”就是全年累计发生额，全年累计发生额下通栏划双红线
总账账户平时只需结出月末余额	年终结账时，将所有总账账户结出全年发生额和年末余额，在摘要栏内注明“本年合计”字样，并在合计数下通栏划双红线
结转下年	年度终了结账时，有余额的账户，要将其余额结转下年，并在摘要栏注明“结转下年”字样；在下一会计年度新建有关会计账户的第一行余额栏内填写上年结转的余额，并在摘要栏注明“上年结转”字样

【例题 16 · 判断题】 期末将损益类科目转入“本年利润”科目，结平所有损益类科目。（ ）

【答案】 √

【例题 17 · 多选题】 以下说法正确的有（ ）。

A. 总账账户平时只需结出月末余额

B. 年度终了结账时，有余额的账户，要将其余额结转下年

C. 对不需按月结计本期发生额的账户，每月最后一笔余额为月末余额

D. 现金日记账需要按月结计发生额

【答案】 ABCD

七、会计账簿的更换与保管

（一）会计账簿的更换

会计账簿的更换通常在新会计年度建账时进行。一般来说，总账、日记账和多数明细账应每年更换 次。但有些财产物资明细账和债权、债务明细账由于材料品种、规格和往来单位较多，更换新账，重抄一遍的工作量较大，因此，可以不必每年度更换一次。各种备查账簿也可以连续使用。

（二）会计账簿的保管

会计账簿暂由本单位财务会计部门保管一年，期满之后，由财务会计部门编制清册移交本单位的档案部门保管。

【例题 18 · 判断题】会计账簿可由本单位财务会计部门长期保管。（　）

【答案】×

同步系统训练

一、单项选择题

1. 下列错账中，可以采用补充登记法更正的是（　）。
   A. 记账后发现记账凭证填写的会计科目无误，只是所记金额小于应记金额
   B. 在结账前发现账簿记录有文字或数字错误，而记账凭证没有错误
   C. 记账后在当年内发现记账凭证所记的会计分录错误
   D. 记账后在当年内发现记账凭证所记金额大于应记金额
2. （　）是会计核算的中心环节。
   A. 填制和审核会计凭证　　B. 进行成本计算
   C. 设置和登记账簿　　D. 编制财务会计报告
3. 将账簿划分为序时账簿、分类账簿和备查账簿的依据是（　）。

A. 账簿的用途　　B. 账页的格式
C. 账簿的外形特征　　D. 账簿的性质

4. 下列各账簿中，必须逐日逐笔登记的是(　)。
A. 库存现金总账　　B. 银行存款日记账
C. 原材料明细账　　D. 应付票据登记簿

5. 登记会计账簿的依据是(　)。
A. 经济业务　　B. 会计凭证
C. 会计分录　　D. 会计科目

6. 在登记账簿过程中，每一账页的最后一行及下一页第一行都要办理转页手续，是为了(　)。
A. 便于查账　　B. 防止遗漏
C. 防止隔页　　D. 保持记录的连续性

7. 总分类账一般采用的账页格式为(　)。
A. 两栏式　　B. 三栏式
C. 多栏式　　D. 数量金额式

8. 记账之后，发现记账凭证中将 20 000 元误写为 2 000 元，会计科目名称及应记方向无误，应采用的错账更正方法是(　)。
A. 划线更正法　　B. 红字更正法
C. 补充登记法　　D. 红字冲销法

9. 在启用之前就已将账页装订在一起，并对账页进行了连续编号的账簿称为(　)。
A. 订本账　　B. 活页账
C. 卡片账　　D. 明细分类账

10. 下列账簿中，一般采用活页账形式的是(　)。
A. 日记账　　B. 总分类账
C. 明细分类账　　D. 备查账

11. 下列对账工作中属于账实核对的是(　)。
A. 银行存款日记账与银行对账单核对
B. 总分类账与所属明细分类账核对

C. 会计部门的财产物资明细账与财产物资保管部门的有关明细账相核对

D. 总分类账与日记账核对

12. 企业生产车间因生产产品领用材料 10 000 元，在填制记账凭证时，将借方科目记为“管理费用”并已登记入账，应采用的错账更正方法是(　)。

A. 划线更正法　　B. 红字更正法

C. 补充登记法　　D. 重填记账凭证法

13. 填制记账凭证时无误，根据记账凭证登记账簿时，将 30 000 元误记为 3 000 元，更正时应采用(　)。

A. 划线更正法　　B. 红字更正法

C. 补充登记法　　D. 更换账页法

14. 从银行提取现金，登记现金日记账的依据是(　)。

A. 库存现金收款凭证　　B. 银行存款收款凭证

C. 库存现金付款凭证　　D. 银行存款付款凭证

15. “管理费用”明细账应采用(　)。

A. 三栏式　　B. 多栏式

C. 数量金额式　　D. 横线登记式

16. 总分类账及特种日记账的外形特征一般为(　)。

A. 活页式　　B. 卡片式

C. 订本式　　D. 任意外形

17. 账簿按(　)不同，可分为订本账、活页账和卡片账。

A. 作用　　B. 账页格式

C. 用途　　D. 外形特征

18. 对全部经济业务事项按照会计要素的具体类别而设置的分类账户进行登记的账簿称为(　)。

A. 备查账簿　　B. 序时账簿

C. 分类账簿　　D. 三栏式账簿

19. 库存商品明细账一般都采用(　)。

A. 订本账簿　　B. 三栏式账簿

C. 分类账簿　　D. 数量金额式账簿

20. 下列既可以作为登记总账依据，又可以作为登记明细账依据的是(　)。

A. 记账凭证　　B. 汇总记账凭证

C. 原始凭证　　D. 科目汇总表

21. "租入固定资产登记簿"属于(　)。

A. 分类账簿　　B. 序时账簿

C. 备查账簿　　D. 卡片账簿

22. 下列做法中，不符合会计账簿的记账规则的是(　)。

A. 使用圆珠笔登账

B. 账簿中书写的文字和数字一般应占格距的1/2

C. 登记后在记账凭证上注明已经登账的符号

D. 按账簿页次顺序连续登记，不得跳行隔页

23. 错账更正时，划线更正法的适用范围是(　)。

A. 记账凭证中会计科目或借贷方向错误，导致账簿记录错误

B. 记账凭证正确，登记账簿时发生文字或数字错误

C. 记账凭证中会计科目或借贷方向正确，所记金额大于应记金额，导致账簿记录错误

D. 记账凭证中会计科目或借贷方向正确，所记金额小于应记金额，导致账簿记录错误

24. 卡片账一般在(　)时采用。

A. 无形资产总分类核算　　B. 固定资产明细分类核算

C. 原材料总分类核算　　D. 原材料明细分类核算

25. 下列项目中，属于账证核对内容的是(　)。

A. 会计账簿与记账凭证核对

B. 总分类账簿与所属明细分类账簿核对

C. 原始凭证与记账凭证核对

D. 银行存款日记账与银行对账单核对

26. 会计账簿暂由本单位财务会计部门保管( )，期满之后，由财务会计部门编造清册移交本单位的档案部门保管。

A. 1 年 B. 3 年

C. 5 年 D. 10 年

27. 设置和登记账簿是( )的基础。

A. 复式记账 B. 填制记账凭证

C. 编制会计分录 D. 编制会计报表

28. 在结账前发现账簿记录有文字或数字错误，而记账凭证没有错误应采用( )。

A. 划线更正法 B. 红字更正法

C. 补充登记法 D. 平行登记法

29. 按照经济业务发生或完成时间的先后顺序逐日逐笔进行登记的账簿称为( )。

A. 序时账簿 B. 总分类账簿

C. 明细分类账簿 D. 备查账簿

30. 对账时，账账核对不包括( )。

A. 总账有关账户的余额核对

B. 总账与明细账之间的核对

C. 总账与记账凭证之间的核对

D. 总账与日记账的核对

31. 编制会计报表的主要依据是( )提供的核算信息。

A. 日记账 B. 分类账簿

C. 备查账簿 D. 科目汇总表

32. 企业开出转账支票 1 680 元购买办公用品，编制记账凭证时，误记金额为 1 860 元，科目及方向无误并已记账，应采用的更正方法是( )。

A. 补充登记 180 元 B. 红字冲销 180 元

C. 在凭证中划线更正 D. 把错误凭证撕掉重编

33. 根据记账凭证登账，误将 200 元记为 2 000 元，应采用( )进行更正。

A. 红字更正法　　B. 补充登记法

C. 划线更正法　　D. 平行登记法

34. 记账后在当年内发现记账凭证所记的会计科目错误，从而引起记账错误应采用(　)。

A. 划线更正法　　B. 红字更正法

C. 补充登记法　　D. 平行登记法

35. 对某些在序时账簿和分类账簿等主要账簿中都不予登记或登记不够详细的经济业务事项进行补充登记时使用的账簿称为(　)。

A. 日记账　　B. 总分类账簿

C. 备查账簿　　D. 联合账簿

36. 原材料明细账一般采用的账页格式为(　)。

A. 两栏式　　B. 三栏式

C. 多栏式　　D. 数量金额式

37. 不需要在会计账簿扉页上的启用表中填列的内容是(　)。

A. 账簿页数　　B. 记账人员

C. 账户名称　　D. 启用日期

38. 在账簿的两个基本栏目借方和贷方按需要分设若干专栏的账簿称为(　)。

A. 三栏式账簿　　B. 多栏式账簿

C. 数量金额式账簿　　D. 两栏式账簿

39. 下列明细分类账中，一般不宜采用三栏式账页格式的是(　)。

A. 应收账款明细账　　B. 应付账款明细账

C. 实收资本明细账　　D. 原材料明细账

40. 下列不属于账账核对的是(　)。

A. 明细分类账簿之间的核对

B. 总分类账簿与所属明细分类账簿之间的核对

C. 总分类账簿与序时账簿之间的核对

D. 会计账簿与原始凭证之间的核对

41. 账簿中书写的文字和数字一般应占格距的( )。

A. 1/3　　B. 1/2

C. 2/3　　D. 3/4

二、多项选择题

1. 下列账簿中，一般采用多栏式的有( )。

A. 收入明细账　　B. 债权明细账

C. 费用明细账　　D. 债务明细账

2. 下列内容中，属于结账工作的有( )。

A. 结算有关账户的本期发生额及期末余额

B. 编制试算平衡表

C. 清点库存现金

D. 按照权责发生制对有关账项进行调整

3. 下列应逐日逐笔登记明细账的有( )。

A. 原材料　　B. 应收账款

C. 应付账款　　D. 管理费用

4. 必须采用订本账的有( )。

A. 总分类账　　B. 明细分类账

C. 现金日记账　　D. 银行存款日记账

5. 账簿按外形特征可以分为( )。

A. 订本式账簿　　B. 多栏式账簿

C. 活页式账簿　　D. 卡片式账簿

6. 下列各项中，根据企业会计制度，应当建立备查账簿登记的有( )。

A. 银行存款　　B. 融资租入设备

C. 经营租入设备　　D. 已贴现应收票据

7. 下列情况中，可以用红色墨水记账的有( )。

A. 在不设借贷等栏的多栏式账页中，登记减少数

B. 按照红字冲账的记账凭证，冲销错误记录

C. 在三栏式账户的余额栏前，如未印明余额方向的，在余额栏内登记负数余额

D. 根据国家统一的会计制度的规定可以用红字登记的其他会计记录

8. 下列说法中正确的有（　）。

A. 短期借款明细账应采用三栏式账页格式

B. 应收账款明细账应采用订本式账簿

C. 多栏式明细账一般适用于成本费用、收入类明细账

D. 对账的内容包括账证核对、账账核对、账实核对

9. 下列说法中不正确的有（　）。

A. 日记账必须采用三栏式

B. 总账最常用的格式为三栏式

C. 三栏式明细分类账适用于收入、费用类科目的明细核算

D. 银行存款日记账应按企业在银行开立的账户和币种分别设置，每个银行账户设置一本日记账

10. 下列各账户中，只需反映金额指标的有（　）。

A. 实收资本账户　　B. 原材料账户

C. 库存商品账户　　D. 短期借款账户

11. 登记会计账簿时下列说法正确的有（　）。

A. 一律使用蓝黑墨水钢笔书写

B. 月末结账划线可用红色墨水笔

C. 在某些特定条件下可使用铅笔

D. 在规定范围内可以使用红色墨水

12. 会计账簿按经济用途的不同，可以分为（　）。

A. 序时账簿　　B. 分类账簿

C. 三栏式账簿　　D. 备查账簿

13. 下列明细账中，一般采用多栏式明细分类账的有（　）。

A. 应收账款明细账　　B. 库存商品明细账

C. 管理费用明细账　　D. 主营业务收入明细账

14. 数量金额式账簿的收入、发出和结存三大栏内，都分设(　)三个小栏。

A. 数量　B. 种类　C. 单价　D. 金额

15. 下列不符合登记账簿要求的有(　)。

A. 为防止篡改，文字书写要占满格

B. 数字书写一般要占格距的 1/2

C. 将登记中不慎出现的空页撕毁

D. 根据红字冲账的记账凭证，用红字冲销错误记录

16. 会计账簿的基本内容有(　)。

A. 封面　B. 封底　C. 扉页　D. 账页

17. 下列账簿中，一般采用数量金额式的有(　)。

A. 原材料明细账　B. 库存商品明细账

C. 应收账款明细账　D. 应交税费等往来结算账户

18. 下列可以作为登记明细账依据的有(　)。

A. 记账凭证　B. 原始凭证

C. 汇总原始凭证　D. 汇总记账凭证

19. 对账的内容一般包括(　)。

A. 账证核对　B. 账账核对

C. 账实核对　D. 账表核对

20. 下列(　)明细账既可逐日逐笔登记，也可定期汇总登记。

A. 固定资产　B. 库存商品

C. 应收账款　D. 管理费用

21. 错账更正的方法一般有(　)。

A. 平行登记法　B. 划线更正法

C. 补充登记法　D. 红字更正法

三、判断题

1. 活页账无论是在账簿登记完毕之前还是之后，账页都不固定装订在一起，而是装在活页账夹中。(　)

2. 使用订本账时，要为每一账户预留若干空白账页。(　)

3. 凡是三栏式账簿在摘要栏和借方科目栏之间均有“对方科目”一栏。（ ）
4. 除结账和更正错账外，一律不得用红色墨水登记账簿。（ ）
5. 账簿中的每一账页是账户的存在形式和载体，而账户是账簿的真实内容，因此账户与账簿的关系是形式与内容的关系。（ ）
6. 对需要按月进行月结的账簿，结账时，应在“本月合计”字样下面通栏划单红线，而不是划双红线。（ ）
7. 年度终了，各种账户在结转下年、建立新账后，一般都要把旧账送交主办会计集中统一管理。（ ）
8. 会计核算中，红笔一般只在划线、改错、冲账和表示负数金额时使用。（ ）
9. 登记账簿要用蓝黑墨水或碳素墨水书写，不得使用铅笔书写，但可使用钢笔或圆珠笔书写。（ ）
10. 在账簿记录中有可能出现红字。（ ）
11. 原材料明细账应采用数量金额式的活页账。（ ）
12. 每一账页登记完毕结转下页时，应当结出本页合计数及余额，写在本页最后一行和下页第一行有关栏内，并在摘要栏内注明“过次页”和“承前页”字样。（ ）
13. 备查账簿不必每年更换新账，可以连续使用。（ ）
14. 总分类账一般采用订本账；明细分类账一般采用活页账。（ ）
15. 会计部门的财产物资明细账期末余额与财产物资使用部门的财产物资明细账期末余额相核对，属于账实核对。（ ）
16. 由于记账凭证错误而造成的账簿记录错误，应采用划线更正法进行更正。（ ）
17. 现金日记账的账页格式均为三栏式，而且必须使用订本账。（ ）
18. 如果在结账前发现账簿记录有文字或数字错误，而记账凭证没有错误，则可采用划线更正法，也可采用红字更正法。（ ）
19. 总分类账户平时不必每日结出余额，只需每月结出月末余额。（ ）
20. 在我国，单位一般只对原材料的明细核算采用卡片账。（ ）

21. 主要账簿中不予登记或登记不详细的经济业务，可以在备查账簿中予以登记。（　）

22. 对需要结计本年累计发生额的账户，结计“过次页”的本页合计数应为年初起至本月末止的累计数。（　）

23. 红字更正法适用于记账凭证所记会计科目错误，或者会计科目无误而所记金额大于应记金额，从而引起的记账错误。（　）

24. 所有账簿，每年必须更换新账。（　）

25. 库存商品明细账一般都采用多栏式账簿。（　）

26. 各种日记账、总账以及资本、债权债务明细账都可采用三栏式账簿。（　）

27. 补充登记法一般适用于记账凭证所记会计科目无误，只是所记金额大于应记金额，从而引起的记账错误。（　）

28. 启用会计账簿时，应当在账簿封面上写明单位名称和账簿名称，并在账簿扉页上附启用表。（　）

29. 费用明细账一般均采用三栏式账簿。（　）

30. 设置和登记账簿是编制会计报表的基础，是连接会计凭证与会计报表的中心环节。（　）

31. 每年年初，除了少数明细账不必更换新账外，总账、日记账和大部分明细账，都必须更换新账。（　）

32. 明细分类账的登记依据只能是记账凭证。（　）

四、简答题

1. 简述会计账簿的分类。
2. 简述可以用红色墨水记账的情况。
3. 简述账实核对的基本内容。
4. 简述三种错账更正方法的适用范围及具体的更正方法。

五、计算题

1. 东大公司会计人员在结账前进行对账时，查出以下错账：

（1）用银行存款支付行政管理部门固定资产维修费用 6 000 元，编制的会计分录为：

借：制造费用　　6 000

　　贷：银行存款　　6 000

(2) 销售商品一批，增值税专用发票上注明售价 1 000 000 元，增值税 170 000 元。款项已收到并存入银行。编制的会计分录为：

借：银行存款　　117 000

　　贷：主营业务收入　　100 000

　　　　应交税费——应交增值税（销项税额）　　17 000

(3) 计提车间生产用固定资产折旧 65 000 元，编制的会计分录为：

借：制造费用　　6 500

　　贷：累计折旧　　6 500

(4) 用现金支付工人工资 8 500 元，编制的会计分录为：

借：应付职工薪酬——工资　　85 000

　　贷：库存现金　　85 000

要求：(1) 指出对上述错账应采用何种更正方法。

(2) 编制错账更正的会计分录。

2. 尚得公司属于工业企业，为增值税一般纳税人。该公司会计人员在结账前进行对账时，发现如下错账（会计分录中的金额单位为万元）：

(1) 以银行存款 200 万元购买甲公司股票作为交易性金融资产投资，买价中包含 20 万元已宣告未发放的现金股利。编制的会计分录为：

借：交易性金融资产　　200

　　贷：银行存款　　200

(2) 销售商品一批，增值税专用发票上注明售价 300 万元，增值税 51 万元。款项已收到存入银行。编制的会计分录为：

借：银行存款　　35.1

　　贷：主营业务收入　　30

　　　　应交税费——应交增值税（销项税额）　　5.1

（3）收到银行存款利息1.5万元，编制的会计分录为：

借：银行存款　　1.5

　　贷：管理费用　　1.5

（4）以银行存款支付广告费40万元。编制的会计分录为：

借：销售费用　　40

　　贷：银行存款　　40

尚得公司登记账簿时，在“销售费用”账户登记的金额为4万元。

要求：分别编制错账更正会计分录。

（“应交税费”科目要求写出明细科目及专栏名称，答案中的金额单位用万元表示）

同步系统训练参考答案及解析

一、单项选择题

1. A

【解析】补充登记法是记账后发现记账凭证填写的会计科目无误，只是所记金额小于应记金额时所采用的一种更正方法。

2. C

【解析】设置和登记账簿，是编制会计报表的基础，是连接会计凭证与会计报表的中间环节，在会计核算中具有重要意义。

3. A

【解析】账簿按其用途不同可以分为序时账簿、分类账簿和备查账簿。

4. B

【解析】现金日记账和银行存款日记账必须逐日逐笔登记。

5. B

【解析】会计凭证是登记账簿的依据。

6. D

【解析】在登记账簿过程中，每一账页的最后一行及下一页第一行都要办理转页手续，是为了保持记录的连续性。

7. B

【解析】总分类账最常见的格式为三栏式，设置借方、贷方和余额三个基本金额栏目。

8. C

【解析】在记账后发现记账凭证填写的会计科目无误，只是所记金额小于应记金额，应该采用补充登记法。

9. A

【解析】订本账在启用之前就已将账页装订在一起，并对账页进行了连续编号的账簿。

10. C

【解析】各种明细分类账一般采用活页账形式。

11. A

【解析】账实核对的内容包括：（1）现金日记账账面余额与库存现金数额是否相符；（2）银行存款日记账账面余额与银行对账单的余额是否相符；（3）各项财产物资明细账账面余额与财产物资的实有数额是否相符；（4）有关债权债务明细账账面余额与对方单位的账面记录是否相符。

12. B

【解析】记账后在当年内发现记账凭证所记的会计科目错误的，可以采用红字更正法，用红字填制一张与原记账凭证完全相同的记账凭证，以示注销原记账凭证，然后用蓝字填写一张正确的记账凭证。

13. A

【解析】在结账前发现账簿记录有文字或数字错误，而记账凭证没有错误，可以采用划线更正法。

14. D

【解析】从银行提取现金应该编制银行存款付款凭证，所以登记现金日记账的依据是银行存款付款凭证。

15. B

【解析】多栏式明细分类账适用于收入、费用类科目的明细核算。

16. C

【解析】订本账账簿一般适用于总分类账、现金日记账、银行存款日记账。

17. D

【解析】账簿按外形特征不同，可分为订本账、活页账和卡片账。

18. C

【解析】分类账簿是对全部经济业务事项按照会计要素的具体类别而设置的分类账户进行登记的账簿。

19. D

20. A

【解析】记账凭证既可以作为登记总账的依据，又可以作为登记明细账的依据。

21. C

【解析】租入固定资产登记簿、受托加工材料登记簿、代销商品登记簿等属于备查账簿。

22. A

【解析】登账必须使用蓝黑墨水或碳素墨水并使用钢笔书写，不得使用圆珠笔（银行的复写账簿除外）或者铅笔书写。

23. B

【解析】划线更正法适用于结账之前，发现账簿记录中的文字或数字有误，但记账凭证正确。故答案为B。

24. B

【解析】在我国，企业一般只对固定资产的核算采用卡片账形式。

25. A

【解析】账证核对是指核对会计账簿记录与原始凭证、记账凭证的时间、凭证字号、内容、金额是否一致，记账方向是否相符。

26. A

27. D

【解析】设置和登记账簿是编制会计报表的基础。

28. A

【解析】在结账前发现账簿记录有文字或数字错误，而记账凭证没有错误应采用划线更正法。

29. A

【解析】按照经济业务发生或完成时间的先后顺序逐日逐笔进行登记的账簿称为序时账簿，序时账簿又称为日记账。

30. C

【解析】账账核对包括的内容：总分类账簿有关账户的余额核对；总分类账簿与所属明细分类账簿核对；总分类账簿与序时账簿核对；明细分类账簿之间的核对。

31. B

【解析】分类账簿提供的信息是编制会计报表的主要依据。

32. B

【解析】应借、应贷会计科目无误，只是所记金额大于应记金额，更正的方法是按多记的金额用红字编制一张与原记账凭证应借应贷科目完全相同的记账凭证，冲销多记的金额。所以本题要冲销多记的金额 180 元。

33. C

【解析】在结账前发现账簿记录有文字或数字错误，而记账凭证没有错误，应采用划线更正法。

34. B

【解析】采用红字更正法的两种情况：（1）记账后在当年内发现记账凭证所记的会计科目错误，从而引起记账错误；（2）会计科目无误而所记金额大于应记金额，引起的记账错误。

35. C

【解析】备查账簿简称备查簿，是对某些在序时账簿和分类账簿等主要账簿中都不予登记或登记不够详细的经济业务事项进行补充登记时使用的账簿。

36. D

【解析】原材料明细账一般采用数量金额式。

37. C

【解析】在账簿扉页上应当填列“账簿启用登记表”，其内容包括：启用日期、账簿页数、记账人员和会计机构负责人、会计主管人员姓名，并加盖有关人员的签章和单位公章。记账人员或者会计机构负责人、会计主管人员调动工作时，应当注明交接日期、接办人员或者监交人员姓名，并由交接双方签名或者盖章。

38. B

39. D

【解析】原材料明细账一般是采用数量金额式账页格式，其他三项可以采用三栏式账页格式。

40. D

【解析】账账核对包括的内容：总分类账簿有关账户的余额核对；总分类账簿与所属明细分类账簿核对；总分类账簿与序时账簿核对，明细分类账簿之间的核对。

41. B

【解析】账簿中书写的文字和数字一般应占格距的1/2。

二、多项选择题

1. AC

【解析】多栏式明细分类账适用于收入、费用类科目的明细核算。

2. AD

【解析】结账的程序：（1）将本期发生的经济业务事项全部登记入账，并保证其正确性；（2）根据权责发生制的要求，调整有关账项，合理确定本期应计的收入和应计的费用；（3）将损益类科目转入“本年利润”科目，结平所有损益类科目；（4）结出资产、负债和所有者权益科目的本期发生额和余额，并结转下期。

3. BC

【解析】明细分类账的登记方法规定，固定资产、债权、债务等明细账应逐日逐笔登记；库存商品、原材料、产成品收发明细账以及收入、费用明细账可以逐笔登记，也可定期汇总登记。故答案为BC。

4. ACD

【解析】订本账，一般用于重要的具有统驭性的账簿，如总分类账、现金日记账和银行存款日记账。各种明细分类账一般采用活页账形式。

5. ACD

【解析】账簿按外型特征可以分为订本式账簿、活页式账簿、卡片式账簿。

6. CD

【解析】对于经营租入固定资产、受托加工材料、代销商品、贴现应收票据等应当建立备查账簿进行登记。

7. ABCD

8. ACD

【解析】应收账款明细账一般采用活页账的形式。

9. AC

【解析】日记账可以采用三栏式也可以采用多栏式，所以A选项是错误的。多栏式明细分类账适用于收入、费用类科目的明细核算，所以选项 C 也是错误的。

10. AD

【解析】原材料和库存商品账户既要进行数量核算又要进行金额核算。

11. BD

12. ABD

13. CD

【解析】应收账款明细账一般采用三栏式明细分类账，库存商品明细账一般采用数量金额式明细分类账。

14. ACD

【解析】数量金额式账簿的收入、发出和结存三大栏内，都分设数量、单价、金额三个小栏。

15. AC

【解析】账簿中书写的文字和数字上面要留有适当空格，不要写满格，一般应占格距的 1/2；按照红字冲账的记账凭证，冲销错误记录可以用红色墨水记账；各种账簿应按页次顺序连续登记，不得跳行、隔页。如果发生跳行、隔页，应当将空行、空页划线注销，或者注明“此行空白”、“此页空白”字样，并由记账人员签名或者盖章。

16. ACD

【解析】会计账簿的基本内容有封面、扉页、账页。

17. AB

【解析】应收账款明细账、应交税费等往来结算账户一般采用三栏式明细分类账。

18. ABC

【解析】明细分类账的登记通常有：（1）根据原始凭证直接登记；（2）根据汇总原始凭证登记明细分类账；（3）根据记账凭证登记明细分类账。

19. ABC

【解析】对账的内容一般包括账证核对、账账核对、账实核对。

20. BD

【解析】固定资产、债权、债务等明细账应逐日逐笔登记，库存商品、原材料、产成品收发明细账以及收入、费用明细账可以逐日逐笔登记，也可以定期汇总登记。

21. BCD

【解析】错账更正的方法一般有划线更正法、补充登记法、红字更正法。

三、判断题

1. ×

【解析】活页账是在账簿登记完毕之前并不固定装订在一起，而是装订在活页账夹中；当账簿登记完毕后，将账页予以装订，加具封面，并给各账页连续编号。

2. √

【解析】订本账是启用之前就已将账页装订在一起，需要为每一账户预留若干空白账页。

3. ×

【解析】三栏式账簿又分为设对方科目和不设对方科目两种。设有“对方科目”栏的，称为设对方科目的三栏式账簿；不设“对方科目”栏的，称为不设对方科目的三栏式账簿。

4. ×

【解析】下列情况下，可以使用红色墨水记账：（1）按照红字冲账的记账凭证，冲销错误记录；（2）在不设借贷等栏的多栏式账页中，登记减少数；（3）在三栏式账户的余额栏前，如未印明余额方向的，在余额栏内登记负数余额；（4）根据国家统一的会计制度的规定可以用红字登记的其他会计记录。

5. ×

【解析】账簿中的每一账页是账户的存在形式和载体，而账户是账簿的真实内容，因此账簿与账户的关系是形式与内容的关系。

6. √

【解析】现金、银行存款日记账和需要按月结计发生额的收入、费用等明细账，每月结账时，要结出本月发生额和余额，在摘要栏内注明“本月合计”字样，并在下面通栏划单红线。

7. ×

【解析】年度终了，各种账户在结转下年、建立新账后，会计账簿暂由本单位财务会计部门保管一年，期满之后，由财务会计部门编制清册移交本单位的档案部门保管。

8. √

【解析】下列情况下，可以使用红色墨水记账：（1）按照红字冲账的记账凭证，冲销错误记录；（2）在不设借贷等栏的多栏式账页中，登记减少数；（3）在三栏式账户的余额栏前，如未印明余额方向的，在余额栏内登记负数余额；（4）根据国家统一的会计制度的规定可以用红字登记的其他会计记录。

9. ×

【解析】登记账簿必须使用蓝黑墨水或碳素墨水并用钢笔书写，不得使用圆珠笔（银行的复写账簿除外）和铅笔书写。

10. √

11. √

12. √

13. √

【解析】各种备查账可以连续使用，不必每年更换新账。

14. √

【解析】订本账一般适用于总分类账、现金日记账、银行存款日记账。通常各种明细分类账采用活页账形式。

15. ×

【解析】会计部门的财产物资明细账期末余额与财产物资使用部门的财产物资明细账期末余额相核对，属于账账核对。

16. ×

【解析】在结账前发现账簿记录有文字或数字错误，而记账凭证没有错误，可以使用划线更正法。

17.×

【解析】现金日记账的账页格式可以为三栏式或者多栏式，不只是三栏式。

18.×

【解析】如果在结账前发现账簿记录有文字或数字错误，而记账凭证没有错误，则可采用划线更正法。

19.√

20.×

【解析】在我国，单位一般只对固定资产的核算采用卡片账形式。

21.√

22.×

【解析】对需要结计本年累计发生额的账户，结计“过次页”的本页合计数应为自年初起至本页末止的累计数。

23.√

24.×

【解析】一般来说，总账、日记账和多数明细账应每年更换一次，但是有些财产物资明细账和债权债务明细账可以不必每年更换一次。各种备查账簿也可以连续使用。

25.×

【解析】库存商品明细账一般采用数量金额式账簿。

26.√

27.×

【解析】补充登记法一般适用于记账凭证所记会计科目无误，只是所记金额小于应记金额，从而引起的记账错误。

28.√

29.×

【解析】费用明细账一般采用多栏式明细账。

30. √

31. √

32. ×

【解析】明细分类账的登记可以根据原始凭证直接登记，也可以根据汇总原始凭证登记，还可以根据记账凭证登记。

四、简答题

1. **【答案】**

在会计核算中，账簿的种类是多种多样的，为了便于了解和使用，必须对账簿进行分类。账簿一般可以按其用途、账页格式和外形特征进行划分。

（1）按用途分类：账簿按其用途不同，可分为序时账簿、分类账簿和备查账簿三种。

（2）按账页格式分类：账簿按账页格式的不同，账簿可以分为两栏式、三栏式、多栏式和数量金额式四种。

（3）按外形特征分类：账簿按其外形特征不同可分为订本账、活页账和卡片账三种。

2. **【答案】**

在下列情况下，可以用红色墨水记账：

（1）按照红字冲账的记账凭证，冲销错误记录；

（2）在不设借贷等栏的多栏式账页中，登记减少数；

（3）在三栏式账户的余额栏前，如未印明余额方向的，在余额栏内登记负数余额；

（4）根据国家统一的会计制度的规定可以用红字登记的其他会计记录。

由于会计中的红字表示负数，因而除上述情况外，不得用红色墨水登记账簿。

3. **【答案】**

账实核对是指各项财产物资、债权债务等账面余额与实有数额之间的核对。

(1) 现金日记账账面余额与库存现金数额是否相符;

(2) 银行存款日记账账面余额与银行对账单的余额是否相符;

(3) 各项财产物资明细账账面余额与财产物资的实有数额是否相符;

(4) 有关债权债务明细账账面余额与对方单位的账面记录是否相符。

4. **【答案】**

(1) 划线更正法又称红线更正法。在结账前发现账簿记录有文字或数字错误，而记账凭证没有错误，可以采用划线更正法。更正时，可以在错误的文字或数字上划一条红线，在红线的上方填写正确的文字或数字，并由记账及相关的人员在更正处盖章。

(2) 红字更正法是指用红字冲销原有错误账户记录或凭证记录以更正或调整账簿记录的一种方法。通常有两种情况:

①记账后在当年发现记账凭证所计的会计科目错误，可以用红字更正法。

更正方法是：记账凭证会计科目错误时，用红字填写一张与原记账凭证完全相同的记账凭证，以示注销原记账凭证，然后用蓝字填写一张正确的记账凭证，并据以记账。

②会计科目无误而所记金额大于应记金额，从而引起记账错误，可以采用红字更正法。

更正方法是：记账凭证会计科目无误而所记金额大于应记金额时，按多记的金额用红字编制一张与原记账凭证应借、应贷科目完全相同的记账凭证，以冲销多记的金额，并据以记账。

(3) 补充登记法是在记账后发现记账凭证填写的会计科目无误，只是所记金额小于应记金额时所采用的一种更正方法。

更正方法是：按少记的金额用蓝字编制一张与原记账凭证应借、应贷科目完全相同的记账凭证，以补充少记的金额，并据以记账。

五、计算题

1.【答案】

业务（1）应采用的更正方法：红字更正法

业务（2）应采用的更正方法：补充登记法

业务（3）应采用的更正方法：补充登记法

业务（4）应采用的更正方法：红字更正法

更正的会计分录：

业务（1）更正分录：

借：制造费用　　　　　　　　　　　　　　　　　　　　　−6 000

　　贷：银行存款　　　　　　　　　　　　　　　　　　　　　−6 000

借：管理费用　　　　　　　　　　　　　　　　　　　　　6 000

　　贷：银行存款　　　　　　　　　　　　　　　　　　　　　6 000

业务（2）更正分录：

借：银行存款　　　　　　　　　　　　　　　　　　　　1 053 000

　　贷：主营业务收入　　　　　　　　　　　　　　　　　　　900 000

　　　　应交税费——应交增值税（销项税额）　　　　　　　　153 000

业务（3）更正分录：

借：制造费用　　　　　　　　　　　　　　　　　　　　　58 500

　　贷：累计折旧　　　　　　　　　　　　　　　　　　　　　58 500

业务（4）更正分录：

借：应付职工薪酬——工资　　　　　　　　　　　　　　−76 500

　　贷：库存现金　　　　　　　　　　　　　　　　　　　　−76 500

2.【答案】

业务（1）

借：交易性金融资产　　　　　　　　　　　　　　　　　　−200

　　贷：银行存款　　　　　　　　　　　　　　　　　　　　　−200

借：交易性金融资产　　　　　　　　　　　　　　　　　　180

　　应收股利　　　　　　　　　　　　　　　　　　　　　　20

　　贷：银行存款　　　　　　　　　　　　　　　　　　　　　200

业务（2）

借：银行存款　　315.9

　　贷：主营业务收入　　270

　　　　应交税费——应交增值税（销项税额）　　45.9

业务（3）

借：银行存款　　－1.5

　　贷：管理费用　　－1.5

借：银行存款　　1.5

　　贷：财务费用　　1.5

业务（4）

无需编制会计分录，只需按划线更正法将账簿中的金额由 4 万元改为 40 万元。

第 6 章
账务处理程序

考情分析

本章主要是对账务处理程序的讲解，账务处理程序将凭证、账簿、报表有机结合在一起，结合不同企业选择合适的方法，不仅有利于会计工作的开展，还可以保证核算工作的质量，考生需要了解各账务处理程序最本质的区别、特点、优缺点及适用范围，在理解的基础上记忆。本章主要从客观题、简答题的角度来把握。

本章主要考点

（一）各账务处理程序的一般步骤

（二）各账务处理程序的特点

（三）各账务处理程序的优缺点及适用范围

本章基本内容框架

- 账务处理程序
  - 记账凭证账务处理程序
    - 一般步骤
    - 特点、优缺点及适用范围
  - 汇总记账凭证账务处理程序
    - 编制方法
    - 一般编制步骤
    - 特点、优缺点与适用范围
  - 科目汇总表账务处理程序
    - 编制方法
    - 一般编制步骤
    - 特点、优缺点和适用范围

重点、难点讲解及典型例题

一、记账凭证账务处理程序

记账凭证账务处理程序是最基本的账务处理程序，其他账务处理程序都是在此基础上演变和发展形成的。记账凭证的编制方法已在第四章第三节做过详细讲解，学习时应适当结合前面内容。

1. 基本步骤：

（1）根据原始凭证编制汇总原始凭证；

（2）根据原始凭证或汇总原始凭证，编制记账凭证；

（3）根据收款凭证、付款凭证逐笔登记库存现金日记账和银行存款日记账；

（4）根据原始凭证、汇总原始凭证和记账凭证，登记各种明细分类账；

（5）根据记账凭证逐笔登记总分类账；

（6）期末，现金日记账、银行存款日记账和明细分类账的余额同有关总分类账的余额核对相符；

（7）期末，根据总分类账和明细分类账的记录，编制会计报表。如图 6.1 所示。

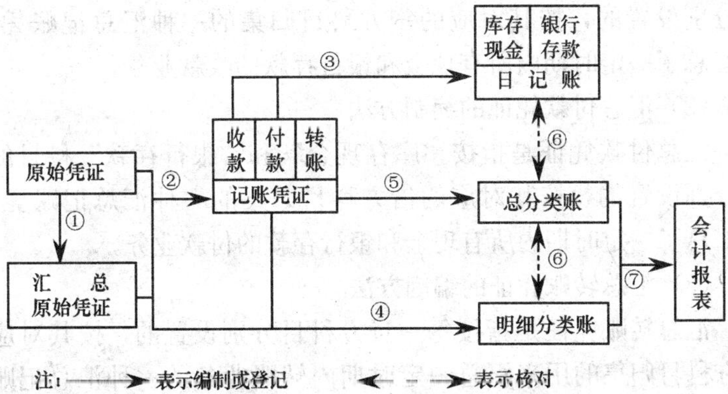

图 6.1

2. 特点：

(1) 对发生的经济业务事项，全部根据原始凭证或原始凭证汇总表编制记账凭证；

(2) 直接根据记账凭证逐笔登记总分类账。

【例题 1 · 单选题】 直接根据记账凭证逐笔登记总分类账的账务处理程序是(　)。

A. 记账凭证账务处理程序

B. 汇总记账凭证账务处理程序

C. 科目汇总表账务处理程序

D. 日记总账账务处理程序

【答案】 A

【解析】 记账凭证账务处理程序是指对发生的经济业务事项，都要根据原始凭证或汇总原始凭证编制记账凭证，然后直接根据记账凭证逐笔登记总分类账的一种账务处理程序。

二、汇总记账凭证账务处理程序

1. 汇总记账凭证的编制方法

(1) 汇总收款凭证的编制方法

汇总收款凭证是指按“库存现金”和“银行存款”科目的借

方分别设置的，按其对应的贷方科目归集的一种汇总记账凭证。它汇总了一定时期内所有现金和银行存款的收款业务。

（2）汇总付款凭证的编制方法

汇总付款凭证是指按“库存现金”和“银行存款”科目的贷方分别设置的，按其对应的借方科目归集的一种汇总记账凭证。它汇总了一定时期内所有现金和银行存款的付款业务。

（3）汇总转账凭证的编制方法

汇总转账凭证是指按每一贷方科目分别设置的，按其对应的借方科目归集的用来汇总一定时期内转账业务的一种汇总记账凭证。它汇总了一定时期内所有转账业务。

2. 基本步骤

（1）根据原始凭证编制汇总原始凭证；

（2）根据原始凭证或汇总原始凭证编制记账凭证；

（3）根据收款凭证、付款凭证逐笔登记现金日记账和银行存款日记账；

（4）根据原始凭证、汇总原始凭证和记账凭证，登记各种明细分类账；

（5）根据各种记账凭证编制有关汇总记账凭证；

（6）根据汇总记账凭证登记总分类账；

（7）期末，现金日记账、银行存款日记账和明细分类账的余额同有关总分类账的余额核对相符；

（8）期末，根据总分类账和明细分类账的记录编制会计报表。如图 6.2 所示。

3. 特点

（1）根据原始凭证或原始凭证汇总表编制记账凭证；

（2）定期根据记账凭证分类编制汇总收款凭证、汇总付款凭证和汇总转账凭证；

（3）根据汇总记账凭证登记总分类账。

【例题 2 · 单选题】 关于汇总记账凭证账务处理程序，下列说

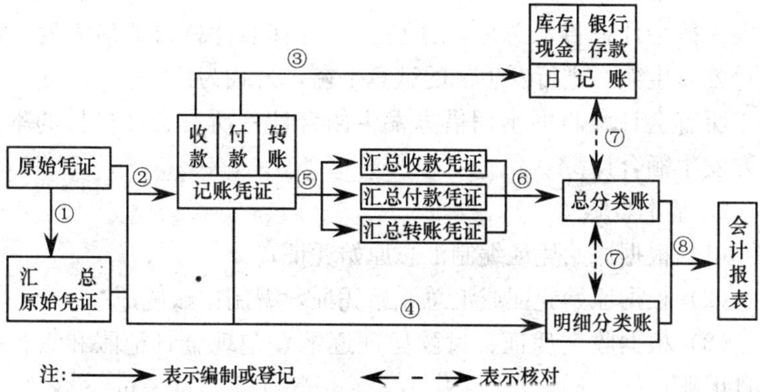

图 6.2

法中错误的是（　）。

A. 根据记账凭证定期编制汇总记账凭证

B. 根据原始凭证或汇总原始凭证登记总账

C. 根据汇总记账凭证登记总账

D. 汇总转账凭证应当按照每一账户的贷方分别设置，并按其对应的借方账户归类汇总

【答案】 B

【解析】 汇总记账凭证账务处理程序是根据汇总记账凭证登记总账的。

三、科目汇总表账务处理程序

科目汇总表账务处理程序又称记账凭证汇总表账务处理程序，它是在记账凭证核算形式的基础上，通过增设科目汇总表，并以其作为登记总分类账的重要依据而形成的。

1. 科目汇总表的编制方法

科目汇总表的编制方法是：定期（如 5 天或 10 天）将汇总期内的全部记账凭证，按会计科目分别加总其本期借方发生额和贷方发生额，并将其借方发生额合计数、贷方发生额合计数分别填在科目汇总表中各相应会计科目的“借方金额”栏和“贷方金额”栏内。按会计科目汇总后，分别加总所有会计科目的借方发生额和贷方发生额，进行发生额的试算平衡，公式为：

所有会计科目的本期借方发生额合计＝所有会计科目的本期贷方发生额合计

2. 基本步骤

（1）根据原始凭证编制汇总原始凭证；

（2）根据原始凭证或汇总原始凭证，编制记账凭证；

（3）根据收款凭证、付款凭证逐笔登记现金日记账和银行存款日记账；

（4）根据原始凭证、汇总原始凭证和记账凭证，登记各种明细分类账；

（5）根据各种记账凭证编制科目汇总表；

（6）根据科目汇总表登记总分类账；

（7）期末，现金日记账、银行存款日记账和明细分类账的余额同有关总分类账的余额核对相符；

（8）期末，根据总分类账和明细分类账的记录，编制会计报表。如图 6.3 所示。

3. 特点

（1）根据记账凭证定期编制科目汇总表；

（2）根据编制的科目汇总表登记总分类账。

【例题 3·单选题】关于科目汇总表账务处理程序，下列说法中正确的是（　）。

A. 登记总账的直接依据是记账凭证

B. 登记总账的直接依据是科目汇总表

C. 编制会计报表的直接依据是科目汇总表

D. 与记账凭证会计核算程序相比较，增加了一道编制汇总记账凭证的程序

【答案】B

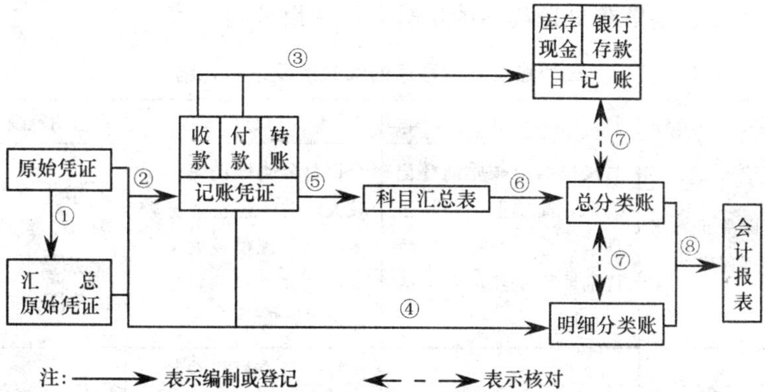

图 6.3

【解析】 科目汇总表账务处理程序下，登记总账的直接依据是科目汇总表，编制会计报表的直接依据是总分类账和明细分类账的会计记录。

【例题 4 · 多选题】 记账凭证账务处理程序、汇总记账凭证账务处理程序和科目汇总表账务处理程序应共同遵循的程序有（　）。

A. 根据原始凭证、汇总原始凭证和记账凭证登记各种明细分类账

B. 期末，现金日记账、银行存款日记账和明细分类账的余额与有关总分类账的余额核对相符

C. 根据记账凭证逐笔登记总分类账

D. 根据总分类账和明细分类账的记录，编制会计报表

【答案】 ABD

【解析】 各种账务处理程序的主要区别是登记总账的依据不同。记账凭证账务处理程序根据记账凭证逐笔登记总分类账，汇总记账凭证账务处理程序根据汇总记账凭证登记总分类账，科目汇总表账务处理程序根据科目汇总表登记总分类账。

四、各账务处理程序的优缺点及适用范围

表 6.1　　三种账务处理程序的优缺点及适用范围

账务处理程序	优点	缺点	适用范围
记账凭证账务处理程序	直接根据记账凭证登记总账，简单明了，易于理解，总分类账可以较详细地反映经济业务的发生情况	登记总分类账的工作量较大。对于经济业务较多，经营规模较大的企业，总分类账的登记工作过于繁重	适用于规模较小、经济业务量较少的单位
汇总记账凭证账务处理程序	减轻了登记总分类账的工作量，便于了解账户之间的对应关系	按每一贷方科目编制汇总转账凭证，不利于会计核算的日常分工，当转账凭证较多时，编制汇总转账凭证的工作量较大	适用于规模较大、经济业务较多的单位
科目汇总表账务处理程序	可以简化总分类账的登记工作，减轻了登记总分类账的工作量，并可做到试算平衡，简明易懂，方便易学	科目汇总表不能反映账户对应关系，不便于查对账目	适用于经济业务较多的单位

【例题 5 · 判断题】 记账凭证账务处理程序直接根据记账凭证登记总账，易于理解，登记总分类账的工作量较小，适用于经营规模较大的企业。（　）

【答案】 ×

【解析】 记账凭证账务处理程序登记总分类账的工作量较大，经营规模较大的企业登记总分类账的工作量太大，不宜采用这种账务处理程序。

【例题 6 · 判断题】 为了减轻登记总分类账的工作量，便于了解账户之间的对应关系，规模较大、经济业务较多的企业应该采用汇总记账凭证账务处理程序。（　）

【答案】 √

同步系统训练

一、单项选择题

1. 规模较小、业务量较少的单位适用( )。
   A. 记账凭证账务处理程序
   B. 汇总记账凭证账务处理程序
   C. 多栏式日记账账务处理程序
   D. 科日汇总表账务处理程序
2. 关于记账凭证账务处理程序，下列说法不止确的是( )。
   A. 根据记账凭证逐笔登记总分类账，是最基本的账务处理程序
   B. 简单明了，易于理解，总分类账可以较详细地反映经济业务的发生情况
   C. 登记总分类账的工作量较大
   D. 适用于规模较大、经济业务量较多的单位
3. 汇总记账凭证是依据( )编制的。
   A. 记账凭证　　B. 原始凭证
   C. 原始凭讪汇总表　　D. 各种总账
4. 汇总记账凭证账务处理程序的优点是( )。
   A. 详细反映经济业务的发生情况
   B. 可以做到试算平衡
   C. 便于了解账户之间的对应关系
   D. 处理程序简单
5. 下列不属于科目汇总表账务处理程序优点的是( )。
   A. 科目汇总表的编制和使用较为简便，易学易做
   B. 可以清晰地反映账户之间的对应关系
   C. 可以大大减少登记总分类账的工作量
   D. 科目汇总表可以起到试算平衡的作用，保证总账登记的正

确性

6. 下列属于记账凭证账务处理程序优点的是(　　)。
   A. 总分类账反映经济业务较详细
   B. 减轻了登记总分类账的工作量
   C. 有利于会计核算的日常分工
   D. 便于核对账目和进行试算平衡

7. 汇总记账凭证账务处理程序的特点是根据(　　)登记总账。
   A. 记账凭证　　B. 汇总记账凭证
   C. 科目汇总表　　D. 原始凭证

8. 汇总记账凭证账务处理程序与科目汇总表账务处理程序的相同点是(　　)。
   A. 登记总账的依据相同
   B. 记账凭证的汇总方法相同
   C. 保持了账户间的对应关系
   D. 简化了登记总分类账的工作量

9. 科目汇总表是依据(　　)编制的。
   A. 记账凭证　　B. 原始凭证
   C. 原始凭证汇总表　　D. 各种总账

10. 以下属于汇总记账凭证账务处理程序缺点的是(　　)。
    A. 登记总账的工作量较大
    B. 当转账凭证较多时，编制汇总转账凭证的工作量较大
    C. 不便于体现账户间的对应关系
    D. 不便于进行账目的核对

11. 在不同账务处理程序中，不能作为登记总账依据的是(　　)。
    A. 记账凭证　　B. 汇总记账凭证
    C. 汇总原始凭证　　D. 科目汇总表

12. 以下项目中，属于科目汇总表账务处理程序缺点的是(　　)。
    A. 增加了会计核算的账务处理程序
    B. 增加了登记总分类账的工作量

C. 不便于检查核对账目

D. 不便于进行试算平衡

13. 记账凭证账务处理程序的特点是根据记账凭证逐笔登记(　)。

A. 日记账　　B. 明细分类账

C. 总分类账　　D. 总分类账和明细分类账

14. 各种账务处理程序之间的区别主要在于(　)。

A. 总账的格式不同

B. 编制会计报表的依据不同

C. 登记总账的依据不同

D. 会计凭证的种类不同

15. 会计报表是根据(　)编制的。

A. 日记账、总账和明细账　　B. 日记账和明细分类账

C. 明细账和总分类账　　D. 日记账和总分类账

16. 汇总记账凭证账务处理程序的适用范围是(　)。

A. 规模较小、业务较少的单位

B. 规模较小、业务较多的单位

C. 规模较大、业务较多的单位

D. 规模较大、业务较少的单位

17. 根据科目汇总表登记总账，在简化登记总账工作的同时也起到了(　)的作用。

A. 简化报表的编制　　B. 反映账户对应关系

C. 简化明细账工作　　D. 发生额试算平衡

18. 采用记账凭证汇总表账务处理程序，(　)是其登记总账的直接依据。

A. 汇总记账凭证　　B. 科目汇总表

C. 记账凭证　　D. 原始凭证

19. 对于汇总记账凭证账务处理程序，下列说法正确的是(　)。

A. 登记总账的工作量大

B. 不能体现账户之间的对应关系

C. 按每一借方科目编制汇总转账凭证

D. 当转账凭证较多时，汇总转账凭证的编制工作量比较大

20. 下列属于记账凭证账务处理程序主要缺点的是（ ）。

A. 不能体现账户的对应关系

B. 不便于会计合理分工

C. 方法不易掌握

D. 登记总账的工作量较大

21. （ ）是最基本的一种账务处理程序。

A. 日记总账账务处理程序

B. 汇总记账凭证账务处理程序

C. 科目汇总表账务处理程序

D. 记账凭证账务处理程序

二、多项选择题

1. 不同账务处理程序所具有的相同之处有（ ）。

A. 编制记账凭证的直接依据相同

B. 编制会计报表的直接依据相同

C. 登记明细分类账簿的直接依据相同

D. 登记总分类账簿的直接依据相同

2. 在记账凭证账务处理程序下，不能作为登记总账直接依据的有（ ）。

A. 原始凭证　　B. 记账凭证

C. 汇总原始凭证　　D. 汇总记账凭证

3. 在科目汇总表账务处理程序下，月末应将（ ）与总分类账进行核对。

A. 现金日记账　　B. 银行存款日记账

C. 明细分类账　　D. 备查账

4. 在科目汇总表账务处理程序下，记账凭证是（ ）的依据。

A. 登记现金日记账　　B. 登记总分类账

C. 登记明细分类账　　D. 编制科目汇总表

5. 以下属于记账凭证账务处理程序优点的有（ ）。

A. 简单明了、易于理解

B. 总分类账可较详细地记录经济业务的发生情况

C. 便于进行会计科目的试算平衡

D. 减轻了登记总分类账的工作量

6. 在我国，常用的账务处理程序主要有（ ）。

A. 记账凭证账务处理程序

B. 汇总记账凭证账务处理程序

C. 多栏式日记账账务处理程序

D. 科目汇总表账务处理程序

7. 下列属于汇总记账凭证账务处理程序特点的有（ ）。

A. 根据原始凭证编制汇总原始凭证

B. 根据记账凭证定期编制汇总记账凭证

C. 根据记账凭证定期编制科目汇总表

D. 根据汇总记账凭证登记总账

8. 科目汇总表账务处理程序的优点有（ ）。

A. 科目汇总表的编制和使用较为简便，易学易做

B. 可以清晰地反映科目之间的对应关系

C. 便于查对账目

D. 科目汇总表可以起到试算平衡的作用，保证总账登记的正确性

9. 在常见的账务处理程序中，共同的账务处理工作有（ ）。

A. 均应填制和取得原始凭证　　B. 均应编制记账凭证

C. 均应填制汇总记账凭证　　D. 均应设置和登记总账

10. 在不同的账务处理程序下，登记总账的依据可以有（ ）。

A. 记账凭证　　B. 汇总记账凭证

C. 科目汇总表　　D. 汇总原始凭证

11. 各种账务处理程序下，登记明细账的依据可能有（ ）。

A. 原始凭证　　B. 汇总原始凭证

C. 记账凭证　　　　D. 汇总记账凭证

12. 在科目汇总表账务处理程序下，不能作为登记总账直接依据的有（　）。

A. 原始凭证　　　　B. 汇总记账凭证

C. 科目汇总表　　　　D. 记账凭证

13. 在汇总记账凭证账务处理程序下，月末应与总账核对的内容有（　）。

A. 银行存款日记账　　　　B. 会计报表

C. 明细账　　　　D. 记账凭证

14. 对于汇总记账凭证核算形式，下列说法错误的有（　）。

A. 登记总账的工作量大

B. 不能体现账户之间的对应关系

C. 明细账与总账无法核对

D. 当转账凭证较多时，汇总转账凭证的编制工作量较大

三、判断题

1. 在不同的账务处理程序中，登记总账的依据相同。（　）
2. 汇总记账凭证账务处理程序既能保持账户的对应关系，又能减轻登记总分类账的工作量。（　）
3. 各个企业的业务性质、组织规模、管理上的要求不同，企业应根据自身的特点，选择恰当的会计账务处理程序。（　）
4. 会计凭证、会计账簿、会计报表之间的结合方式不同，构成不同的账务处理程序。（　）
5. 记账凭证账务处理程序的主要特点就是直接根据各种记账凭证登记总账。（　）
6. 汇总记账凭证账务处理程序和科目汇总表账务处理程序都适用于经济业务较多的单位。（　）
7. 汇总记账凭证账务处理程序就是将各种原始凭证汇总后填制记账凭证，据以登记总账的账务处理程序。（　）
8. 汇总记账凭证账务处理程序适合规模小、业务量少的单位。（　）

9. 科目汇总表账务处理程序能科学地反映账户的对应关系，且便于账目核对。（　）
10. 科目汇总表账务处理程序的主要特点是根据记账凭证编制科目汇总表，并根据科目汇总表填制报表。（　）
11. 现金日记账和银行存款日记账不论在何种会计核算形式下，都是根据收款凭证和付款凭证逐日逐笔顺序登记的。（　）
12. 科目汇总表不仅可以减轻登记总分类账的工作量，还可以起到试算平衡作用。（　）
13. 科目汇总表账务处理程序只适用于经济业务不太复杂的中小型单位。（　）
14. 各种账务处理程序的共同点之一是编制会计报表的方法相同。（　）
15. 记账凭证账务处理程序一般适用于规模小、业务复杂、凭证较多的单位。（　）
16. 会计报表是根据总分类账、明细分类账记录定期编制的。（　）
17. 汇总记账凭证账务处理程序不利于会计核算的日常分工，并且当转账凭证较多时，编制汇总转账凭证的工作量较大。（　）
18. 科目汇总表可以反映账户之间的对应关系，但不能起到试算平衡的作用。（　）
19. 科目汇总表账务处理程序与汇总记账凭证账务处理程序的适用范围是完全相同的。（　）
20. 记账凭证账务处理程序是直接根据记账凭证逐笔登记总分类账，是最基本的账务处理程序。（　）
21. 汇总记账凭证账务处理程序可以清晰地反映账户之间的对应关系，可以做到试算平衡，保证总账登记的正确性。（　）
22. 账务处理程序就是指记账程序。（　）
23. 各种账务处理程序的不同之处在于登记明细账的直接依据不同。（　）
24. 汇总记账凭证账务处理程序的缺点在于保持账户之间的对应关系。（　）

25. 科目汇总表账务处理程序又称记账凭证汇总表账务处理程序。（ ）

26. 在各种账务处理程序下，其登记现金日记账的直接依据都是相同的。（ ）

四、简答题

1. 简述记账凭证账务处理程序、汇总记账凭证账务处理程序及科目汇总表账务处理程序三种账务处理程序的相同点和不同点。
2. 简述记账凭证账务处理程序、汇总记账凭证账务处理程序及科目汇总表账务处理程序三种账务处理程序的优缺点和适用范围。
3. 简述记账凭证账务处理程序的一般程序。
4. 简述汇总记账凭证账务处理程序的一般程序。
5. 简述科目汇总表账务处理程序的一般程序。

同步系统训练参考答案及解析

一、单项选择题

1. A

2. D

【解析】记账凭证账务处理程序适用于规模较小、经济业务量较少的单位。

3. A

4. C

【解析】汇总记账凭证是根据许多记账凭证，按照会计科目的对应关系进行归类，汇总编制的，在总分类账中也注明了对方科目，因而在汇总记账凭证和总分类账中，可以清晰地反映科目之间的对应关系，便于查对和分析账目。汇总记账凭证处理程序的优点是：减轻了登记总分类账的工作量，便于了解账户间的对应关系。

5. B

【解析】科目汇总表账务处理程序不能清晰地反映账户的对应关系，这是它的缺点。

6. A

【解析】记账凭证账务处理程序的优点：直接根据记账凭证登记总账，简单明了，易于理解，总分类账可以较详细地反映经济业务的发生情况。

7. B

8. D

【解析】汇总记账凭证账务处理程序与科目汇总表账务处理程序的相同点是简化了登记总分类账的工作量。

9. A

10. B

【解析】汇总记账凭证处理程序的缺点是：按每一贷方科目编制汇总转账凭证，不利于会计核算的日常分工，当转账凭证较多时，编制汇总转账凭证的工作量较大。

11. C

【解析】记账凭证账务处理程序根据记账凭证登记总分类账，汇总记账凭证账务处理程序根据各种汇总记账凭证登记总分类账，科目汇总表账务处理程序根据科目汇总表登记总分类账。

12. C

13. C

14. C

15. C

16. C

17. D

【解析】科目汇总表账务处理程序的优点：可以简化总分类账的登记工作，减轻了登记总分类账的工作量，并可以做到试算平衡，简明易懂，方便易学。从上面的优点中看出可以起到发生额试算平衡的作用。

18. B

【解析】科目汇总表账务处理程序又称记账凭证汇总表账务处理程序，科目汇总表是登记总账的直接依据。

19. D

【解析】汇总记账凭证账务处理程序的优点：减轻了登记总分类账的工作量，便于了解账户之间的对应关系，缺点：按每一贷方科目编制汇总转账凭证，不利于会计核算的日常分工，当转账凭证较多时，编制汇总转账凭证的工作量较大。

20. D

21. D

二、多项选择题

1. ABC

【解析】三种账务处理程序下：都是根据原始凭证或汇总原始凭证编制记账凭证，根据原始凭证、汇总原始凭证和记账凭证登记明细分类账，期末根据总分类账和明细分类账的记录，编制会计报表。

2. ACD

【解析】记账凭证账务处理程序根据记账凭证逐笔登记总分类账，汇总记账凭证账务处理程序根据汇总记账凭证登记总分类账，原始凭证和汇总原始凭证不能作为登记总账的直接依据。

3. ABC

【解析】在科目汇总表账务处理程序下，期末，应将现金日记账、银行存款日记账和明细分类账的余额同有关的总分类账进行核对。

4. ACD

【解析】在科目汇总表账务处理程序下，可以根据记账凭证登记现金日记账，登记明细分类账，编制科目汇总表；登记总分类账的依据是科目汇总表。

5. AB

【解析】记账凭证账务处理程序的优点：直接根据记账凭证登记总账，简单明了、易于理解，总分类账可以较详细地反映经济业务的发生情况。

6. ABD

7. BD

【解析】本章节中讲到的这三种账务处理程序都需要根据原始凭证编制汇总原始凭证，本题要求选汇总记账凭证会计核算程序特点，所以 A 选项不符合题意。科目汇总表账务处理程序中需要根据记账凭证定期编制科目汇总表，选项 C 也不符合题意。本题中选项 BD 符合题意。

8. AD

【解析】科目汇总表账务处理程序的优点：可以简化总分类账的登记工作，减轻了登记总分类账的工作量，并可以做到试算平衡，简明易懂，方便易学。缺点：科目汇总表账务处理程序不能反映各账户之间的对应关系，不便于查对账目。

9. ABD

【解析】汇总记账凭证账务处理程序应该填制汇总记账凭证，其他两种账务处理程序不需要填制汇总记账凭证。

10. ABC

【解析】各种账务处理程序的主要区别是登记总账的依据不同，记账凭证账务处理程序根据记账凭证逐笔登记总分类账，汇总记账凭证账务处理程序根据汇总记账凭证登记总分类账，科目汇总表账务处理程序根据科目汇总表登记总分类账。

11. ABC

【解析】三种账务处理程序均可以根据原始凭证、汇总原始凭证和记账凭证，登记各种明细分类账。

12. ABD

【解析】在科目汇总表账务处理程序下，登记总账的直接依据是科目汇总表。

13. AC

【解析】在汇总记账凭证账务处理程序下，期末，应将现金日记账、银行存款日记账和明细分类账的余额同有关总分类账的余额核对相符。

14. ABC

【解析】汇总记账凭证账务处理程序的优点：减轻了登记总分类账的工作量，便于了解账户之间的对应关系。缺点：按每一贷方科目编制汇总转账凭证，不利于会计核算的日常分工，当转账凭证较多时，编制汇总转账凭证的工作量较大。

三、判断题

1. ×

【解析】在不同的账务处理程序下，登记总账的依据不同。记账凭证账务处理程序登记总账的依据是记账凭证；汇总记账凭证账务处理程序登记总账的依据是汇总记账凭证；科目汇总表账务处理程序登记总账的依据是科目汇总表。

2. √

3. √

4. √

5. √

6. √

【解析】汇总记账凭证账务处理程序和科目汇总表账务处理程序大大简化了登记总分类账的工作量，因此适用于经济业务较多的单位。

7. ×

【解析】汇总记账凭证账务处理程序就是将各种原始凭证汇总后填制记账凭证，定期根据记账凭证分类编制汇总收款凭证、汇总付款凭证和汇总转账凭证，再根据汇总记账凭证登记总分类账的账务处理程序。

8. ×

【解析】汇总记账凭证账务处理程序适用于规模大、经济业务较多的单位。

9. ×

【解析】科目汇总表账务处理程序的缺点是：不能反映账户的对应关系，不便于查对账目。

10. ×

【解析】科目汇总表账务处理程序的特点是根据记账凭证定期编制科目汇总表；根据科目汇总表登记总分类账。

11. √

12. √

【解析】科目汇总表账务处理程序的优点：可以简化总分类账的登记工作，减轻了登记总分类账的工作量，并可以做到试算平衡，简明易懂，方便易学。

13. ×

【解析】科目汇总表账务处理程序通常适用于经济业务较多的单位。

14. √

15. ×

【解析】记账凭证账务处理程序适用于规模较小、经济业务量较少的单位。

16. √

17. √

18. ×

【解析】科目汇总表不能反映账户的对应关系，但是可以达到试算平衡的作用。

19. ×

【解析】科目汇总表账务处理程序通常适用于经济业务较多的单位；汇总记账凭证账务处理程序适用于经济规模大、经济业务较多的单位。

20. √

21. ×

【解析】做到试算平衡是科目汇总表账务处理程序的优点。

22. ×

【解析】账务处理程序，也称会计核算组织程序或会计核算形式，是指会计凭证、会计账簿、会计报表相结合的方式。

23. ×

【解析】各种账务处理程序的不同之处在于登记总分类账的依据不同。

24. ×

【解析】汇总记账凭证账务处理程序的缺点是：按每一贷方科目编制汇总转账凭证，不利于会计核算的日常分工，当转账凭证较多时，编制汇总转账凭证的工作量较大。

25. √

26. √

【解析】在各种账务处理程序下，都是根据收款凭证、付款凭证逐笔登记现金日记账和银行存款日记账。

四、简答题

1. 【答案】

它们的不同点之处在于登记总分类账的依据和程序不同：

记账凭证账务处理程序登记总账的依据是记账凭证；汇总记账凭证账务处理程序登记总账的依据是汇总记账凭证；科目汇总表账务处理程序登记总账的依据是科目汇总表。

三种账务处理程序的共同点：

都是根据原始凭证或汇总原始凭证，编制记账凭证；根据收款凭证、付款凭证逐笔登记现金日记账和银行存款日记账；期末，根据总分类账和明细分类账的记录编制会计报表。

2. 【答案】

记账凭证账务处理程序的优点：直接根据记账凭证登记总账，

简单明了，易于理解，总分类账可以较详细地反映经济业务的发生情况。缺点：登记总分类账的工作量较大。适用于：规模小、经济业务量少的单位。

汇总记账凭证账务处理程序的优点：减轻了登记总分类账的工作量，便于了解账户之间的对应关系。缺点：按每一贷方科目编制汇总转账凭证，不利于会计核算的日常分工，当转账凭证较多时，编制汇总转账凭证的工作量较大。适用于：规模大、经济业务较多的单位。

科目汇总表账务处理程序的优点：可以简化总分类账的登记工作，减轻了登记总分类账的工作量，并可以做到试算平衡，简明易懂，方便易学。缺点：科目汇总表账务处理程序不能清晰地反映账户的对应关系，不便于查对账目。适用于：经济业务较多的单位。

3. **【答案】**

（1）根据原始凭证编制汇总原始凭证；

（2）根据原始凭证或汇总原始凭证，编制记账凭证；

（3）根据收款凭证、付款凭证逐笔登记现金日记账和银行存款日记账；

（4）根据原始凭证、汇总原始凭证和记账凭证，登记各种明细分类账；

（5）根据记账凭证逐笔登记总分类账；

（6）期末，现金日记账、银行存款日记账和明细分类账的余额同有关总分类账的余额核对相符；

（7）期末，根据总分类账和明细分类账的记录编制会计报表。

4. **【答案】**

（1）根据原始凭证编制汇总原始凭证；

（2）根据原始凭证或汇总原始凭证，编制记账凭证；

（3）根据收款凭证、付款凭证逐笔登记现金日记账和银行存款日记账；

(4) 根据原始凭证、汇总原始凭证和记账凭证，登记各种明细分类账；

(5) 根据各种记账凭证编制有关汇总记账凭证；

(6) 根据各种汇总记账凭证逐笔登记总分类账；

(7) 期末，现金日记账、银行存款日记账和明细分类账的余额同有关总分类账的余额核对相符；

(8) 期末，根据总分类账和明细分类账的记录，编制会计报表。

5. **【答案】**

(1) 根据原始凭证编制汇总原始凭证；

(2) 根据原始凭证或汇总原始凭证，编制记账凭证；

(3) 根据收款凭证、付款凭证逐笔登记现金日记账和银行存款日记账；

(4) 根据原始凭证、汇总原始凭证和记账凭证，登记各种明细分类账；

(5) 根据各种记账凭证编制科目汇总表；

(6) 根据科目汇总表登记总分类账；

(7) 期末，现金日记账、银行存款日记账和明细分类账的余额同有关总分类账的余额核对相符；

(8) 期末，根据总分类账和明细分类账的记录编制会计报表。

第 7 章 财产清查

考情分析

本章涉及内容不多，考生应重点掌握财产清查的概念、财产清查的意义、财产清查的常用方法、财产清查结果的处理。本章命题类型多为客观题或简答题，计算分录题也应关注。

本章主要考点

（一）财产清查的概念和意义
（二）财产清查的方法
（三）财产清查结果的处理要求
（四）财产清查结果的处理

本章基本内容框架

- 财产清查
  - 财产清查概述
    - 财产清查的概念和种类
    - 财产清查的意义
    - 财产清查的一般程序
  - 财产清查的方法
    - 货币资金的清查方法
    - 实物的清查方法
    - 往来款项的清查方法
  - 财产清查结果的处理
    - 财产清查结果的处理要求
    - 财产清查结果的处理步骤和方法
    - 财产清查结果的会计核算

重点、难点讲解及典型例题

一、财产清查概述

（一）财产清查的概念和种类

1. 概念

财产清查是指通过对货币资金、实物资产和往来款项的盘点或核对，确定其实存数，查明账存数与实存数是否相符的一种专门方法。

2. 财产清查的种类

表 7.1　　财产清查的种类

标准	分类	说　明
按财产清查的范围	全面清查	全面清查是对全部财产进行盘点与核对。需要进行全面清查的情况主要有：年终决算之前；单位撤销、合并或改变隶属关系前；中外合资、国内联营前；企业股份制改制前；开展全面的资产评估、清产核资前；单位主要负责人调离工作前等
	局部清查	局部清查是根据需要对部分财产物资进行盘点与核对。局部清查一般包括下列清查内容：库存现金应每日清点一次，银行存款每月至少同银行核对一次，债权债务每年至少核对一至两次，各项存货应有计划、有重点地抽查，贵重物品每月清查一次等
按财产清查的时间	定期清查	定期清查一般在期末进行，它可以是全面清查，也可以是局部清查
	不定期清查	不定期清查可以是局部清查，也可以是全面清查，如： （1）财产物资和库存现金的实物保管人员调动工作时； （2）财产物资因自然灾害等而遭受损失和被盗时； （3）上级主管单位、财政、银行、审计等部门进行查账时； （4）进行临时性的资产评估等核资工作时

【例题 1 · 多选题】按财产清查的时间不同可将财产清查方法分为（　）。

A. 定期清查　　B. 不定期清查

C. 局部清查　　D. 全面清查

【答案】AB

（二）财产清查的意义

（1）通过财产清查，可以查明各项财产物资的实有数量，确定实有数量与账面数量之间的差异，查明原因和责任，以便采取有效措施，消除差异，改进工作，从而保证账实相符，提高会计资料的准确性；

（2）通过财产清查，可以查明各项财产物资的保管情况是否良好，有无因管理不善，造成霉烂、变质、损失浪费，或者被非法挪用、贪污盗窃的情况，以便采取有效措施，改善管理，切实保障各项财产物资的安全完整；

（3）通过财产清查，可以查明各项财产物资的库存和使用情况，合理安排生产经营活动，充分利用各项财产物资，加速资金周转，提高资金使用效果。

（三）财产清查的一般程序

（1）建立财产清查组织；

（2）组织清查人员学习有关政策规定，掌握有关法律、法规和相关业务知识，以提高财产清查工作的质量；

（3）确定清查对象、范围，明确清查任务；

（4）制定清查方案，具体安排清查内容、时间、步骤、方法，以及必要的清查前准备；

（5）清查时本着先清查数量、核对有关账簿记录等，后认定质量的原则进行；

（6）填制盘存单；

（7）根据盘存单填制实物、往来账项清查结果报告表。

二、财产清查的方法

（一）货币资金的清查方法

1. 库存现金的清查

库存现金清查的主要方法是通过盘点库存现金的实存数，然后再与现金日记账的账面余额相核对，确定账存与实存是否相符以及盈亏情况。

库存现金清查主要包括两种情况：

（1）经常性的现金清查

由出纳人员每日清点库存现金实有数，并与现金日记账的账面余额核对。

（2）定期或不定期清查

由清查小组对库存现金进行定期或不定期清查。清查时，出纳人员必须在场，库存现金由出纳人员经手盘点，清查人员从旁监督。同时，清查人员还应认真审核库存现金收付凭证和有关账簿，检查账务处理是否合理合法，账簿记录有无错误，以确定账存与实存是否相符等。

库存现金清查结束后应填写“现金盘点报告表”，并据以调整现金日记账的账面记录。

【例题2·多选题】下列各项中，关于库存现金清查的说法不正确的有（ ）。

A. 库存现金只需要定期清查

B. 库存现金清查时出纳人员应该回避

C. 清查人员应该自己动手亲自盘点库存现金

D. 现金清查后，如果存在账实不符也不得调整现金日记账

【答案】ABCD

2. 银行存款的清查

银行存款清查是通过与开户银行转来的银行对账单进行核对，来查明银行存款的实有数额。银行存款日记账与银行对账单余额出现不一致的原因有两方面：一是双方或一方记账有错误；二是存在未达账项。

清查时，要将企业的银行存款日记账与银行定期送来的对账单进行逐笔核对，以查明账实是否相符。如果在核对中发现属于企业方面的记账差错，经确定后企业应立即更正；属于银行方面的记账差错，则应通知银行更正。即使双方均无记账错误，企业的银行存款日记账余额与银行对账单余额也会出现不一致的情况，这种不一致一般是由于未达账项造成的。

所谓未达账项，是指企业与银行之间，由于凭证传递上的时间差，一方已登记入账，而另一方因尚未收到凭证未登记入账的款项。

具体地说，未达账项有下列情况：

(1) 企业已收，银行未收：企业已收款入账，银行尚未收款入账；

(2) 企业已付，银行未付：企业已付款入账，银行尚未付款入账；

(3) 银行已收，企业未收：银行已收款入账，企业尚未收款入账；

(4) 银行已付，企业未付：银行已付款入账，企业尚未付款入账。

其中 (1)、(4) 两种情况下，会使企业账面的银行存款余额大于银行对账单的余额；而在 (2)、(3) 两种情况下，会使企业账面的银行存款余额小于银行对账单的余额。因此，在清查银行存款时，如出现未达账项，应通过编制银行存款余额调节表进行调整。调节表的编制方法一般是在企业与银行双方的账面余额的基础上，各自加上对方已收而本单位未收的款项，减去对方已付而本单位未付的款项。经过调节后，双方的余额应一致。

【例题3·计算题】某企业2010年11月30日银行存款日记账余额304万元，银行对账单余额297.4万元。经逐笔核对，发现有以下未达账项：

(1) 企业开出一张支票0.4万元购买办公用品，企业已登记入账，但银行尚未登记入账；

(2) 企业将销售商品收到的转账支票10万元存入银行，企业已登记入账，但银行尚未登记入账；

(3) 银行受托代企业支付水电费1万元，银行已经登记入账，但企业尚未收到付款通知单、未登记入账；

(4) 银行已收到外地汇入货款4万元登记入账，但企业尚未收到收款通知单、未登记入账。

要求：根据上述资料，填制该企业2010年11月30日的银行存款余额调节表。

银行存款余额调节表

2010年11月30日　　单位：万元

项　目	金额	项　目	金额
银行存款日记账余额		银行对账单余额	
加：银行已收、企业未收款		加：企业已收、银行未收款	
减：银行已付、企业未付款		减：企业已付、银行未付款	
调节后余额		调节后余额	

【答案】

银行存款余额调节表

2010年11月30日　　单位：万元

项　目	金额	项　目	金额
银行存款日记账余额	304	银行对账单余额	297.4
加：银行已收、企业未收款	4	加：企业已收、银行未收款	10
减：银行已付、企业未付款	1	减：企业已付、银行未付款	0.4
调节后余额	307	调节后余额	307

【要点】

对于银行存款的清查，结合上述举例总结如下几点：

(1) 经过编制银行存款余额调节表调整后的左右两方银行存款余额已经消除了未达账项的影响。经该表调节后，若双方账目没有错，它们应该相等，且其金额表示企业可动用的银行存款实有数；若不相等，则表示本单位及开户银行的一方或双方存在记账错误，应进一步查明原因，采用正确的方法进行更正；

(2) 编制银行存款余额调节表的目的是为了消除未达账项的影响，核对银行存款账目有无错误。该表本身并非原始凭证，不能根据该表在银行存款日记账上登记，而要等到转来有关原始凭证后再按记账程序登记入账；

(3) 在清查过程中，若发现长期存在的未达账项，应查明原因并及时处理。

（二）实物的清查方法

1. 实地盘点法：在财产物资存放现场逐一清点数量或用计量仪器确定其实存数的一种方法。

2. 技术推算法：适用于煤炭、矿石等大宗物资的清查。使用这种方法时，必须做到测定标准重量比较准确，整理后的形状符合规定要求，只有这样计算出的实际数额才能接近财产物资实存数。

对各项财产物资的盘点结果，应逐一填制盘存单，并同账面余额记录核对，确认盘盈盘亏数，填制实存账存对比表，作为调整账面记录的原始凭证。

（三）往来款项的清查方法

往来款项是单位与其他单位或个人之间的各种应收款项、应付款项、预收账款、预付账款及其他应收、应付款项。往来款项的清查一般用发函询证的方法进行核对，即派人或利用通讯工具，向结算往来单位核实账目。

【例题4·单选题】以下资产可以采用发函询证方法进行清查的是（　）。

A. 煤炭　　B. 银行存款

C. 固定资产　　D. 应收账款

【答案】D

【解析】选项A应该采用技术推算法，选项B银行存款应该采用编制银行存款余额调节表的方式进行清查，选项C应该采用实地盘点的方法。

三、财产清查结果的处理

（一）财产清查结果的处理要求

1. 分析账实不符的原因和性质，提出处理建议

一般来说，个人造成的损失，应由个人赔偿；因管理不善原因造成的损失，应作为企业管理费用入账；因自然灾害造成的非

常损失，列入企业的营业外支出。

2. 积极处理多余积压财产，清理往来款项

3. 总结经验教训，建立健全各项管理制度

财产清查后，要针对存在的问题和不足，总结经验教训，采取必要的措施，建立健全财产管理制度，进一步提高财产管理水平。

4. 及时调整账簿记录，保证账实相符

对于财产清查中发现的盘盈或盘亏，应及时调整账面记录，以保证账实相符。要根据清查中取得的原始凭证编制记账凭证，登记有关账簿，使各种财产物资的账存数与实存数相一致，同时反映待处理财产损溢的发生额。

（二）财产清查结果的处理步骤和方法

1. 账户设置

为了记录、反映财产的盘盈、盘亏和毁损情况，应设置“待处理财产损溢”账户。“待处理财产损溢”账户是资产类账户，用来核算企业在清查财产过程中各种财产物资的盘盈、盘亏和毁损。“待处理财产损溢”账户的基本结构如图7.1所示。

借方　　　　待处理财产损溢	贷方
①待处理财产盘亏金额 ②根据批准的处理意见结转待处理财产盘盈数	①待处理财产盘盈金额 ②根据批准的处理意见结转待处理财产盘亏数

图7.1　待处理财产损溢

2. 财产清查结果处理的步骤

（1）审批之前的处理

根据“清查结果报告表”、“盘点报告表”等已经查实的数据资料，编制记账凭证，记入有关账簿，使账簿记录与实际盘存数相符，同时根据企业的管理权限，将处理建议报股东大会或董事会，或经理（厂长）会议或类似机构批准。

（2）审批之后的处理

根据审批的意见，进行差异处理，调整账项，《企业会计准则》对不同资产清查结果的处理都进行了规定，本书对存货、固定资产、库存现金的清查处理进行了详细的说明，见下文第（三）点。

【例题5·多选题】待处理财产损溢科目借方核算的内容有（　）。

A. 待处理财产盘亏金额

B. 待处理财产盘盈金额

C. 根据批准的处理意见结转待处理财产盘亏数

D. 根据批准的处理意见结转待处理财产盘盈数

【答案】AD

【例题6·判断题】财产清查结果应该根据审批意见进行差异处理，但不得调整账项。（　）

【答案】×

【解析】财产清查结果根据审批的意见，进行差异处理，根据“清查结果报告表”、“盘点报告表”等已经查实的数据资料，编制记账凭证，记入有关账簿，使账簿记录与实际盘存数相符，即可以调整账项。

（三）存货、固定资产、库存现金清查的处理及原则

企业的各项实物资产种类非常多，其中存货与固定资产的清查及相关的盘盈盘亏的处理是最为重要的内容，下面以表格的形式进行提炼讲解。

表 7.2　　财产清查账务处理

项目＼处理	批准前	批准后
存　货	①盘盈： 借：原材料等科目 　　贷：待处理财产损溢 ②盘亏： 借：待处理财产损溢 　　贷：原材料等科目 　　　　应交税费——应交增值税（进项税额转出）	①盘盈： 借：待处理财产损溢 　　贷：管理费用 ②盘亏： 借：管理费用（管理不善） 　　营业外支出（非常损失） 　　其他应收款（应收责任人、保险公司赔款） 　　贷：待处理财产损溢
固定资产	①盘盈： 借：固定资产 　　贷：以前年度损益调整 ②盘亏： 先将盘亏的固定资产账面价值转入“待处理财产损溢”科目中。 借：待处理财产损溢 　　累计折旧等 　　贷：固定资产	①盘盈： 盘盈的固定资产作为前期差错，通过“以前年度损益调整”科目核算，不用区分批准前批准后，在盘盈时做一笔分录： 借：固定资产 　　贷：以前年度损益调整 ②盘亏（盘亏净损失的处理）： 借：营业外支出 　　贷：待处理财产损溢
库存现金	①盘盈： 借：库存现金 　　贷：待处理财产损溢——待处理流动资产损溢 ②盘亏： 借：待处理财产损溢——待处理流动资产损溢 　　贷：库存现金	①盘盈： 借：待处理财产损溢——待处理流动资产损溢 　　贷：其他应付款（查明原因） 　　　　营业外收入（无法查明原因） ②盘亏： 借：管理费用（企业承担部分） 　　其他应收款（责任赔偿部分） 　　贷：待处理财产损溢——待处理流动资产损溢

如盘盈或盘亏的资产，在期末结账前尚未经批准的，在对外提供财务会计报告时应按上述规定进行处理，并在会计报表附注中作出说明；如果期后批准处理的金额与已处理的金额不一致，应按其差额调整会计报表相关项目的年初数。

【例题7·单选题】企业在存货清查中，发生盘盈的存货，按规定手续报经批准后，应计入(　)。

A. 营业外收入　　B. 管理费用

C. 其他业务收入　　D. 营业外支出

【答案】B

【解析】存货盘盈，经批准后应冲减管理费用。

【例题8·多选题】企业下列各项，会影响管理费用的有(　)。

A. 企业盘点库存现金，发生库存现金的盘亏

B. 存货盘点，发现存货盘亏，由管理不善造成的

C. 固定资产盘点，发现固定资产盘亏，盘亏的净损失

D. 库存现金盘点，发现库存现金溢余

【答案】AB

【解析】对于企业盘点库存现金，发生的库存现金盘亏应计入管理费用，发生的库存现金盘盈应计入营业外收入；对于存货盘亏因管理不善导致的应计入管理费用；对于固定资产盘亏净损失应计入营业外支出。

同步系统训练

一、单项选择题

1. 一般来说，在企业撤销、合并和改变隶属关系前，应对财产进行(　)。

A. 全面清查　　B. 局部清查

C. 实地盘点　　D. 定期清查

2. 对于大量堆积的煤炭清查，一般采用(　)法进行清查。

A. 实地盘点　　B. 抽查检验

C. 技术推算　　D. 发函询证

3. 下列记录可以作为调整账面数字的原始凭证的是(　)。

A. 盘存单　　B. 实存账存对比表

C. 银行存款余额调节表　　D. 往来款项对账单

4. 月末企业银行存款日记账余额为 180 000 元，银行对账单余额为170 000元，经过未达账项调节后的余额为 160 000 元，则对账日企业可以动用的银行存款实有数额为(　)元。

A. 180 000　　B. 160 000

C. 170 000　　D. 不能确定

5. 以下项目中不是财产清查一般程序的是(　)。

A. 清查前的准备工作　　B. 账项核对和实地盘点

C. 填制盘存单　　D. 复查报告

6. 在财产清查中发现盘亏一台设备，其账面原值为 80 000 元，已提折旧 20 000 元，则该企业记入“待处理财产损溢”账户的金额为(　)元。

A. 80 000　　B. 20 000

C. 60 000　　D. 100 000

7. 银行存款余额调节表中调节后的余额是(　)。

A. 银行存款账面余额

B. 对账单余额与日记账余额的平均数

C. 对账日企业可以动用的银行存款实有数额

D. 银行方面的账面余额

8. “待处理财产损溢”账户未转销的借方余额表示(　)。

A. 等待处理的财产盘盈

B. 等待处理的财产盘亏

C. 尚待批准处理的财产盘盈数大于尚待批准处理的财产盘亏和毁损数的差额

D. 尚待批准处理的财产盘盈数小于尚待批准处理的财产盘亏和毁损数的差额

9. 盘盈的固定资产，一般应计入(　)账户。

A. 本年利润　　B. 以前年度损益调整

C. 投资收益　　D. 其他业务收入

10. 对盘亏的固定资产净损失经批准后应记入(　)账户的借方。

A. 制造费用　　B. 生产成本

C. 营业外支出　　D. 管理费用

11. 对银行存款进行清查时，应将(　)与银行对账单逐笔核对。

A. 银行存款总账　　B. 银行存款日记账

C. 库存现金总账　　D. 现金日记账

12. 出纳人员每天工作结束前都要将现金日记账结清并与库存现金实存数核对，这属于(　)。

A. 账账核对　　B. 账证核对

C. 账实核对　　D. 账表核对

13. 库存现金清查中对无法查明原因的长款，经批准应记入(　)。

A. 其他应收款　　B. 其他应付款

C. 营业外收入　　D. 管理费用

14. 财产清查是用来检查(　)的一种专门方法。

A. 账实是否相符　　B. 账账是否相符

C. 账表是否相符　　D. 账证是否相符

15. 某企业在遭受洪灾后，对其受损的财产物资进行的清查，属于(　)。

A. 局部清查和定期清查　　B. 全面清查和定期清查

C. 局部清查和不定期清查　　D. 全面清查和不定期清查

16. 以下情况中，宜采用局部清查的是(　)。

A. 年终决算前进行的清查

B. 企业清产核资时进行的清查

C. 企业更换存货保管人员时

D. 企业改组为股份制企业前进行清查

17. 企业12月31日银行存款日记账的余额为150 000元，经逐笔核对，未达账项如下：银行已收，企业未收的92 000元；银行已付，企业未付的2 000元。调整后的企业银行存款余额应为(　)元。

A. 240 000　　B. 60 000

C. 56 000　　D. 244 000

18. 某企业本期期末盘亏原材料原因已经查明，属于自然损耗，经批准后，会计人员应编制的会计分录为(　)。

A. 借：待处理财产损溢
　　贷：原材料

B. 借：待处理财产损溢
　　贷：管理费用

C. 借：管理费用
　　贷：待处理财产损溢

D. 借：营业外支出
　　贷：待处理财产损溢

19. 在财产清查中，实物盘点的结果应如实登记在(　)。

A. 盘存单　　B. 账存实存对比表

C. 对账单　　D. 盘盈盘亏报告表

20. 下列各项中，采用与对方核对账目的方法清查的是(　)。

A. 固定资产　　B. 存货

C. 库存现金　　D. 往来款项

21. 在企业与银行双方记账无误的情况下，银行存款日记账与银行对账单余额不一致是由于有(　)存在。

A. 应收账款　　B. 应付账款

C. 未达账项　　D. 其他货币资金

22. 银行对账单余额为56 000元，调整前企业已收、银行未收的款项为2 000元，银行已收、企业未收款项为1 200元，企业已付、银行未付款项为 3 000 元。则调整后银行存款余额为( )元。

A. 56 200　　B. 55 000

C. 58 000　　D. 51 200

23. 某企业本期发生的原材料盘亏现查明原因，属于自然灾害导致，经批准后，会计人员应编制的会计分录为( )。

A. 借：待处理财产损溢
　　贷：原材料

B. 借：待处理财产损溢
　　贷：管理费用

C. 借：管理费用
　　贷：待处理财产损溢

D. 借：营业外支出
　　贷：待处理财产损溢

24. 更换出纳人员，应对其保管的库存现金进行清查，这种财产清查属于( )。

A. 全面清查和定期清查　　B. 局部清查和不定期清查

C. 全面清查和不定期清查　　D. 局部清查和定期清查

25. 单位主要负责人调离工作前进行的财产清查，应属于( )。

A. 重点清查　　B. 全面清查

C. 局部清查　　D. 定期清查

26. 对于应收账款进行清查应采用的方法是( )。

A. 技术推算法　　B. 实地盘点法

C. 发函询证法　　D. 抽查法

27. 对原材料、库存商品盘点后应编制( )。

A. 实存账存对比表　　B. 盘存单

C. 余额调节表　　D. 对账单

28. 库存现金清查盘点时，( )必须在场。

A. 记账人员　　B. 出纳人员

C. 单位领导　　　　D. 会计主管

29. 单位撤销、合并所进行的清查按时间分类，属于(　)。

A. 全面清查　　　　B. 局部清查

C. 定期清查　　　　D. 不定期清查

30. 对企业与其开户银行之间的未达账项，进行账务处理的时间是(　)。

A. 编好银行存款余额调节表时

B. 查明未达账项时

C. 收到银行对账单时

D. 实际收到有关结算凭证时

31. 下列项目中，清查时应采用实地盘点法的是(　)。

A. 应收账款　　　　B. 应付账款

C. 银行存款　　　　D. 固定资产

32. 库存现金盘点时发现短缺，则应借记的会计科目是(　)。

A. 库存现金　　　　B. 其他应付款

C. 待处理财产损溢　　　　D. 其他应收款

33. 对库存现金的清查应采用的方法是(　)。

A. 实地盘点法　　　　B. 技术推算法

C. 倒挤法　　　　D. 抽查法

二、多项选择题

1. 银行存款日记账余额与银行对账单余额不一致，原因可能有(　)。

A. 银行存款日记账记账有误

B. 银行记账有误

C. 存在未达账项

D. 存在企业与银行均未付的款项

2. 出纳人员每天工作结束前都要将现金日记账结清并与库存现金实存数核对，这属于(　)。

A. 定期清查　　　　B. 不定期清查

C. 全面清查　　D. 局部清查

3. 下列各项中，企业应对其财产进行全面清查的有（　）。

A. 年终决算前　　B. 企业进行股份制改造前

C. 更换仓库保管员　　D. 开展全面的资产评估前

4. 下列记录中可以作为调整账面金额的原始凭证有（　）。

A. 盘存单　　B. 实存账存对比表

C. 银行存款余额调节表　　D. 现金盘点报告表

5. 对于盘亏、毁损的存货，经批准后进行账务处理时，可能涉及的借方科目有（　）。

A. 其他应收款　　B. 营业外支出

C. 管理费用　　D. 原材料

6. 下列各项中，宜采用发函询证方法清查的有（　）。

A. 应收账款　　B. 应付账款

C. 存货　　D. 预付账款

7. 由于仓库保管员变动对其保管的全部存货进行盘点属于（　）。

A. 定期清查　　B. 不定期清查

C. 全面清查　　D. 局部清查

8. 下列各项中，需要对财产物资进行不定期局部清查的有（　）。

A. 库存现金、财产物资保管人员更换时

B. 企业变更隶属关系前

C. 发生自然灾害造成部分财产物资损失时

D. 企业进行清产核资时

9. 下列业务中需要通过“待处理财产损溢”账户核算的有（　）。

A. 库存现金丢失　　B. 原材料盘亏

C. 发现账外固定资产　　D. 应收账款无法收回

10. 与“待处理财产损溢”科目借方发生额有对应关系的账户可能有（　）。

A. 原材料　　B. 固定资产

C. 应收账款　　D. 库存商品

11. 下列未达账项中，使企业银行存款日记账的余额小于银行对账单余额的未达账项有（ ）。

A. 企业已收款记账而银行尚未收款记账

B. 企业已付款记账而银行尚未付款记账

C. 银行已收款记账而企业尚未收款记账

D. 银行已付款记账而企业尚未付款记账

12. 财产清查按清查的时间可分为（ ）。

A. 定期清查　　B. 不定期清查

C. 全面清查　　D. 局部清查

13. 财产清查按清查范围可分为（ ）。

A. 定期清查　　B. 不定期清查

C. 全面清查　　D. 局部清查

14. “待处理财产损溢”账户借方登记的有（ ）。

A. 等待批准处理的财产盘亏、毁损

B. 经批准转销的财产盘亏、毁损

C. 等待批准处理的财产盘盈

D. 经批准转销的财产盘盈

15. 下列各项中，应该对财产进行不定期清查的有（ ）。

A. 发现库存现金被盗　　B. 与其他企业合并前

C. 年终决算前　　D. 自然灾害造成部分财产损失

16. 假设不存在记账错误，关于银行存款余额调节表，下列说法正确的有（ ）。

A. 调节后的余额表示企业可以实际动用的银行存款数额

B. 该表是通知银行更正错误的依据

C. 不能够作为调整本单位银行存款日记账记录的原始凭证

D. 是更正本单位银行存数日记账记录的依据

17. 企业实行经营租赁时，为核实自有资产，分清责任所进行的财产清查，属于（ ）。

A. 全面清查　　B. 局部清查

C. 定期清查　　D. 不定期清查

18. 下列各项中，可能造成账实不符的有（　）。

A. 财产收发计量或检验不准

B. 管理不善

C. 未达账项

D. 账簿记录发生差错

19. 财产清查的意义有（　）。

A. 确保会计资料真实可靠

B. 保护财产物资的安全完整

C. 提高资金使用效能

D. 建立健全规章制度，提高企业管理水平

20. 单位年终决算前进行的清查属于（　）。

A. 全面清查　　B. 局部清查

C. 定期清查　　D. 不定期清查

21. 企业编制银行存款余额调节表，在调整银行存款日记账余额时，应考虑的情况有（　）。

A. 企业已收银行未收　　B. 银行已收企业未收

C. 银行已付企业未付　　D. 企业已付银行未付

22. 常用的实物资产的清查方法包括（　）。

A. 技术推算法　　B. 实地盘点法

C. 发函询证法　　D. 账目核对法

23. 下列情形中，需要进行全面清查的有（　）。

A. 单位进行撤销前　　B. 对外投资时

C. 开展清产核资时　　D. 单位主要负责人调离前

24. 财产清查结果的处理要求包括（　）。

A. 查明盘盈盘亏产生的原因

B. 建立和健全财产管理制度

C. 积极处理积压物资

D. 对财产盘盈盘亏做出账务处理

三、判断题

1. 从财产清查的对象和范围看，全面清查只有在年终进行。（ ）
2. 经批准转销固定资产盘亏净损失时，账务处理应借记“营业外支出”账户，贷记“固定资产清理”账户。（ ）
3. 企业对于与外部单位往来款项的清查，一般采取编制对账单寄送给对方单位的方式进行，因此属于账账核对。（ ）
4. 银行存款余额调节表只是为了核对账目，并不能作为调整银行存款账面余额的原始凭证。（ ）
5. 库存现金的清查包括出纳人员每日的清点核对和清查小组定期和不定期的清查。（ ）
6. 对仓库中的所有存货进行盘点属于全面清查。（ ）
7. 账实不符是财产管理不善或会计人员水平不高的结果。（ ）
8. 存货盘亏的净损失一律记入“管理费用”科目。（ ）
9. 财产清查中，对于银行存款．各种往来款项至少每月与银行或有关单位核对一次。（ ）
10. 对银行存款进行清查时，如果存在账实不符现象，肯定是由未达账项引起的。（ ）
11. 实物盘点后，应根据“实存账存对比表”作为调整账面余额记录的原始依据。（ ）
12. 财产定期清查一般不在期末进行。（ ）
13. 盘点实物时，发现账面数大于实存数，即为盘盈。（ ）
14. 对存放的大宗物资的清查应采用技术推算法进行盘点，确定其实存数。（ ）
15. 未达账项仅仅是指企业未收到凭证而未入账的款项。（ ）
16. 对应付账款应采用发函询证法进行清查。（ ）
17. 全面清查是对企业所有财产物资进行全面的盘点和核对，包括各种在途材料，委托外单位加工、保管的材料。（ ）
18. 单位撤销、合并或改变隶属关系前、更换财产物资保管人员时，需要进行全面清查。（ ）

19. 库存现金清查包括出纳人员每日终了前进行的库存现金账款核对和清查小组进行的定期或不定期的现金盘点、核对。清查小组清查时，出纳人员可以不在场。（ ）
20. 企业的银行存款日记账与银行对账单所反映的内容是相同的，都是反映企业银行存款的增减变动情况。（ ）
21. 银行已经付款记账而企业尚未付款记账，会使企业银行存款日记账账面余额小于银行对账单的账面余额。（ ）
22. 转销已批准处理的财产盘盈数登记在“待处理财产损溢”账户的贷方。（ ）
23. 对于盘盈或盘亏的财产物资，需在期末结账前处理完毕，如在期末结账前尚未经批准处理的，等批准后进行处理。（ ）
24. 技术推算法是指利用技术方法推算财产物资账存数的方法。（ ）

四、简答题

1. 简述未达账项的几种情况。
2. 简述财产清查的意义。

五、计算题

1. 某增值税一般纳税企业因暴雨毁损库存材料一批，该批原材料实际成本为 20 000 元，收回残料价值 800 元，保险公司应赔偿 11 600元。假定不考虑增值税。

要求：(1) 编制批准处理前该企业的相关会计分录。

(2) 编制批准处理后该企业的相关会计分录。

2. 某企业 2010 年 5 月 31 日银行存款日记账余额 238 000 元，银行对账单余额 243 000 元。经逐笔核对，发现有以下四笔未达账项：

(1) 企业偿还 A 公司货款 25 000 元已登记入账，但银行尚未登记入账；

(2) 企业收到销售商品款 35 100 元已登记入账，但银行尚未登记入账；

(3) 银行已划转电费 4 900 元登记入账，但企业尚未收到付款通知单、未登记入账；

(4) 银行已收到外地汇入货款20 000元登记入账，但企业尚未收到收款通知单、未登记入账。

要求：根据上述资料，填制该企业2010年5月31日的银行存款余额调节表。

银行存款余额调节表

2010年5月31日　　　　单位：元

项　目	金额	项　目	金额
银行存款日记账余额		银行对账单余额	
加：银行已收、企业未收款		加：企业已收、银行未收款	
减：银行已付、企业未付款		减：企业已付、银行未付款	
调节后余额		调节后余额	

3. 某企业年末进行财产清查，清查结果如下：

(1) 库存现金溢余500元，无法查明原因。

(2) 盘亏材料10 000元，可以收回的保险赔偿和过失人赔款合计5 000元，剩余的净损失中有3 000元属于非常损失，2 000元属于自然损耗。

(3) 发现设备短缺一台，账面原价5 000元，已计提折旧1 000元。

要求：编制上述业务批准处理前后的相关会计分录。

同步系统训练参考答案及解析

一、单项选择题

1. A

2. C

【解析】技术推算法是指利用技术方法推算财产物资实存数的方法，适用于煤炭、矿石等大宗物资的清查。

3. B

【解析】对各项财产物资的盘点结果，应逐一填制盘存单，并同账面余额记录核对，确认盘盈盘亏数，填制实存账存对比表，作为调整账面记录的原始凭证；盘存单不能作为调整账面数字的原始凭证；银行存款余额调节表只是为核对银行存款余额而编制的一个工作底稿，不能作为实际记账的原始凭证；往来款项对账单也不能作为实际记账的原始凭证。

4. B

【解析】经过银行存款余额调节表调节后的银行存款余额为企业实际可使用的存款数额。

5. D

【解析】财产清查不用复查，所以不用编制复查报告。

6. C

【解析】应记入“待处理财产损溢”的金额为固定资产的账面价值，即80 000－20 000＝60 000（元），账务处理如下：

借：待处理财产损溢	60 000
累计折旧	20 000
贷：固定资产	80 000

7. C

8. D

【解析】“待处理财产损溢”账户借方登记财产盘亏和毁损数的账面价值，贷方登记盘盈财产的账面价值，未转销的借方余额表示尚待批准的财产盘盈数小于尚待批准处理的财产盘亏和毁损数的差额。

9. B

【解析】固定资产盘盈属于会计差错，应当记入“以前年度损益调整”账户。

10. C

【解析】对于固定资产盘亏净损失批准处理后，应借记“营业外支出”账户，贷记“待处理财产损溢”账户。

11. B

【解析】清查银行存款时，要求企业的银行存款日记账与银行定期送来的对账单进行逐笔核对，以查明账实是否相符。

12. C

13. C

14. A

【解析】财产清查是指通过对货币资金、实物资产和往来款项的盘点或核对，确定其实存数，查明账存数与实存数是否相符的一种专门方法。

15. C

【解析】发生自然灾害或意外损失，对受损财产物资的清查，属于局部清查和不定期清查。

16. C

【解析】企业在年终决算之前、清产核资时以及企业股份制改造前都应当进行全面清查。

17. A

【解析】调整后的企业银行存款余额＝银行存款日记账的余额150 000＋银行已收企业未收92 000－银行已付企业未付2 000＝240 000（元）。

18. C

【解析】期末盘亏原材料时：

借：待处理财产损溢

　　贷：原材料

盘亏原材料报经批准后，属于自然损耗的：

借：管理费用

　　贷：待处理财产损溢

19. A

【解析】在财产清查中，根据实物盘点的结果应逐一填制盘存单，并同账面余额记录核对，确认盘盈盘亏数，填制实存账存对比表，作为调整账面记录的原始凭证。

20. D

【解析】往来款项的清查一般采用发函询证的方法进行核对，即采用与对方核对账目的方法来清查。

21. C

【解析】银行存款日记账与开户银行转来的对账单余额不一致的原因有两方面：一是双方或一方记账有错误；二是存在未达账项。

22. B

【解析】调整后的银行存款余额＝银行对账单余额 56 000＋企业已收银行未收的款项 2 000－企业已付银行未付款项3 000＝55 000（元）。

23. D

【解析】原材料盘亏时：

借：待处理财产损溢

　　贷：原材料

盘亏原材料报经批准后，属于自然灾害导致的：

借：营业外支出

　　贷：待处理财产损溢

24. B

【解析】更换财产物资保管人员进行的有关财产物资的清查属于局部清查和不定期清查。

25. B

【解析】单位主要负责人调离工作前进行的财产清查属于全面清查和不定期清查。

26. C

【解析】应收账款属于往来款项，其清查一般采用发函询证的方法进行核对。

27. B

【解析】对于原材料、库存商品等实物盘点的结果，应逐一填制盘存单。

28. B

【解析】库存现金清查时，出纳人员必须在场，库存现金由出纳人员经手盘点，清查人员从旁监督。

29. D

【解析】单位撤销、合并所进行的清查是根据实际需要对财产物资所进行的临时性清查，因此，按时间分类，属于不定期清查。

30. D

【解析】双方银行存款余额调节相符后，对未达账项一般暂不作账务处理，不能根据银行存款余额调节表来编制会计分录，而应在实际收到有关结算凭证时才能入账。

31. D

【解析】应收账款和应付账款属于往来款项，采用发函询证的方法进行核对；银行存款采用将企业的银行存款日记账和银行定期送来的对账单进行逐笔核对来清查；固定资产采用实地盘点法来清查。

32. C

【解析】库存现金盘点时发现短缺，应编制如下分录：

借：待处理财产损溢

　　贷：库存现金

33. A

【解析】为了确定库存现金实际的结存数量，所以对库存现金的清查应采用实地盘点法。

二、多项选择题

1. ABC

【解析】银行存款日记账与开户银行转来的对账单余额不一致的原因有两方面：一是双方或一方记账有错误；二是存在未达账

项。因此，选项 A、B、C 三种情况都有可能会导致银行存款日记账与银行对账单余额不一致，应选择 ABC。

2. AD

【解析】每天均进行清查工作属于定期清查，所以选项 A 正确；本题只涉及对库存现金的清查，只是企业一项资产，属于局部清查，所以选项 D 正确。

3. ABD

【解析】企业需要进行全面清查的情况主要有：年终决算之前；单位撤销、合并或改变隶属关系前；中外合资、国内联营前；企业股份制改制前；开展全面的资产评估、清产核资前；单位主要负责人调离工作前等，因此应选择 ABD。

4. BD

【解析】现金清查结束后，应填写"现金盘点报告表"，并据以调整现金日记账的账面记录；根据盘存单填制的实存账存对比表，可以作为调整账面记录的原始凭证。

5. ABCD

【解析】盘亏、毁损的存货报经批准后处理时：先将残料价值、可收回的保险赔偿和过失人赔偿，借记"原材料"、"其他应收款"等科目；剩余净损失中，属于非常损失部分，借记"营业外支出"科目；属于一般经营损失部分，借记"管理费用"科目；贷记"待处理财产损溢"科目。

6. ABD

【解析】往来款项的清查采用发函询证的方法进行核对，往来款项主要包括应收账款、应付账款、预付账款、预收账款等。

7. BD

8. AC

【解析】不定期清查和局部清查的情况，如更换财产物资保管人员进行的有关财产物资的清查、发生自然灾害等非常损失进行的受损财产物资的清查、有关部门进行的临时性检查等。企业进行清产核资和变更隶属关系前应进行全面清查。

9. AB

【解析】库存现金、原材料盘亏应当通过“待处理财产损溢”账户核算，发现账外固定资产按照新准则属于会计差错，应当通过“以前年度损益调整”科目核算，应收账款无法收回通过“坏账准备”科目核算。

10. ABD

【解析】对于原材料、固定资产、库存商品盘亏应借记“待处理财产损溢”科目，贷记“原材料”、“固定资产”、“库存商品”等科目。

11. BC

12. AB

13. CD

14. AD

【解析】“待处理财产损溢”账户借方登记的是待批准处理的财产盘亏、毁损和经批准转销的财产盘盈，贷方登记的是待批准处理的财产盘盈和经批准转销的财产盘亏、毁损。

15. ABD

【解析】选项 C 属于定期清查。

16. AC

【解析】银行存款余额调节表只是为核对银行存款余额而编制的一个工作底稿，不能作为实际记账的凭证。因此，选项 B 和选项 D 是不正确的。

17. AD

【解析】企业实行经营租赁时，为核实自有资产，分清责任所进行的物资清查属于全面和不定期清查。

18. ABCD

【解析】造成账实不符的原因是多方面的，如财产物资保管过程中发生的自然损耗；财产收发过程中由于计量或检验不准，造成多收或少收的差错；由于管理不善、制度不严造成的财产损坏、丢失、被盗；在账簿记录中发生的重记、漏记、错记；由于有关原始凭证未到，形成未达账项，造成双方账实不符；发生自然灾害等。

19. ABCD

20. AC

【解析】单位年终决算前进行的清查属于全面清查和定期清查。

21. BC

【解析】企业编制银行存款余额调节表，在调整银行存款日记账余额时，调节后的银行存款余额＝企业银行存款日记账余额＋银行已收企业未收款项－银行已付企业未付款项，因此，应选择 BC。

22. AB

【解析】常用的对实物资产的清查方法包括实地盘点法和技术推算法。

23. ACD

【解析】企业需要进行全面清查的情况主要有：年终决算之前；单位撤销、合并或改变隶属关系前；中外合资、国内联营前；企业股份制改造前；开展全面的资产评估、清产核资前；单位主要负责人调离工作前等。因此应选择 ACD。

24. ABCD

【解析】财产清查结果的处理要求有：（1）分析账实不符的原因和性质，提出处理建议；（2）积极处理多余积压财产，清理往来款项；（3）总结经验教训，建立健全各项管理制度；（4）及时调整账簿记录，保证账实相符。

三、判断题

1. ×

【解析】全面清查有可能在年终进行，也有可能是不定期的。

2. ×

【解析】经批准转销固定资产盘亏净损失时，借记“营业外支出”账户，贷记“待处理财产损溢”账户。

3. ×

【解析】企业对于与外部单位往来款项的清查，一般采取编制对账单寄送给对方单位的方式进行，这属于询证核对，不是账账核对。

4. √

5. √

6. ×

【解析】全面清查是指对企业全部财产进行盘点与核对，对仓库中的所有存货进行盘点属于局部清查。

7. ×

【解析】造成账实不符的原因是多方面的，如财产物资保管过程中发生的自然损耗；财产收发过程中由于计量或检验不准，造成多收或少收的差错；由于管理不善、制度不严造成的财产损坏、丢失、被盗；在账簿记录中发生的重记、漏记、错记；由于有关原始凭证未到，形成未达账项，造成双方账实不符；以及发生自然灾害等。因此，账实不符并不仅仅是财产管理不善或会计人员水平不高的结果。

8. ×

【解析】存货盘亏的净损失，属于非常损失的部分，记入“营业外支出”科目；属于一般经营损失的部分，记入“管理费用”科目。

9. ×

【解析】对于银行存款至少每月与银行核对一次，对于往来款项不一定每月都需要与有关单位核对，视具体情况而定。

10. ×

【解析】银行存款账实不符的原因有两方面：一是双方或一方记账有差错；二是存在未达账项。

11. √

12. ×

【解析】定期清查一般在期末进行，它可以是全面清查，也可以是局部清查。

13. ×

【解析】盘点实物时，发现账面数大于实存数，为盘亏。

14. √

15. ×

【解析】未达账项是指企业与银行之间，由于凭证传递上的时间差，一方已登记入账，而另一方因尚未收到凭证而未登记入账的款项。

16. √

17. √

18. ×

【解析】单位撤销、合并或改变隶属关系前需要进行全面清查，更换财产物资保管人员时只需要进行局部清查。

19. ×

【解析】库存现金的清查包括出纳人员每日清点库存现金实有数的清查和清查小组对库存现金的定期和不定期清查。清查小组清查时，出纳人员必须在场，库存现金由出纳人员经手盘点，清查人员从旁监督。

20. √

21. ×

【解析】银行已经付款记账而企业尚未付款记账，会使企业银行存款日记账账面余额大于银行对账单的账面余额。

22. ×

【解析】转销已批准处理的财产盘盈数登记在“待处理财产损溢”账户的借方。

23. ×

【解析】对于盘盈或盘亏的财产物资，需在期末结账前处理完毕，如在期末结账前尚未经批准处理的，必须进行处理。

24. ×

【解析】技术推算法是指利用技术方法推算财产物资实存数的方法。

四、简答题

1. 【答案】

未达账项有以下几种情况：

（1）企业已收款入账，银行尚未收款入账；

（2）企业已付款入账，银行尚未付款入账；

（3）银行已收款入账，企业尚未收款入账；

（4）银行已付款入账，企业尚未付款入账。

2. 【答案】

加强财产清查工作，对于加强企业管理、充分发挥会计的监督作用具有重要意义：

（1）通过财产清查，可以查明各项财产物资的实有数量，确定实有数量与账面数量之间的差异，查明原因和责任，以便采取有效措施，消除差异，改进工作，从而保证账实相符，提高会计资料的准确性；

（2）通过财产清查，可以查明各项财产物资的保管情况是否良好，有无因管理不善，造成霉烂、变质、损失浪费，或者被非法挪用、贪污盗窃的情况，以便采取有效措施，改善管理，切实保障各项财产物资的安全完整；

（3）通过财产清查，可以查明各项财产物资的库存和使用情况，合理安排生产经营活动，充分利用各项财产物资，加速资金周转，提高资金使用效果。

五、计算题

1. 【答案】

（1）批准处理前：

借：待处理财产损溢 20 000

　　贷：原材料 20 000

(2) 批准处理后：

借：原材料　　800

　　贷：待处理财产损溢　　800

借：其他应收款　　11 600

　　贷：待处理财产损溢　　11 600

借：营业外支出　　7 600

　　贷：待处理财产损溢　　7 600

(或合并上述三笔分录)

借：原材料　　800

　　其他应收款　　11 600

　　营业外支出　　7 600

　　贷：待处理财产损溢　　20 000

2.【答案】

银行存款余额调节表

2010 年 5 月 31 日　　单位：元

项　目	金额	项　目	金额
银行存款日记账余额	238 000	银行对账单余额	243 000
加：银行已收、企业未收款	20 000	加：企业已收、银行未收款	35 100
减：银行已付、企业未付款	4 900	减：企业已付、银行未付款	25 000
调节后余额	253 100	调节后余额	253 100

3.【答案】

(1) 库存现金清查：

①批准处理之前：

借：库存现金　　500

　　贷：待处理财产损溢　　500

②批准处理之后：

借：待处理财产损溢　　500

　　贷：营业外收入　　500

（2）原材料清查：

① 批准处理之前：

	借方	贷方
借：待处理财产损溢	10 000	
贷：原材料		10 000

② 批准处理之后：

	借方	贷方
借：其他应收款	5 000	
营业外支出	3 000	
管理费用	2 000	
贷：待处理财产损溢		10 000

（3）固定资产清查：

① 批准处理之前：

	借方	贷方
借：待处理财产损溢	4 000	
累计折旧	1 000	
贷：固定资产		5 000

② 批准处理之后：

	借方	贷方
借：营业外支出	4 000	
贷：待处理财产损溢		4 000

第 8 章 财务会计报告

考情分析

在学习本章内容时，考生应重点掌握财务会计报告的构成、资产负债表和利润表的概念、内容及编制等。主要从客观题角度来把握。

本章主要考点

（一）财务会计报告的概念
（二）财务会计报告的编制要求
（三）资产负债表的概念及格式
（四）利润表的概念及格式

本章基本内容框架

- 财务会计报告
  - 财务会计报告概述
    - 财务会计报告的概念和作用
    - 财务会计报告的构成
    - 财务会计报告的编制要求
    - 财务会计报告编制前的准备工作
  - 资产负债表
    - 资产负债表的概念和意义
    - 资产负债表的格式
    - 资产负债表编制的基本方法
  - 利润表
    - 利润表的概念和意义
    - 利润表的格式
    - 利润表编制的基本方法
  - 现金流量表
    - 现金流量表概述
    - 现金流量表的结构
  - 附注

重点、难点讲解及典型例题

一、财务会计报告概述

（一）财务会计报告的概念

财务会计报告，是指企业对外提供的反映企业某一特定日期财务状况和某一会计期间经营成果、现金流量等会计信息的文件。它是企业根据日常的会计核算资料归集、加工和汇总后形成的，是企业会计核算的最终成果。财务会计报告包括财务报表和其他应当在财务会计报告中披露的相关信息和资料。

（二）财务会计报告的构成及财务报表的分类

1. 财务会计报告的构成

财务会计报告包括财务报表和其他应当在财务会计报告中披露的相关信息和资料。

《企业会计准则》规定，一套完整的财务报表至少应当包括：

（1）资产负债表；

（2）利润表；

（3）现金流量表；

（4）所有者权益变动表；

（5）附注。

【注意】小企业编制的财务报表可以不包括现金流量表。

2. 财务报表的分类

- 财务报表的分类
  - 按反映的内容分类
    - 静态报表
    - 动态报表
  - 按服务对象分类
    - 内部报表
    - 外部报表
  - 按编制时间分类
    - 月报
    - 季报
    - 半年报
    - 年报
  - 按编制主体分类
    - 个别财务报表
    - 合并财务报表

【例题1·多选题】年度财务会计报告应当包括（ ）。

A. 资产负债表　　B. 附注

C. 所有者权益变动表　　D. 现金流量表

【答案】ABCD

【解析】年度财务会计报告应当包括会计报表和附注，其中，会计报表中包括资产负债表、利润表、现金流量表和所有者权益变动表，所以，ABCD是正确答案。

【例题2·多选题】按编制时间分类可将财务报表分为（ ）。

A. 月报　　B. 季报　　C. 半年报　　D. 日报

【答案】ABC

【解析】财务报表按时间分类中没有日报。

（三）财务会计报告的编制要求

企业编制的财务会计报告应当符合下列要求：

（1）真实可靠；

（2）全面完整；

（3）编报及时；

（4）便于理解。

二、资产负债表

（一）资产负债表的概念、意义和内容

1. 资产负债表的概念

资产负债表是反映企业某一特定日期（如月末、季末、年末等）财务状况的会计报表。它是根据"资产＝负债＋所有者权益"这一会计等式，依照一定的分类标准和顺序，将企业在一定日期的全部资产、负债和所有者权益项目进行适当分类、汇总、排列后编制而成的。资产负债表是企业基本财务报表之一，是所有独立核算的企业单位都必须对外报送的财务报表。

2. 资产负债表的意义

资产负债表可以反映企业资产、负债和所有者权益的全貌。

通过编制资产负债表，可以反映企业资产的构成及其状况，分析企业在某一日期所拥有的经济资源及其分布情况；可以反映企业某一日期的负债总额及其结构，分析企业目前与未来需要支付的债务数额；可以反映企业所有者权益的情况，了解企业现有的投资者在企业资产总额中所占的份额。

通过对资产负债表项目金额及其相关比率的分析，可以帮助报表使用者全面了解企业的资产状况、盈利能力，分析企业的债务偿还能力，从而为未来的经济决策提供信息。例如，通过资产

负债表可以计算流动比率，以了解企业的短期偿债能力；还可以计算资产负债率，以了解企业偿付到期长期债务的能力。

3. 资产负债表的内容

资产负债表主要反映以下三方面的内容：

表 8.1　　资产负债表反映内容

分类		主要项目列举
资产	流动资产	货币资金、交易性金融资产、应收票据、应收账款、其他应收款、预付款项、存货、一年内到期的非流动资产、其他流动资产等
	非流动资产	可供出售金融资产、持有至到期投资、长期应收款、长期股权投资、投资性房地产、固定资产、在建工程、工程物资、固定资产清理等
负债	流动负债	应付账款、短期借款、交易性金融负债、应付票据、应付账款、预收款项、应付职工薪酬、应交税费、应付利息、应付股利、其他应付款、一年内到期的非流动负债、其他流动负债等
	非流动负债	长期借款、应付债券、长期应付款、预计负债、递延所得税负债、其他非流动负债等
所有者权益	实收资本或股本、资本公积、盈余公积、未分配利润	

【例题 3·多选题】 下列各项中，属于资产负债表项目的有(　)。

A. 营业成本　　B. 工程物资

C. 实收资本　　D. 未分配利润

【答案】 BCD

【解析】 营业成本属于企业的利润表项目。

(二) 资产负债表的格式

资产负债表的格式主要有账户式和报告式两种。根据我国《企业会计准则》的规定，我国企业的资产负债表采用账户式结构。

账户式资产负债表分左右两方，左方为资产项目，按资产的流动性大小排列：流动性大的资产如“货币资金”、“交易性金融资产”等排在前面，流动性小的资产如“长期股权投资”、“固定资产”等排在后面；右方为负债和所有者权益项目，一般按要求清偿时间的先后顺序排列：“短期借款”、“应付票据”等需要在一年以内或者长于一年的一个营业周期内偿还的流动负债排在前面，“长期借款”等在一年以上才需偿还的长期负债排在中间，在企业清算之前不需要偿还的所有者权益项目排在后面。账户式资产负债表中的资产各项目的合计等于负债和所有者权益各项目的合计，即资产负债表左方和右方平衡。因此，通过账户式资产负债表，可以反映资产、负债、所有者权益之间的内在关系，即“资产＝负债＋所有者权益”。

【例题4·判断题】企业的账户式资产负债表左侧资产项目是按金额大小排列的。（　）

【答案】×

【解析】资产负债表的资产项目是按流动性大小排列的。

（三）资产负债表编制的基本方法

我国企业资产负债表各项目数据的来源，主要通过以下几种方式取得：

表8.2　　资产负债表各项目数据来源

根据总账账户的余额直接填列	“交易性金融资产”、“递延所得税资产”、“短期借款”、“交易性金融负债”、“应付票据”、“应付职工薪酬”、“应交税费”、“递延所得税负债”、“预计负债”、“实收资本”、“资本公积”、“盈余公积”等项目	
根据总账账户余额计算填列	货币资金	根据“库存现金”、“银行存款”、“其他货币资金”科日余额的合计数填列

续表

<table>
<tr><td rowspan="4">根据明细账户余额计算填列</td><td>应收账款</td><td>根据“应收账款”和“预收账款”账户所属明细账借方余额之和减“坏账准备”中应收账款计提的部分的金额填列</td></tr>
<tr><td>预收款项</td><td>根据“应收账款”和“预收账款”账户所属明细账贷方余额之和填列</td></tr>
<tr><td>应付账款</td><td>根据“应付账款”和“预付账款”账户所属明细账贷方余额之和填列</td></tr>
<tr><td>预付款项</td><td>根据“应付账款”和“预付账款”账户所属明细账借方余额之和填列</td></tr>
<tr><td colspan="2" rowspan="2">根据总账余额和明细账余额计算填列</td><td>“长期应收款”和“长期待摊费用”项目</td></tr>
<tr><td>“长期借款”项目</td></tr>
<tr><td>综合运用上述填列方法分析填列</td><td>存货</td><td>根据“原材料”、“库存商品”、“委托加工物资”、“周转材料”、“材料采购”、“在途物资”、“发出商品”、“材料成本差异”等总账科目期末余额的分析汇总数，再减去“存货跌价准备”科目余额后的净额填列。</td></tr>
<tr><td colspan="2">根据实际需要结合资产负债表附注内容和有关备查账簿等的记录分析填列</td><td>“应收账款”、“存货”、“固定资产”、“无形资产”、等项目</td></tr>
</table>

【例题5·单选题】某企业会计年度的期末应收账款所属明细账户借方余额之和为500 800元，所属明细账户贷方余额之和为9 800元，总账为借方余额491 000元。不考虑其他因素，则在当期资产负债表“应收账款”项目所填列的金额为(　)元。

A. 500 800　　B. 9 800　　C. 491 000　　D. 510 600

【答案】A

【解析】该题中“应收账款”项目所填列的数额＝应收账款所属明细账户借方余额之和＝500 800（元）。

三、利润表

（一）利润表的概念和意义

1. 利润表的概念

利润表是反映企业在一定会计期间经营成果的会计报表。

2. 利润表的意义

由于利润既是企业经营业绩的综合体现，又是企业进行利润分配的主要依据，因此，利润表是财务报表中的一张基本报表，其意义体现在：

（1）通过利润表可以从总体上了解企业收入、成本、费用、净利润（或亏损）的实现及构成情况；

（2）通过利润表提供的不同时期的比较数字（本月数、本年累计数、上年数），可以分析企业的获利能力及利润的未来发展趋势；

（3）通过利润表，可以了解投资者投入资本的保值增值情况，评价企业经营业绩。

（二）利润表的格式

利润表分为单步式和多步式，我国使用的是多步式利润表。企业可以分如下三个步骤编制利润表：

（1）以营业收入为基础，计算营业利润。营业利润＝营业收入－营业成本－营业税金及附加－销售费用－管理费用－财务费用－资产减值损失＋公允价值变动收益（－公允价值变动损失）＋投资收益（－投资损失）；

（2）以营业利润为基础，计算利润总额。利润总额＝营业利润＋营业外收入－营业外支出；

（3）以利润总额为基础，计算净利润。净利润＝利润总额－所得税费用。

（三）利润表编制的基本方法

1. 上期金额的填列方法

利润表“上期金额”栏内各项金额，应根据上年度利润表“本期金额”栏内所列金额填列。

2. 本期金额的填列方法

利润表“本期金额”栏内各项金额，除“每股收益”项目外，应当按相关科目的发生额分析填列，如：“营业收入”项目，根据

“主营业务收入”、“其他业务收入”科目的发生额分析计算填列；“营业成本”项目，根据“主营业务成本”、“其他业务成本”科目的发生额分析计算填列，其他项目讲解略。

【例题6·多选题】下列选项正确的有（ ）。

A. 净利润=利润总额-所得税费用

B. 营业利润=营业收入-营业成本-营业税金及附加-销售费用-管理费用-财务费用-资产减值损失+公允价值变动收益+投资收益

C. 营业收入=主营业务收入+其他业务收入

D. 营业成本=主营业务成本+营业税金及附加

【答案】ABC

【解析】选项D中营业税金及附加不属于营业成本，企业的营业成本=主营业务成本+其他业务成本。

【例题7·单选题】企业本月利润表中的营业收入为450 000元，营业成本为216 000元，营业税金及附加为9 000元，管理费用为10 000元，财务费用为5 000元，销售费用为8 000元，则其营业利润为（ ）元。

A. 217 000　　B. 225 000

C. 234 000　　D. 202 000

【答案】D

【解析】营业利润=营业收入450 000-营业成本216 000-营业税金及附加9 000-管理费用10 000-财务费用5 000-销售费用8 000=202 000（元）

四、附注（了解）

附注是对在资产负债表、利润表、现金流量表和所有者权益变动表等报表中列示项目的文字描述或明细资料，以及对未能在这些报表中列示的项目的说明等。

根据企业会计准则规定，附注应当披露财务报表的编制基础，相关信息应当与资产负债表、利润表、现金流量表和所有者权益变动表等报表中列示的项目相互参照。

1. 附注一般应当包括以下内容：

（1）财务报表的编制基础；

（2）遵循企业会计准则的声明；

（3）重要会计政策的说明，包括财务报表项目的计量基础和会计政策的确定依据等；

（4）重要会计估计的说明，包括下一会计期间内很可能导致资产、负债账面价值重大调整的会计估计的确定依据等；

（5）会计政策和会计估计变更以及差错更正的说明；

（6）对已在资产负债表、利润表、现金流量表和所有者权益变动表中列示的重要项目的进一步说明；

（7）或有和承诺事项、资产负债表日后非调整事项、关联方关系及其交易等需要说明的事项。

2. 企业应当在附注中披露在资产负债表日后、财务报告批准报出日前提议或宣布发放的股利总额和每股股利金额（或向投资者分配的利润总额）。

下列各项未在与财务报表一起公布的其他信息中披露的，企业应当在附注中披露：

（1）企业注册地、组织形式和总部地址；

（2）企业的业务性质和主要经营活动；

（3）母公司以及集团最终母公司的名称。

【例题8·单选题】下列有关附注的说法，不正确的是（ ）。

A. 附注不属于财务会计报告的组成部分

B. 附注是对在财务报表中列示项目的描述或明细资料

C. 附注是对未能在财务报表中列示项目的说明

D. 附注是财务会计报告的组成部分

【答案】A

【解析】附注是对财务报表的补充与说明，也是企业财务会计报告的重要组成部分，因此选项A的说法是不正确的。

同步系统训练

一、单项选择题

1. 依照我国的会计准则，利润表采用的格式为( )。

A. 单步式　　B. 多步式

C. 账户式　　D. 混合式

2. 下列各项中，属于长期负债项目的是( )。

A. 应付票据　　B. 长期借款

C. 应付股利　　D. 应付职工薪酬

3. 依照我国的会计准则，资产负债表采用的格式为( )。

A. 单步报告式　　B. 多步报告式

C. 账户式　　D. 混合式

4. 资产负债表是反映企业( )财务状况的财务报表。

A. 某一特定日期　　B. 一定时期内

C. 某一年份内　　D. 某一月份内

5. 在下列各个财务报表中，属于企业对外提供的静态报表是( )。

A. 利润表　　B. 所有者权益变动表

C. 现金流量表　　D. 资产负债表

6. 某企业 2011 年 12 月 31 日编制的年度利润表中"本期金额"一栏反映了( )。

A. 12 月 31 日利润或亏损的形成情况

B. 12 月累计利润或亏损的形成情况

C. 本年度利润或亏损的形成情况

D. 第 4 季度利润或亏损的形成情况

7. "应收账款"科目所属明细科目如有贷方余额，应在资产负债表( )项目中反映。

A. 预付款项　　B. 预收款项

C. 应收账款　　D. 应付账款

8. 编制财务报表时，以“资产＝负债＋所有者权益”这一会计等式作为编制依据的财务报表是（　）。

A. 利润表　　B. 所有者权益变动表

C. 资产负债表　　D. 现金流量表

9. 编制财务报表时，以“收入－费用＝利润”这一会计等式作为编制依据的财务报表是（　）。

A. 利润表　　B. 所有者权益变动表

C. 资产负债表　　D. 现金流量表

10. 资产负债表中的各报表项目（　）。

A. 都按有关账户期末余额直接填列

B. 必须对账户发生额和余额进行分析计算才能填列

C. 应根据有关账户的发生额填列

D. 有的项目可以直接根据账户期末余额填列，有的项目需要根据有关账户期末余额计算分析填列

11. 某企业“应付账款”明细账期末余额情况如下：“应付账款——X 企业”贷方余额为 200 000 元，“应付账款——Y 企业”借方余额为 180 000 元，“应付账款——Z 企业”贷方余额为 300 000 元。假如该企业“预付账款”明细账均为借方余额。则根据以上数据计算的反映在资产负债表中的“应付账款”项目的金额为（　）元。

A. 680 000　　B. 320 000

C. 500 000　　D. 80 000

12. 下列各项中，属于直接根据总分类账户余额填列的资产负债表项目是（　）。

A. 应付票据　　B. 应收账款

C. 未分配利润　　D. 存货

13. 在资产负债表中，资产按照其流动性排列时，下列排列方法正确的是（　）。

A. 存货、无形资产、货币资金、交易性金融资产
B. 交易性金融资产、存货、无形资产、货币资金
C. 无形资产、货币资金、交易性金融资产、存货
D. 货币资金、交易性金融资产、存货、无形资产

14. 下列资产项目中，属于非流动资产项目的是（　）。
A. 应收票据　　B. 交易性金融资产
C. 长期待摊费用　　D. 存货

15. 资产负债表的下列项目中，需要根据几个总账科目的期末余额进行汇总填列的是（　）。
A. 应付职工薪酬　　B. 短期借款
C. 货币资金　　D. 资本公积

16. 资产负债表中所有者权益部分是按照（　）顺序排列的。
A. 实收资本、盈余公积、资本公积、未分配利润
B. 资本公积、实收资本、盈余公积、未分配利润
C. 资本公积、实收资本、未分配利润、盈余公积
D. 实收资本、资本公积、盈余公积、未分配利润

17. 下列各项中，不会影响营业利润金额的是（　）。
A. 资产减值损失　　B. 财务费用
C. 投资收益　　D. 营业外收入

18. 资产负债表中的“存货”项目，应根据（　）。
A. “存货”账户的期末借方余额直接填列
B. “原材料”账户的期末借方余额直接填列
C. “原材料”、“生产成本”和“库存商品”等账户的期末借方余额之和减去“存货跌价准备”科目余额填列
D. “原材料”、“生产成本”和“库存商品”等账户的期末借方余额之和填列

19. 可以反映企业的短期偿债能力和长期偿债能力的报表是（　）。
A. 利润表　　B. 所有者权益变动表
C. 资产负债表　　D. 现金流量表

20. 利润表主要是根据(　)编制的。

A. 资产、负债及所有者权益各账户的本期发生额

B. 资产、负债及所有者权益各账户的期末余额

C. 损益类各账户的本期发生额

D. 损益类各账户的期末余额

21. 资产负债表中的资产项目应按其(　)大小顺序排列。

A. 流动性　　B. 重要性

C. 变动性　　D. 盈利性

22. 财务报表中各项目数字的直接来源是(　)。

A. 原始凭证　　B. 日记账

C. 记账凭证　　D. 账簿记录

23. 资产负债表中的“应付账款”项目，应(　)。

A. 直接根据“应付账款”科目的期末贷方余额填列

B. 根据“应付账款”科目的期末贷方余额和“应收账款”科目的期末借方余额计算填列

C. 根据“应付账款”科目的期末贷方余额和“应收账款”科目的期末贷方余额计算填列

D. 根据“应付账款”科目和“预付账款”科目所属相关明细科目的期末贷方余额计算填列

24. 在利润表上，利润总额减去(　)后，得出净利润。

A. 管理费用　　B. 资产减值损失

C. 营业外支出　　D. 所得税费用

25. H 公司年末“应收账款”科目的借方余额为 100 万元（其明细科目没有贷方余额），“预收账款”科目贷方余额为 150 万元，其中，明细账的借方余额为 15 万元，贷方余额为 165 万元。“应收账款”对应的“坏账准备”期末余额为 8 万元，该企业年末资产负债表中“应收账款”项目的金额为(　)万元。

A. 165　　B. 150

C. 115　　D. 107

26. 下列各项中，不会引起利润总额增减变化的是(　)。

A. 销售费用　　B. 管理费用

C. 所得税费用　　D. 营业外支出

27. (　)是指企业对外提供的反映企业某一特定日期财务状况和某一会计期间经营成果、现金流量等会计信息的文件。

A. 资产负债表　　B. 利润表

C. 附注　　D. 财务会计报告

二、多项选择题

1. 利润表中的“营业成本”项目填列的依据有(　)。

A. “营业外支出”发生额

B. “主营业务成本”发生额

C. “其他业务成本”发生额

D. “营业税金及附加”发生额

2. 下列各项中，属于利润表提供的信息有(　)。

A. 实现的营业收入　　B. 发生的营业成本

C. 营业利润　　D. 企业的净利润或亏损总额

3. 下列各项中，属于资产负债表中流动资产项目的有(　)。

A. 货币资金　　B. 预收款项

C. 应收账款　　D. 存货

4. 编制资产负债表时，需根据有关总账科目期末余额分析、计算填列的项目有(　)。

A. 货币资金　　B. 预付款项

C. 存货　　D. 短期借款

5. 在编制资产负债表时，应根据总账科目的期末贷方余额直接填列的项目有(　)。

A. 应收利息　　B. 交易性金融资产

C. 短期借款　　D. 应付利息

6. 多步式利润表可以反映企业的(　)等项目。

A. 所得税费用　　B. 营业利润

C. 利润总额　　　　D. 净利润

7. 下列等式正确的有(　)。

A. 资产＝负债＋所有者权益

B. 营业利润＝主营业务收入＋其他业务收入－主营业务成本－其他业务成本＋投资收益＋公允价值变动收益－营业外支出

C. 利润总额＝营业利润＋营业外收入－营业外支出

D. 净利润＝利润总额－所得税费用

8. 下列账户中，可能影响资产负债表中“应付账款”项目金额的有(　)。

A. 应收账款　　　　B. 预收账款

C. 应付账款　　　　D. 预付账款

9. 资产负债表中，“预收款项”项目应根据(　)总分类账户所属各明细分类账户期末贷方余额合计填列。

A. 预付账款　　　　B. 应收账款

C. 应付账款　　　　D. 预收账款

10. 资产负债表的相关项目，可以根据(　)。

A. 总账科目余额直接填列

B. 总账科目余额计算填列

C. 记账凭证直接填列

D. 明细科目余额计算填列

11. 企业财务会计报表按其编报的时间不同，分为(　)。

A. 半年度报表　　　　B. 月度报表

C. 季度报表　　　　D. 年度报表

12. 下列各项中，列示在资产负债表左方的有(　)。

A. 固定资产　　　　B. 无形资产

C. 非流动资产　　　　D. 流动资产

13. 下列各项中，列示在资产负债表右方的有(　)。

A. 非流动资产　　　　B. 非流动负债

C. 流动负债　　　　D. 所有者权益

14. 下列各项中，会影响营业利润计算的有（　）。

A. 营业外收入　　B. 营业税金及附加

C. 营业成本　　D. 销售费用

15. 下列各项中，属于影响利润总额计算的有（　）。

A. 营业收入　　B. 营业外支出

C. 营业外收入　　D. 投资收益

16. 按现行制度规定，企业年度财务报表主要包括（　）和附注。

A. 资产负债表　　B. 利润表

C. 现金流量表　　D. 所有者权益变动表

17. 企业中期财务报表至少应当包括（　）。

A. 资产负债表　　B. 利润表

C. 现金流量表　　D. 附注

18. 下列各项中，属于对财务会计报告编制要求的有（　）。

A. 真实可靠　　B. 编报及时

C. 全面完整　　D. 便于理解

19. 下列各项中，属于资产负债表中流动负债项目的有（　）。

A. 应付职工薪酬　　B. 应付股利

C. 应交税费　　D. 应付票据

20. 资产负债表中的“存货”项目反映的内容包括（　）。

A. 发出商品　　B. 材料成本差异

C. 委托加工物资　　D. 生产成本

21. 资产负债表中的“预付款项”项目，应根据（　）之和填列。

A. “预付账款”明细科目的借方余额

B. “预付账款”明细科目的贷方余额

C. “应付账款”明细科目的贷方余额

D. “应付账款”明细科目的借方余额

22. 资产负债表中“应收账款”项目应根据（　）之和减去“坏账准备”账户中有关应收账款计提的坏账准备期末余额填列。

A. “应收账款”科目所属明细科目的借方余额

B. “应收账款”科目所属明细科目的贷方余额
C. “应付账款”科目所属明细科目的贷方余额
D. “预收账款”科目所属明细科目的借方余额

23. 中期财务会计报告包括( )。
A. 月度财务会计报告　　B. 半年度财务会计报告
C. 季度财务会计报告　　D. 年度财务会计报告

24. 资产负债表中的“货币资金”项目，应根据( )科目期末余额的合计数填列。
A. 备用金　　B. 库存现金
C. 银行存款　　D. 其他货币资金

三、判断题

1. 中期财务会计报告是指以一年的中间日为资产负债表日编制的财务报告。( )
2. 按财务报表的报送对象不同，分为对外财务报表和对内财务报表。( )
3. 资产负债表的格式主要有账户式和报告式两种，我国采用的是报告式。( )
4. 资产负债表中的“长期待摊费用”项目应根据“长期待摊费用”科目的余额直接填列。( )
5. 利润表是反映企业在一定会计期间经营成果的报表，属于静态报表。( )
6. 利润表的格式主要有多步式和单步式两种，我国采用多步式。( )
7. 附注主要包括两部分：一是会计报表中各要素的补充说明；二是对在会计报表中无法详细描述的其他财务信息的补充说明。( )
8. 营业利润减去管理费用、销售费用、财务费用和所得税费用后得到净利润。( )
9. 财务报表按其反映的内容，可以分为动态财务报表和静态财务报表，资产负债表是反映在某一时期企业财务状况的财务报表。( )
10. 财务会计报告是由企业根据经过审核的会计凭证编制的。( )

11. 资产负债表的“期末余额”栏各项目主要是根据总账或有关明细账本期发生额直接填列的。 （ ）
12. 资产负债表中“货币资金”项目，应根据“银行存款”账户的期末余额填列。 （ ）
13. 资产负债表中“固定资产”项目应根据“固定资产”账户余额减去“累计折旧”、“固定资产减值准备”等账户的期末余额后的金额填列。 （ ）
14. 利润表中“营业成本”项目，反映企业销售产品和提供劳务等主要经营业务的各项销售费用和实际成本。 （ ）
15. 利润表是反映企业一定日期财务状况的财务报表。 （ ）
16. 资产负债表中资产项目是按资产流动性由小到大的顺序排列的。 （ ）
17. 利润表中的各项目应根据有关损益类账户的本期发生额或余额分析计算填列。 （ ）
18. 财务会计报告至少应当包括资产负债表、利润表、现金流量表、所有者权益变动表和附注。 （ ）
19. 账户式资产负债表分左右两方，右方为负债及所有者权益项目，一般按要求偿还时间的先后顺序排列。 （ ）
20. 实际工作中，为使财务报表及时报送，企业可以提前结账。 （ ）
21. 资产负债表是总括反映企业特定日期资产、负债和所有者权益情况的动态报表，通过它可以了解企业的资产构成、资金的来源构成和企业债务的偿还能力。 （ ）

四、简答题

1. 简述财务会计报告的编制要求。
2. 简述财务会计报告的构成。

同步系统训练参考答案及解析

一、单项选择题

1. B

【解析】利润表的格式主要有多步式和单步式两种，按照我国《企业会计准则》的规定，我国企业的利润表采用多步式。

2. B

【解析】其他几项均属于流动负债。

3. C

【解析】资产负债表的格式主要有账户式和报告式两种，根据我国《企业会计准则》的规定，我国企业的资产负债表采用账户式结构。

4. A

【解析】资产负债表是反映企业某一特定日期（如月末、季末、年末等）财务状况的财务报表。

5. D

【解析】由于资产负债表反映的是企业某一特定日期的财务状况，因此它是静态的财务报表。

6. C

【解析】利润表是反映企业在一定会计期间经营成果的报表，因此，某企业 2011 年 12 月 31 日编制的年度利润表中“本期金额”反映的是本年度利润或亏损的形成情况。

7. B

【解析】“预收款项”项目根据“预收账款”和“应收账款”科目所属各明细科目的期末贷方余额合计数填列。因此，“应收账款”科目所属明细科目如有贷方余额，应在资产负债表的“预收款项”项目中反映。

8. C

9. A

10. D

11. C

【解析】“应付账款”项目根据“应付账款”和“预付账款”科目所属各明细科目的期末贷方余额合计数填列。因此，本题中在资产负债表中“应付账款”项目的金额＝200 000＋300 000＝500 000（元）。

12. A

【解析】在资产负债表中，可直接根据有关总账科目的期末余额填列的项目有“应付票据”、“短期借款”等。

13. D

【解析】在资产负债表中，资产按照其流动性大小排列：流动性大的资产如“货币资金”、“交易性金融资产”等排在前面，流动性小的资产如“存货”、“无形资产”等排列在后面。

14. C

【解析】其他几项均属于流动资产。

15. C

【解析】资产负债表中的“货币资金”项目，需要根据“库存现金”、“银行存款”、“其他货币资金”三个总账科目的期末余额的合计数填列。

16. D

17. D

【解析】营业利润＝营业收入－营业成本－营业税金及附加－销售费用－管理费用－财务费用－资产减值损失＋公允价值变动收益（－公允价值变动损失）＋投资收益（－投资损失），因此，营业外收入不会影响营业利润的金额。

18. C

【解析】资产负债表中的“存货”项目，应根据“材料采购”、“原材料”、“周转材料——低值易耗品”、“委托加工物资”、“在途物资”、“发出商品”、“委托代销商品”、“生产成本”等科日的期末余额合计，减去“存货跌价准备”科目期末余额后的金额填列。

19. C

【解析】通过对资产负债表项目金额及其相关比率的分析，可以帮助报表使用者全面了解企业的资产状况、盈利能力，分析企业的债务偿还能力，从而为未来的经济决策提供信息。

20. C

【解析】利润表是反映企业在一定会计期间经营成果的报表，因此，利润表是一个期间报表，编制的依据是各损益类账户的本期发生额。

21. A

22. D

【解析】财务报表是每个期末根据账簿上记录的资料，按照规定的报表格式、内容和编制方法，作进一步的归集、加工和汇总编制而成的。因此，财务报表中各项目数字的直接来源是账簿记录。

23. D

24. D

25. D

【解析】该企业年末资产负债表中“应收账款”项目的金额＝“应收账款”所属明细科日期末的借方余额 100＋“预收账款”所属明细科目期末的借方余额 15－“坏账准备”期末余额 8＝107（万元）。

26. C

【解析】利润总额＝营业利润＋营业外收入－营业外支出；净利润＝利润总额－所得税费用。因此，所得税费用不会引起利润总额的增减变化。

27. D

二、多项选择题

1. BC

【解析】利润表中的“营业成本”项目是“主营业务成本”与“其他业务成本”的本期发生额之和。

2. ABCD

【解析】利润表中的“营业收入”和“营业成本”反映了企业当期实现的营业收入和发生的营业成本，“净利润”项目反映企业的净利润或亏损总额。

3. ACD

【解析】“预收款项”是企业的负债，不是资产，其他三项都是流动资产。

4. AC

【解析】选项A“货币资金”项目需根据“库存现金”、“银行存款”、“其他货币资金”三个总账科目的期末余额的合计数填列；选项B是根据明细科目余额计算填列，不符合题意；选项C“存货”项目，应根据“材料采购”、“原材料”、“周转材料”、“委托加工物资”、“在途物资”、“发出商品”、“生产成本”等科目的期末余额合计，减去“存货跌价准备”科目期末余额后的金额填列；选项D可直接根据总账科目的期末余额填列，不符合题意。

5. CD

【解析】在编制资产负债表时，“短期借款”和“应付利息”可以根据总账科目的期末贷方余额直接填列。

6. ABCD

7. ACD

【解析】营业利润＝营业收入－营业成本－营业税金及附加－销售费用－管理费用－财务费用－资产减值损失＋公允价值变动

收益（一公允价值变动损失）＋投资收益（一投资损失）

8. CD

【解析】资产负债表中“应付账款”项目根据“应付账款”和“预付账款”科目所属明细科目的期末贷方余额合计数填列。因此，应付账款和预付账款可能影响资产负债表中“应付账款”项目的金额。

9. BD

【解析】资产负债表中，“预收款项”项目应根据“预收账款”和“应收账款”总分类账户所属各明细分类账户期末贷方余额合计填列。

10. ABD

【解析】资产负债表“期末余额”栏项目的金额，其计算资料来源于以下几个方面：(1) 根据总账账户余额直接填列；(2) 根据几个总账账户的期末余额计算填列；(3) 根据明细账户余额计算填列；(4) 根据总账账户和明细账户余额分析计算填列；(5) 综合运用上述填列方法分析填列；(6) 根据实际需要结合资产负债表附注内容和有关备查账簿等的记录分析填列。

11. ABCD

【解析】企业财务会计报表按其编报的时间不同，分为月度、季度、半年度、年度报表。

12. ABCD

【解析】资产负债表左方为资产项目，按流动性大小排列，分为流动资产和非流动资产，固定资产和无形资产都属于非流动资产。因此，本题应选择ABCD。

13. BCD

【解析】资产负债表右方列示负债和所有者权益项目，负债按要求清偿时间的先后顺序分为流动负债和非流动负债。

14. BCD

【解析】营业外收入影响利润总额，不影响营业利润，选项BCD都影响营业利润的计算。

15. ABCD

【解析】营业利润＝营业收入－营业成本－营业税金及附加－销售费用－管理费用－财务费用－资产减值损失＋公允价值变动收益（－公允价值变动损失）＋投资收益（－投资损失）；

利润总额＝营业利润＋营业外收入－营业外支出。

因此，ABCD四个选项都影响利润总额的计算。

16. ABCD

17. ABCD

【解析】企业中期财务报表至少应当包括资产负债表、利润表、现金流量表和附注。

18. ABCD

【解析】企业单位编制的财务会计报告除应当符合国家统一的会计制度的有关规定以外，还应该做到：（1）真实可靠；（2）全面完整；（3）编报及时；（4）便于理解。

19. ABCD

20. ABCD

21. AD

【解析】资产负债表中的“预付款项”项目应根据“预付账款”和“应付账款”科目所属各明细科目的期末借方余额合计数填列。

22. AD

23. ABC

【解析】年度不属于会计中期，因此年度财务会计报告不是中期财务会计报告。

24. BCD

【解析】备用金是一个往来项目。资产负债表中的货币资金项目应根据“库存现金”、“银行存款”、“其他货币资金”合计填列。

三、判断题

1. ×

【解析】企业半年度、季度和月度财务会计报告统称为中期财务报告。

2. √

3. ×

【解析】资产负债表的格式主要有账户式和报告式两种，我国采用的是账户式。

4. ×

【解析】资产负债表中的“长期待摊费用”项目应根据“长期待摊费用”科目减去将于一年内摊销完毕的长期待摊费用后的余额填列。

5. ×

【解析】由于收入和费用是企业在一定期间内发生的，因此，利润表属于动态报表。

6. √

7. √

8. ×

【解析】营业利润＝营业收入－营业成本－营业税金及附加－销售费用－管理费用－财务费用－资产减值损失＋公允价值变动收益（－公允价值变动损失）＋投资收益（－投资损失）；利润总额＝营业利润＋营业外收入－营业外支出；净利润＝利润总额－所得税费用。

9. ×

【解析】资产负债表是反映某一特定日期财务状况的财务报表。

10. ×

【解析】财务会计报告是企业根据经过审核的会计账簿记录和有关资料编制的。

11. ×

【解析】资产负债表“期末余额”栏项目的金额，其计算资料来源于以下几个方面：（1）根据总账账户余额直接填列；（2）根据几个总账账户的期末余额计算填列；（3）根据明细账户余额计算填列；（4）根据总账账户和明细账户余额分析计算填列；（5）综合运用上述填列方法分析填列；（6）根据实际需要结合资产负债表附注内容和有关备查账簿等的记录分析填列。

12. ×

【解析】“货币资金”项目是根据“库存现金”、“银行存款”、“其他货币资金”科目期末余额的合计数填列。

13. √

14. ×

【解析】“营业成本”还包括企业的其他经营业务的“其他业务成本”，但不包括销售商品和提供劳务的销售费用。

15. ×

【解析】利润表是反映企业一定会计期间经营成果的报表。

16. ×

【解析】资产负债表中资产项目是按资产流动性由大到小的顺序排列的。

17. ×

【解析】利润表中各项目的数据来源是各损益类科目的发生额。

18. √

19. √

20. ×

21. ×

【解析】资产负债表是总括反映企业某一特定日期资产、负债和所有者权益情况的静态报表。

四、简答题

1. 【答案】

财务会计报告的编制要求主要包括真实可靠、全面完整、编报及时和便于理解。

2.【答案】

财务会计报告包括财务报表和其他应当在财务会计报告中披露的相关信息和资料。

《企业会计准则》规定，一套完整的财务报表至少应当包括：

（1）资产负债表；

（2）利润表；

（3）现金流量表；

（4）所有者权益变动表；

（5）附注。

第 9 章 会计档案

考情分析

本章主要以客观题的形式出现，需要记忆的知识点较多，考生在学习中一定要善于归类、总结，化复杂为简单。考生应重点掌握会计档案的保管期限、熟悉会计档案的内容和会计档案的归档、查阅、复制、销毁等内容。

本章主要考点

（一）会计档案的概念和内容
（二）会计档案的归档
（三）会计档案的保管期限
（四）会计档案的查阅和复制
（五）会计档案的销毁

本章基本内容框架

- 会计档案
  - 会计档案概述
    - 会计档案的概念
    - 会计档案的内容
  - 会计档案保管
    - 会计档案的归档
    - 会计档案的保管期限
    - 会计档案的查阅和复制
    - 会计档案的销毁

重点、难点讲解及典型例题

一、会计档案概述

（一）会计档案的概念

会计档案是指会计凭证、会计账簿和财务报告等会计核算专业材料，是记录和反映单位经济业务的重要史料和证据。

各单位（包括国家机关、社会团体、企业、事业单位、按规定应当建账的个体工商户和其他组织）必须加强对会计档案管理工作，建立会计档案的立卷、归档、保管、查阅和销毁等管理制度，保证会计档案妥善保管、有序存放、方便查阅，严防毁损、散失和泄密。各级人民政府财政部门和档案行政管理部门共同负责会计档案工作的指导、监督和检查。

（二）会计档案的内容

会计档案的具体内容如表9.1所示：

表 9.1 会计档案的分类

分类	会计档案
会计凭证类	原始凭证，记账凭证，汇总凭证，其他会计凭证
会计账簿类	总账，明细账，日记账，固定资产卡片，辅助账簿，其他会计账簿
财务会计报告类	月度、季度、年度财务报告，包括会计报表、附表、报表附注及相关文字说明，其他财务报告
其他会计资料类	银行存款余额调节表，银行对账单，其他应当保存的会计核算专业资料，会计档案移交清册，会计档案保管清册，会计档案销毁清册

【例题 1 · 多选题】 以下属于会计档案中的会计凭证类的有(　)。

A. 固定资产卡片　　B. 银行存款余额调节表

C. 汇总凭证　　D. 记账凭证

【答案】 CD

二、会计档案的保管

(一) 会计档案的归档

1. 会计档案的整理立卷

各单位每年形成的会计档案，会计年度终了后，应由单位会计机构按照归档的要求，负责整理立卷、装订成册，并编制会计档案保管清册。会计档案的整理要求有以下三点：

(1) 分类标准要统一。一般分为四类：会计凭证类、会计账簿类、财务会计报告类、其他会计资料类。

(2) 档案形式要统一。案册封面、档案卡夹、存放柜和存放序列都要统一。

(3) 管理要求要统一。要建立会计资料档案簿、会计资料档案目录；会计凭证要装订成册，报表和文字资料应分类立卷，其他零星资料要按年度排序汇编装订成册。

2. 会计档案的装订

(1) 会计凭证的装订。会计凭证一般每月装订一次，其装订要求在会计凭证一章中已经讲解，此处不再赘述。

（2）会计账簿的装订。各种会计账簿在年终办理了年度结账后，除跨年度连续使用的账簿外，其他账簿都应按时整理立卷。

（3）财务会计报告的装订。财务会计报告编制完成并及时报出后，留存的财务会计报告应按月装订成册，谨防丢失。

3. 会计档案的归档

根据《会计档案管理办法》，各单位当年形成的会计档案，在会计年度终了，可暂由本单位财务会计部门保管一年。期满之后，原则上应由财务会计部门编造清册，移交本单位的档案部门保管；未设立档案部门的，应当在财务会计部门内部指定专人保管。

【要点】出纳人员不得兼管会计档案。

【补充】单位会计机构向单位档案部门移交会计档案的程序是：

（1）编制移交清册，填写交接清单；

（2）在账簿使用日期栏填写移交日期；

（3）交接人员按移交清册和交接清单所列项目核算无误后签章。

移交本单位档案机构保管的会计档案，原则上应当保持原卷册的封装，一般不得拆封，个别需要拆封重新整理的，档案机构应当会同财务会计机构有关人员和经办人共同拆封整理，以分清责任。

【例题2·判断题】单位财务会计部门可以保管会计档案两年，期满后再移交本单位的档案部门保管。（　）

【答案】×

【解析】根据《会计档案管理办法》，各单位当年形成的会计档案，在会计年度终了，可暂由本单位财务会计部门保管一年，而不是两年。

（二）会计档案的保管期限

各种会计档案的保管期限，根据其特点，分为永久、定期两类。永久档案应长期保管，不可销毁；定期档案根据保管期限分为3年、5年、10年、15年、25年5类。会计档案的保管期限，从会计年度终了后的第一天算起。

《会计档案管理办法》规定了我国企业和其他组织、预算单位等会计档案的保管期限，该办法规定的会计档案保管期限为最低保管期限，具体可以分为：

表 9.2　会计档案保管期限

分类标准	档案名称
需要永久保存的会计档案	会计档案保管清册、会计档案销毁清册以及年度财务报告、财政总预算、行政单位和事业单位决算、税收年报（决算）
保管期限为 25 年的会计档案	税收日记账（总账）和税收票证分类出纳账、现金和银行存款日记账
保管期限为 15 年的会计档案	会计凭证类；总账、明细账、日记账（不包括库存现金和银行存款）和辅助账簿；行政单位和事业单位的各种会计凭证；各种完税凭证和缴退库凭证；财政总预算拨款凭证及其他会计凭证；农牧业税结算凭证；会计移交清册
保管期限为 10 年的会计档案	国家金库编送的各种报表及缴库退库凭证；各收入机关编送的报表；财政总预算保管行政单位和事业单位决算、税收年报、国家金库年报、基本建设拨贷款年报；税收会计报表（包括票证报表）
保管期限为 5 年的会计档案	固定资产卡片于固定资产报废清理后保管 5 年；银行存款余额调节表；银行对账单；财政总预算会计月、季度报表；行政单位和事业单位会计月、季度报表
保管期限为 3 年的会计档案	月、季度财务报告；财政总预算会计旬报

【注意】各单位会计档案的具体名称如有同该表中所列档案名称不相符的，可以比照类似档案的保管期限办理。

【例题 3 · 单选题】原始凭证和记账凭证的保管期限为（　）。

A. 15 年　　B. 25 年　　C. 3 年　　D. 10 年

【答案】A

【解析】原始凭证和记账凭证的保管期限均为 15 年。

（三）会计档案的查阅和复制

（1）各单位应建立健全会计档案的查阅、复制登记制度，严格查阅复制和收回制度，保证会计档案的安全完整。

(2) 各单位保存的会计档案不得借出。如有特殊需要，经本单位负责人批准，可以提供查阅或者复制，并办理登记手续。

(3) 查阅或者复制会计档案的人员，严禁在会计档案上涂画、拆封和抽换。借出的会计档案，会计档案管理人员要按期如数收回，并办理注销借阅手续。

【例题4·判断题】 各单位的会计档案不得借出，但经批准后可以复制。（ ）

【答案】 √

（四）会计档案的销毁

1. 会计档案的销毁程序和办法

会计档案保管期满需要销毁时，可以按照以下程序销毁：

(1) 本单位档案机构会同会计机构共同鉴定和审查，提出销毁意见，编制会计档案销毁清册，列明销毁会计档案的名称、卷号、册数、起止年度和档案编号、应保管期限、已保管期限、销毁时间等内容。

(2) 单位负责人在会计档案销毁清册上签署意见。

(3) 销毁会计档案时，应当由单位档案机构和会计机构共同派员监销。国家机关销毁会计档案时，应当由同级财政部门、审计部门派员参加监销。财政部门销毁会计档案时，应当由同级审计部门派员参加监销。

(4) 监销人在销毁会计档案前，应当按照会计档案销毁清册所列内容清点核对所要销毁的会计档案；销毁后，应当在会计档案销毁清册上签名盖章，同时将监销情况写出书面报告（一式两份），一份报告本单位负责人，另一份归入档案备查。

2. 保管期满但不得销毁的会计档案

(1) 对于保管期满但未结清的债权债务以及涉及其他未了事项的原始凭证不得销毁，应单独抽出，另行立卷，由档案部门保管到未了事项完结时为止。

【注意】 对于单独抽出立卷的会计档案，应当在会计档案销毁清册和会计档案保管清册中列明。

（2）正在项目建设期间的建设单位，其保管期满的会计档案不得销毁。会计档案的销毁是一项严肃的工作，各单位必须严格按照《会计法》和《会计档案管理办法》的规定进行。

【例题5·多选题】 保管期满，不得销毁的会计档案有（ ）。

A. 未结清的债权债务原始凭证

B. 正在建设期间的建设单位的有关会计档案

C. 超过保管期限但尚未报废的固定资产购买凭证

D. 银行存款余额调节表

【答案】 ABC

【解析】 对于保管期满但尚未结清的债权债务以及涉及其他未了事项的原始凭证不得销毁，应单独抽出，另行立卷，有档案部门保管到未了事项完结为止，选项A、C属于这种情况。正在项目建设期间的建设单位，其保管期满的会计档案也不得销毁。

同步系统训练

一、单项选择题

1. 下列会计资料中不属于会计档案的是（ ）。

A. 记账凭证　　B. 会计档案移交清册

C. 年度财务计划　　D. 银行对账单

2. 以下会计资料中不属于会计档案的是（ ）。

A. 现金日记账　　B. 总账

C. 购销合同　　D. 购货发票

3. 会计档案是指记录和反映经济业务事项的重要（ ）。

A. 凭证　　B. 资料和依据

C. 史料和证据　　D. 材料

4. 企业年度财务报告的保管期限为(　)。

A. 5年　　B. 15年

C. 25年　　D. 永久

5. 各种会计档案的保管期限，根据其特点分为永久、定期两类。定期保管期限分为(　)。

A. 3年、10年、20年、30年、40年5种

B. 1年、5年、10年、15年、20年5种

C. 3年、5年、10年、15年、20年5种

D. 3年、5年、10年、15年、25年5种

6. 下列会计档案中需要保管25年的是(　)。

A. 银行存款总账　　B. 银行存款日记账

C. 汇总凭证　　D. 辅助账簿

7. 其他单位如果因特殊原因需要使用会计档案时，经本单位负责人批准(　)。

A. 可以借阅　　B. 只可以查阅不能复制

C. 不可查阅或复制　　D. 可以查阅或复制

8. 下列会计档案中，不需要永久保存的是(　)。

A. 财政总预算　　B. 税收日记账和总账

C. 会计档案保管清册　　D. 会计档案销毁清册

9. 会计档案的保管期限是从(　)算起。

A. 会计年度终了后第一天　　B. 审计报告之日

C. 移交档案管理机构之日　　D. 会计资料的整理装订日

10. 企业总账的保管期限为(　)。

A. 15年　　B. 3年

C. 25年　　D. 永久

11. 当年形成的会计档案在会计年度终了后，可暂由本单位会计机构保管(　)后移交到会计档案管理机构。

A. 3个月　　B. 半年

C. 1年　　D. 2年

12. 各单位每年形成的会计档案，都应由(　)负责整理立卷、装订成册，编制会计档案保管清册。

A. 会计机构　　B. 档案部门

C. 人事部门　　D. 指定专人

13. 行政事业单位的各种会计凭证的保管期限为(　)。

A. 10 年　　B. 5 年

C. 20 年　　D. 15 年

14. 其他会计核算资料是指与会计核算、会计监督密切相关，由会计部门负责办理的有关数据资料，不包括(　)。

A. 银行对账单　　B. 银行存款余额调节表

C. 会计档案保管清册　　D. 生产计划书

15. 银行存款余额调节表、银行对账单应当保存(　)。

A. 3 年　　B. 永久

C. 5 年　　D. 15 年

16. 企业的现金日记账、银行存款日记账的保管期限为(　)。

A. 15 年　　B. 3 年

C. 25 年　　D. 永久

17. 企业和行政单位的固定资产卡片的保管期限为(　)。

A. 固定资产报废清理时

B. 固定资产报废清理后 1 年

C. 固定资产报废清理后 2 年

D. 固定资产报废清理后 5 年

18. 企业月、季度财务报告需要保管的期限为(　)。

A. 15 年　　B. 3 年

C. 25 年　　D. 永久

19. 会计档案保管清册的保管年限为(　)。

A. 10 年　　B. 15 年

C. 25 年　　D. 永久

20. 国家机关销毁会计档案时，应由(　)派员参加监销。

A. 同级财政部门　　B. 同级财政部门和审计部门

C. 同级审计部门　　D. 上级财政部门和审计部门

21. 《会计档案管理办法》规定的会计档案保管期限为(　)。

A. 最高保管期限　　B. 最低保管期限

C. 平均保管期限　　D. 适当保管期限

22. 定期保管的会计档案期限最长为(　)。

A. 20 年　　B. 15 年

C. 25 年　　D. 10 年

二、多项选择题

1. 下列属于会计档案的内容的有(　)。

A. 原始凭证　　B. 总分类账

C. 资产负债表　　D. 会计档案保管清册

2. 下列会计档案中需要永久保管的有(　)。

A. 会计移交清册

B. 会计档案保管清册

C. 现金和银行存款日记账

D. 财政总预算

3. 保管期限为 3 年的会计档案有(　)。

A. 企业月度财务报告　　B. 企业季度财务报告

C. 行政单位月度报表　　D. 财政总预算会计旬报

4. 会计档案的保管期限分为(　)。

A. 永久　　B. 定期

C. 临时　　D. 短期

5. 会计档案的定期保管期限可以是(　)。

A. 3 年　　B. 5 年

C. 10 年　　D. 15 年

6. 下列属于企业会计档案的有(　)。

A. 会计档案移交清册　　B. 固定资产卡片

C. 银行对账单　　D. 月、季度财务报告

7. 企业的下列会计档案中，保管期限为15年的应有（　）。

A. 往来款项明细账　　B. 存货总账

C. 银行存款明细账　　D. 长期股权投资总账

8. 下列关于会计档案管理的说法中正确的有（　）。

A. 出纳人员不得兼管会计档案

B. 会计档案的保管期限，从会计档案形成后的第一天算起

C. 单位负责人应在会计档案销毁清册上签署意见

D. 各单位保存的会计档案不得借出

9. 按照《会计档案管理办法》的规定，下列说法中正确的有（　）。

A. 会计档案的保管期限分为3年、5年、10年、15年、25年5类

B. 单位合并后原各单位仍存续的，其会计档案仍应由原各单位保管

C. 固定资产卡片于固定资产报废清理后保管5年

D. 我国境内所有单位的会计档案不得携带出境

10. 对移交本单位档案机构保管的会计档案，需要拆封重新整理的，应由（　）同时参与，以分清责任。

A. 财务会计部门　　B. 经办人

C. 本单位档案机构　　D. 本单位人事部门

11. 按照《会计档案管理办法》的规定，（　）的保管期限为15年。

A. 原始凭证　　B. 记账凭证

C. 银行对账单　　D. 汇总凭证

12. 会计档案销毁清册中应列明所销毁会计档案的（　）等内容。

A. 起止年度和档案编号　　B. 应保管期限

C. 已保管期限　　D. 销毁时间

三、判断题

1. 会计档案的保管期限分为永久保管和定期保管两种。其中定期保管又分为3年、5年、10年、15年和25年。　（　）

2. 本单位的会计档案机构为方便保管会计档案，可以根据需要对

其拆封重新整理。（ ）

3. 会计账簿类会计档案的保管期限均为15年。（ ）
4. 企业会计账簿中的总账应当保管15年。（ ）
5. 企业和其他组织的银行存款余额调节表、银行对账单和固定资产报废清理后的固定资产卡片等会计档案保管期限应当为3年。（ ）
6. 当年形成的会计档案，在会计年度终了后，可暂由本单位会计机构保管1年。（ ）
7. 企业年度会计决算（包括文字分析）保管期限为永久。（ ）
8. 会计档案是指会计凭证、会计账簿和财务会计报告等会计核算专业材料。（ ）
9. 财会部门或经办人，必须在会计年度终了后的第一天，将应归档的会计档案全部移交档案部门，保证会计档案齐全完整。（ ）
10. 单位负责人应在会计档案销毁清册上签署意见。（ ）
11. 财政部门销毁会计档案时，应当由同级财政部门派员监销。（ ）
12. 各种会计档案的保管期限，从会计年度开始后的第一天算起。（ ）
13. 正在项目建设期间的建设单位，其保管期满的会计档案也不得销毁。（ ）
14. 各单位保存的会计档案如有特殊需要，经本单位负责人批准，可以提供查阅或者复制，并办理登记手续。（ ）
15. 销毁会计档案时，应由单位档案机构和会计机构共同派员监销。（ ）
16. 保管期满但尚未结清的债权债务原始凭证，不得销毁，应单独抽出立卷。（ ）
17. 银行存款余额调节表、银行对账单是会计档案。（ ）

同步系统训练参考答案及解析

一、单项选择题

1. C

2. C

【解析】会计档案包括会计凭证、会计账簿、财务会计报告和其他会计资料，其他会计资料包括银行存款余额调节表、银行对账单、其他应当保存的会计核算专业资料、会计移交清册、会计档案保管清册、会计档案销毁清册。购销合同年度财务计划不包括在内。

3. C

【解析】会计档案是指会计凭证、会计账簿和财务报告等会计核算专业材料，是记录和反映单位经济业务的重要史料和证据。

4. D

5. D

【解析】各种会计档案的保管期限，根据其特点分为永久、定期两类。永久档案即长期保管，不可以销毁的档案；定期档案根据保管期限分为 3 年、5 年、10 年、15 年、25 年 5 种。

6. B

【解析】需要保管 25 年的会计档案有现金和银行存款日记账、税收日记账（总账）和税收票证分类出纳账。

7. D

【解析】如有特殊需要，经本单位负责人批准，会计档案可以提供查阅或者复制，并办理登记手续。

8. B

【解析】税收日记账只需保管 25 年；总账只需要保管 15 年。

9. A

【解析】会计档案的保管期限是从会计年度终了后第一天算起。

10. A

【解析】企业总账的保管期限为 15 年。

11. C

【解析】当年形成的会计档案在会计年度终了后，可暂由本单位会计机构保管 1 年后移交到会计档案管理机构。

12. A

【解析】根据《会计档案管理办法》，各单位每年形成的会计档案，都应由会计机构按照归档的要求，负责整理立卷、装订成册，编制会计档案保管清册。

13. D

【解析】行政事业单位的各种会计凭证的保管期限为 15 年，包括原始凭证、记账凭证和传票汇总表。

14. D

【解析】其他会计核算资料包括：银行存款余额调节表，银行对账单，其他应当保存的会计核算专业资料，会计移交清册，会计档案保管清册，会计档案销毁清册。

15. C

【解析】银行存款余额调节表、银行对账单应当保存 5 年。

16. C

【解析】企业的现金日记账、银行存款日记账的保管期限为 25 年。

17. D

【解析】企业单位和行政单位的固定资产卡片的保管期限为固定资产报废清理后 5 年。

18. B

【解析】企业月、季度财务报告需要保管的期限为 3 年，包括文字分析。

19. D

【解析】会计档案保管清册的保管年限为永久。

20. B

【解析】国家机关销毁会计档案时，应由同级财政部门、审计部门派员参加监销。

21. B

【解析】《会计档案管理办法》规定的会计档案保管期限为最低保管期限。

22. C

【解析】《会计档案管理办法》规定的定期档案保管期限分为 3 年、5 年、10 年、15 年、25 年 5 种。

二、多项选择题

1. ABCD

【解析】会计档案包括会计凭证、会计账簿、财务会计报告和其他会计资料。其中，选项 A 属于会计凭证，选项 B 属于会计账簿；选项 C 属于财务会计报告的一部分；选项 D 属于其他会计资料。

2. BD

【解析】会计档案中需要永久保管的有：会计档案保管清册、会计档案销毁清册以及年度财务报告、财政总预算、行政单位和事业单位决算、税收年报（决算）。

3. ABD

【解析】行政单位月度报表保管期限为 5 年。

4. AB

【解析】各种会计档案的保管期限，根据其特点，分为永久、定期两类。

5. ABCD

【解析】会计档案的定期保管期限分为：3 年、5 年、10 年、15 年、25 年 5 种。

6. ABCD

7. ABD

【解析】银行存款明细账的保管期限为 25 年。

8. ACD

【解析】会计档案的保管期限，从会计年度终了后的第一天算起。

9. BCD

【解析】各种会计档案的保管期限根据其特点分为永久和定期两种。会计档案的定期保管期限分为：3 年、5 年、10 年、15 年、25 年 5 种。

10. ABC

【解析】对移交本单位档案机构保管的会计档案，原则上应当保持原卷册的封装，个别需要拆封重新整理的，应当由本单位档案机构会同财务会计部门和经办人共同拆封整理，以分清责任。

11. ABD

【解析】按照《会计档案管理办法》的规定，企业原始凭证、记账凭证、汇总凭证的保管期限为 15 年。

12. ABCD

【解析】会计档案销毁清册一般应包括：销毁会计档案的名称、卷号、册数、起止年度和档案编号、应保管期限、已保管期限、销毁时间等内容。

三、判断题

1. √

2. ×

【解析】移交本单位档案机构保管的会计档案，原则上应当保持原卷册的封装，个别需要拆封重新整理的，档案机构应当会同财务会计部门和经办人员共同拆封整理，以分清责任。

3. ×

【解析】会计账簿类会计档案的保管期限有 15 年的，也有 25 年的。

4. √

5. ×

【解析】企业和其他组织的银行存款余额调节表、银行对账单和固定资产报废清理后的固定资产卡片等会计档案保管期限应当为5年。

6. √

7. √

8. √

9. ×

【解析】当年形成的会计档案，在会计年度终了，可暂由单位财务会计部门保管一年。期满之后，原则上应由财务会计部门编造清册，移交本单位的档案部门保管；未设立档案部门的，应当在财务会计部门内部指定专人保管。

10. √

11. ×

【解析】财政部门销毁会计档案时，应当由同级审计部门派员参加监销。

12. ×

【解析】各种会计档案的保管期限，从会计年度终了后的第一天算起。

13. √

14. √

15. √

16. √

【解析】对于保管期满但尚未结清的债权债务以及涉及其他未了事项的原始凭证不得销毁，应单独抽出，另行立卷，由档案部门保管到未了事项完结为止。

17. √

【解析】银行存款余额调节表、银行对账单属于会计档案的其他会计资料类。

第 10 章
主要经济业务事项账务处理

考情分析

本章从内容上来看应重点关注主要经济业务的会计处理及核算中较为常见的基本核算项目，掌握主要账户和借贷记账法的具体运用。学习应重点掌握：交易性金融资产的核算、存货购销存的核算、固定资产折旧及相关核算、应收款项的核算、应付职工薪酬的核算、实收资本增减的核算、收入成本费用的核算、利润的计算、所得税及利润分配的核算。本章内容在各种题型中均会有体现，学习时应全面把握。

本章主要考点

（一）现金和银行存款的核算
（二）交易性金融资产的核算
（三）原材料的核算
（四）库存商品的核算
（五）固定资产的核算
（六）应收、预付款项的核算
（七）应付账款、应付职工薪酬、应交税费的核算
（八）借款的核算

（九）接受投资、实收资本（或股本）的减少的核算

（十）收入的核算

（十一）成本的核算

（十二）费用的核算

（十三）营业外收支的核算

（十四）利润的核算

（十五）所得税的核算

（十六）利润分配的核算

本章基本内容框架

- 主要经济业务事项账务处理
  - 款项和有价证券的收付
    - 现金和银行存款
    - 交易性金融资产
  - 财产物资的收发、增减和使用
    - 原材料
    - 库存商品
    - 固定资产
  - 债权、债务的发生和结算
    - 应收及预付款项
    - 应付账款
    - 应付职工薪酬
    - 应交税费
    - 借款
  - 资本的增减
    - 接受投资
    - 实收资本（或股本）的减少
  - 收入、成本和费用
    - 收入
    - 成本
    - 费用
    - 营业外收支
  - 财务成果的计算
    - 利润
    - 所得税
    - 利润分配

重点、难点讲解及典型例题

一、款项和有价证券的收付

款项包括现金、银行存款及其他视同现金、银行存款使用的外埠存款、银行汇票存款、银行本票存款、信用卡存款、信用证存款、保函押金和各种备用金等。有价证券包括国库券、股票、企业债券和其他债券等。款项和有价证券的收付直接影响企业资金的变化，因此，必须及时办理相关会计手续，进行会计核算。

（一）现金和银行存款

1. 现金的使用范围

（1）支付职工个人的工资、奖金、津贴；

（2）支付职工的抚恤金、丧葬补助费以及各种劳保、福利，以及国家规定的对个人的其他支出；

（3）支付个人劳务报酬；

（4）根据国家规定发给个人的科学技术、文化艺术、体育等各种奖金；

（5）支付向个人收购农副产品和其他物资的价款；

（6）出差人员必须随身携带的差旅费；

（7）结算起点以下的零星支出；

（8）经中国人民银行确定需要支付现金的其他支出。

2. 库存现金限额

库存现金限额是指为保证企业日常零星开支的需要，按规定允许企业留存现金的最高数额。

这一限额由开户银行核定，核定的依据一般是企业 3～5 天的日常零星开支需要量，边远地区和交通不便的企业可以依据情况多于 5 天，但最高不超过 15 天的日常零星开支量（不包括企业每月发放工资和不定期差旅费等大额现金支出）。

企业每日结存的库存现金超过限额的部分应按规定的时间及时送存银行。

3. 银行结算方式

银行结算方式主要有银行汇票、银行本票、商业汇票、支票、汇兑、托收承付、委托收款等。

这部分内容可以结合表10.1来学习：

表10.1　　银行结算方式比较表

银行汇票	使用规定：可用于转账，也可用于支取现金；申请人或收款人为单位的，不得使用现金银行汇票 适用范围与条件：单位与个人均可；同城异地均可 结算期限：提示付款期自出票日起1个月 金额起点：无 背书转让：允许（未填写实际结算金额或实际结算金额超过出票金额的，不得背书转让） 账户设置："其他货币资金——银行汇票"
银行本票	分类：不定额本票；定额本票 使用规定：可用于转账，也可用于支取现金；申请人或收款人为单位的，不得申请签发银行本票 适用范围与条件：单位与个人均可；同城结算 结算期限：提示付款期自出票日起最长不得超过2个月 金额起点：不定额本票无金额起点限制；定额本票有1 000元、5 000元、10 000元和50 000元面额 背书转让：允许 账户设置："其他货币资金——银行本票"
商业汇票	分类：商业承兑汇票；银行承兑汇票 使用规定：在银行开立存款账户的法人及其他组织之间，具有真实交易关系或债权债务关系 适用范围与条件：商业承兑汇票付款期限最长不得超过6个月；银行承兑汇票提示结算期限：付款期自汇票到期日起10天 金额起点：无 背书转让：允许 账户设置："应收票据"、"应付票据"

续表

支票	分类：现金支票（只能支取现金）；转账支票（只能转账） 使用规定：在签发支票时内容要齐全，大小写金额要相符；签发现金支票必须符合库存现金管理的规定；不得签发空头支票；不得出租、出借支票 适用范围与条件：单位与个人均可；同城异地均可 结算期限：提示付款期自出票日起10日 金额起点：无 背书转让：允许 账户设置："银行存款"
汇兑	分类：信汇；电汇 使用规定：汇款人可"申请撤消"；可以办理"退汇" 适用范围与条件：单位与个人均可；同城异地均可 账户设置："银行存款"
托收承付	分类：邮寄；电报 使用规定：收款人办理托收，必须具有商品确已发运的证件及其他有效证件；付款人开户银行对付款人逾期支付的款项，按每天万分之五计算赔偿金 适用范围与条件：必须是国有企业、供销合作社及经开户银行承认审查同意的城乡集体所有制工业企业；必须是商品交易以及因商品交易而产生的劳务供应的款项；异地结算 结算期限：验单付款3天；验货付款10天 金额起点：10 000元（新华书店系统为1 000元） 账户设置："应收账款"、"应付账款"
委托收款	分类：邮寄；电报 使用规定：单位和个人凭已承兑商业汇票、债券、存单等付款人债务证明办理结算 适用范围与条件：同城异地均可 账户设置："应收账款"、"应付账款"

4．提现的账务处理

企业从银行提取现金，库存现金增加记在借方，银行存款减少记在贷方。账务处理为：

借：库存现金

　　贷：银行存款

【提示】该业务属于现金和银行存款之间的转换，应编制付款凭证，此处属于银行存款减少，所以应编制银行存款付款凭证。

5. 存现的账务处理

企业将现金存入银行，银行存款增加记在借方，库存现金减少记在贷方。账务处理为：

借：银行存款

　　贷：库存现金

【提示】该业务属于现金和银行存款之间的转换，应编制付款凭证，此处属于库存现金减少，所以应编制现金付款凭证。

【例题1·单选题】下列业务中属于收取银行存款的是（　）。

A. 从银行提取库存现金　　B. 从银行取得短期借款

C. 支付前欠货款　　D. 销售商品收到商业汇票一张

【答案】B

【解析】从银行提取库存现金和支付前欠货款属于银行存款的支出，销售商品收到商业汇票一张，应该借记应收票据，不计入银行存款科目。

【例题2·单选题】下列各项中，不属于现金结算范围的是（　）。

A. 职工工资、各种工资性津贴

B. 根据国家规定颁发给个人的科学技术、文化艺术、体育等各种奖金

C. 出差人员必须随身携带的差旅费

D. 结算起点以上的大额支出

【答案】D

【解析】结算起点以下的零星支出属于现金的核算范围，超过结算起点的支出应采用银行转账结算。

（二）交易性金融资产

交易性金融资产主要是企业为了在近期内出售而持有的金融资产，如企业以赚取差价为目的从二级市场购入的股票、债券、基金等。

企业通过"交易性金融资产"、"公允价值变动损益"、"投资收益"等科目核算交易性金融资产的取得、收取现金股利或利息、处置等业务。对交易性金融资产科目分别设置"成本"和"公允价值变动"进行明细核算。

1. 取得交易性金融资产的账务处理

企业在取得交易性金融资产时，应当按照取得该资产的公允价值作为初始确认金额。

注意：实际支付的价款中包含的已宣告但尚未发放的现金股利或已到付息期但尚未领取的债券利息，应单独确认为"应收股利"或"应收利息"。账务处理如下：

借：交易性金融资产——成本

　　应收股利（或应收利息）

　　贷：银行存款等

2. 交易性金融资产的现金股利和利息

（1）被投资单位宣告现金股利或利息时

借：应收股利（或应收利息）

　　贷：投资收益

（2）收到现金股利或利息时

借：银行存款

　　贷：应收股利（或应收利息）

3. 交易性金融资产在资产负债表日的计量

交易性金融资产在资产负债表日应该按照公允价值计量，公允价值与账面价值之间的差额计入当期损益。

（1）资产负债表日公允价值大于账面价值时，应将交易性金融资产账面价值调增，账务处理如下：

借：交易性金融资产——公允价值变动（金额为公允价值与账面价值的差额）

贷：公允价值变动损益

（2）资产负债表日公允价值小于账面价值时，应将交易性金融资产账面价值调减，账务处理如下：

借：公允价值变动损益（金额为账面价值与公允价值的差额）

贷：交易性金融资产——公允价值变动

4. 交易性金融资产的处置

出售交易性金融资产时，应将出售时的公允价值与其账面价值之间的差额确认为当期投资收益；同时将已记入“公允价值变动损益”的金额转入到“投资收益”科目中。账务处理如下：

借：银行存款等

交易性金融资产——公允价值变动（或贷记）

贷：交易性金融资产——成本

投资收益（差额倒挤，或借记）

同时将原记入“公允价值变动损益”的累积金额转出。

借：投资收益

贷：公允价值变动损益

（或相反分录）

5. 购买和出售交易性金融资产发生的交易费用的账务处理

交易性金融资产在购买或者处置的时候发生的交易费用，应冲减投资收益，账务处理如下：

借：投资收益

贷：银行存款等

【例题3·多选题】企业核算交易性金融资产的现金股利时，可能涉及的会计科目有（ ）。

A. 交易性金融资产　　B. 投资收益

C. 应收股利　　D. 银行存款

【答案】BCD

【解析】宣告发放现金股利时的账务处理是：

借：应收股利

　　贷：投资收益

收到现金股利时做的账务处理是：

借：银行存款

　　贷：应收股利

【例题4·判断题】购入交易性金融资产时支付的交易费用应该计入交易性金融资产的成本中。(　)

【答案】×

【解析】购入交易性金融资产时支付的交易费用应该计入当期的投资收益。

二、财产物资的收发、增减和使用

财物是财产物资的简称，企业的财物是企业进行生产经营活动且具有实物形态的经济资源，一般包括原材料、燃料、包装物、低值易耗品、在产品、库存商品等流动资产，以及房屋、建筑物、机器设备、设施、运输工具等固定资产。

(一) 原材料

原材料是生产经营过程中的劳动对象，是企业生产经营中不可缺少的物质。

1. 购买原材料的账务处理

外购原材料的采购成本一般包括采购价格、进口关税和其他税金、运输费、装卸费、保险费以及其他可归属于存货采购成本的费用。

其中，采购价格是指企业购入的材料或商品的发票账单上列明的价款，但不包括按规定可以抵扣的增值税进项税额。其他税金是指企业购买、自制或委托加工存货发生的消费税、资源税和不能从销项税额中抵扣的增值税进项税额等。其他可归属于存货采购成本的费用是指采购成本中除上述各项以外的可归属于存货采购的费用，如在存货采购过程中发生的仓储费、包装费、运输途中的合理损耗、入库前的挑选整理费等。

企业对存货的核算既可以采用计划成本法，也可以采用实际成本法。

（1）计划成本法

采用计划成本法核算的企业设置“材料采购”、“原材料”、“材料成本差异”来进行原材料的核算。其中“材料采购”科目核算在采购过程中发生的实际采购费用，也就是实际成本；“原材料”科目核算入库原材料的计划成本；“材料成本差异”科目核算该原材料实际成本与计划成本的差额。

若实际成本大于计划成本，则形成的材料成本差异称为超支差；若实际成本差异小于计划成本，则形成的材料成本差异称为节约差。

计划成本法账务处理如下：

①材料尚未入库前，将发生的实际采购费用在“材料采购”科目归集，账务处理如下：

借：材料采购

　　应交税费——应交增值税（进项税额）

　　贷：银行存款等

②材料入库时，按照计划成本结转入“原材料”科目，账务处理如下：

借：原材料（计划成本）

　　贷：材料采购（实际成本）

　　　　材料成本差异（差额，或借记）

（2）实际成本法

采用实际成本法核算的企业设置“在途物资”、“原材料”科目来进行原材料的核算。其中“在途物资”科目核算在采购过程中发生的采购费用，“原材料”科目核算入库原材料的实际成本。

材料尚未入库前，发生采购费用的账务处理如下：

借：在途物资

　　应交税费——应交增值税（进项税额）

　　贷：银行存款等

材料入库时，账务处理如下：

借：原材料

　　贷：在途物资

【提示】如果此时材料是直接入库，可以不通过“在途物资”科目核算，直接编制下面的会计分录：

借：原材料

　　应交税费——应交增值税（进项税额）

　　贷：银行存款等

2. 发出原材料的账务处理

（1）计划成本法

企业采用计划成本法进行核算需要注意以下两点：①需要按照受益对象确认相应的成本费用；②需要对存货的计划成本和实际成本之间的差异进行单独核算，最终将发出材料计划成本调整为实际成本。

按照被领用的原材料计划成本结转，账务处理如下：

借：管理费用等（按照受益对象）

　　贷：原材料（计划成本）

结转相应的材料成本差异（超支差），账务处理如下：

借：管理费用等（按照受益对象）

　　贷：材料成本差异

（节约差相反分录）

（2）实际成本法

企业如果采用实际成本进行核算，则在存货发出时，要在先进先出法、全月一次加权平均法、移动加权平均法、个别计价法等方法中作出选择。下面介绍这几种存货发出的计价方法。

①先进先出法

先进先出法是假定先收到的存货先发出（销售或耗用），以此计算发出存货成本和期末结存存货成本的方法。采用这种方法，收入存货时要逐笔登记每一批存货的数量、单价和金额；发出存货时要按照先进先出的原则计价，逐笔登记存货的发出和结存金额。

②全月一次加权平均法

全月一次加权平均法也称月末加权平均法，是指以月初结存存货和本月收入存货的数量为权数，于月末一次计算存货平均单价，据以计算当月发出存货成本和月末结存存货成本的一种方法。即平时收入时按数量、单价、金额登记，但每次不确定其结存单价，而是在月末时一次计算其本期的加权平均单价。

其计算公式是：

加权平均单价＝（月初结存存货实际成本＋本月收入存货实际成本）/（月初结存存货数量＋本月收入存货数量）

本月发出存货实际成本＝本月发出存货数量×加权平均单价

月末结存存货实际成本＝月末结存存货数量×加权平均单价

或：月末结存存货实际成本＝月初结存存货实际成本＋本月收入存货实际成本－本月发出存货实际成本

③移动加权平均法

移动加权平均法是指在每次进货以后，立即根据库存存货数量和总成本，计算出新的平均单位成本，作为下次进货前发出存货的单位成本的一种方法。移动加权平均法与全月一次加权平均法的计算原理基本相同，只是要求在每次（批）收入存货时重新计算加权平均单价。

其计算公式是：移动加权平均单价＝（库存存货成本＋本批进货成本）/（库存存货数量＋本批进货数量）

④个别计价法

个别计价法，又称个别认定法、具体辨认法、分批实际法。采用这一方法是假设存货的成本流转与实物流转相一致，按照各种存货，逐一辨认各批发出存货和期末存货所属的购进批别或生产批别，分别按其购入或生产时所确定的单位成本作为计算各批发出存货和期末存货成本的方法。

按照上述四种方法得出发出原材料的实际成本，然后按照受益对象转入相应的成本费用账户，账务处理如下：

借：管理费用等（根据受益对象）

　　贷：原材料

【例题 5 · 单选题】 某企业为增值税一般纳税人，外购一批原材料，实际支付的价款为 3 000 元，支付增值税为 510 元，取得增值税专用发票可以抵扣，同时发生运杂费 50 元，合理损耗 20 元，入库前的挑选整理费 30 元，则该批原材料的入账价值为(　)元。

A. 3 080　　B. 3 100

C. 3 610　　D. 3 000

【答案】 A

【解析】 外购存货的成本＝买价＋运输费＋装卸费＋保险费＋包装费＋入库前的挑选整理费＋按规定应计入成本的税金以及其他费用，因为是一般纳税人，增值税进项税额可以抵扣不计入采购成本，所以该批原材料的入账价值＝3 000＋50＋30＝3 080（元）。运输途中的合理损耗已包括在材料的成本中，不用再单独计入采购成本。

【例题 6 · 计算题】 某企业对发出的存货采用全月一次加权平均法计价，本月初乙材料的数量为 40 吨，单价为 3 100 元/吨，本月一次购入乙材料 60 吨，单价为 3 000 元/吨，计算本月发出存货的单价。

【答案】 加权平均单价＝（月初结存存货实际成本＋本月收入存货实际成本）/（月初结存存货数量＋本月收入存货数量）＝（40×3 100＋60×3 000）÷（40＋60）＝3 040（元/吨）。

（二）库存商品

库存商品是指企业已完成全部生产过程并已验收入库，合乎标准规格和技术条件，可以按照合同规定的条件送交订货，或可以作为商品对外销售的产品以及外购或委托加工完成验收入库用于销售的各种商品。外购库存商品的处理类似于购买原材料的处理，这里不再重述。

1. 产成品入库的账务处理

企业应设置“库存商品”科目，核算库存商品的增减变化及其结存情况，而产品在生产的过程中发生的一系列生产费用都是在“生产成本”科目进行归集，所以商品验收入库时，应由“生产成本”科目转入“库存商品”科目，账务处理如下：

借：库存商品

　　贷：生产成本

2. 销售商品结转销售成本的账务处理

企业应该设置“主营业务成本”科目来核算企业已经销售的商品成本对损益的影响。对外销售的库存商品，应该将其成本结转入“主营业务成本”，账务处理如下：

借：主营业务成本

　　贷：库存商品

（三）固定资产

同时具有以下特征的有形资产属于固定资产：第一，为生产商品、提供劳务、出租或经营管理而持有的；第二，使用寿命超过一个会计年度。

企业通过“固定资产”、“累计折旧”、“工程物资”、“在建工程”、“固定资产清理”等科目核算固定资产的取得、计提折旧、处置等。

1. 购入不需要安装的固定资产的账务处理

购置的不需要经过建造过程即可使用的固定资产，按照实际支付的购买价款、相关税费、使固定资产达到预定可使用状态前所发生的可归属于该项资产的运输费、装卸费、专业人员的服务费等，作为固定资产的成本，记入“固定资产”科目的借方。

【注意】根据《国家税务总局关于全国实施增值税转型改革若干问题的通知》中的规定：自 2009 年 1 月 1 日起，增值税一般纳税人购进（包括接受捐赠、实物投资，下同）或者自制（包括改扩建、安装，下同）的用于生产、经营的固定资产（动产）的进项税可以抵扣，不计入固定资产成本。2009 年 1 月 1 日以前取得的固定资产，或者 2009 年 1 月 1 日以后取得的除生产、经营用固定资产（动产）以外的固定资产进项税不可以抵扣，应该计入固定资产成本。账务处理如表 10.2 所示：

表 10.2　　账务处理

进项税额可以抵扣的固定资产	进项税额不可以抵扣的固定资产
借：固定资产 　应交税费——应交增值税（进项税额） 　贷：银行存款等	借：固定资产 　贷：银行存款等

2. 固定资产折旧的账务处理

固定资产折旧是指一定时期内为弥补固定资产损耗而按照规定的固定资产折旧率等提取的固定资产折旧。它反映了固定资产在当期生产经营中的转移价值。

（1）影响折旧的因素

①固定资产原价，指固定资产的成本；

②预计净残值，指假定固定资产预计使用寿命已满并处于使用寿命终了时的预期状态时，企业从该项资产处置中获得的扣除预计处置费用以后的金额；

③固定资产减值准备，指固定资产已计提的减值准备累计金额；

④固定资产的使用寿命，指企业使用固定资产的预计期间，或者该固定资产所能生产产品或提供劳务的数量。

（2）计提折旧的范围

除以下情况外，企业应对所有固定资产计提折旧：

①已提足折旧仍继续使用的固定资产；

②单独估价作为固定资产入账的土地。

（3）折旧方法

折旧方法可以采用年限平均法、工作量法、双倍余额递减法和年数总和法。折旧方法的选择应当遵循一致性原则，如需变更，应在会计报表附注中予以说明。各折旧方法的核算如表 10.3 所示：

表 10.3　　折旧方法计算表

折旧方法	折旧率	折旧额
年限平均法（直线法）	年折旧率＝1÷预计使用年限×100％ 月折旧率＝年折旧率÷12	年折旧额＝（固定资产原值－预计净残值）×年折旧率 月折旧额＝年折旧额÷12
工作量法	本期折旧率＝本期实际工作量÷预计总工作量 或： 单位工作量折旧额＝（固定资产原值－预计净残值）÷预计总工作量	本期折旧额＝（固定资产原值－预计净残值）×本期折旧率 或： 本期折旧额＝本期工作量×单位工作量折旧额
双倍余额递减法	除最后两年以外： 年折旧率＝2÷预计使用年限×100％（直线法折旧率的两倍） 月折旧率＝年折旧率÷12 最后两年按照年限平均法计提折旧	除最后两年以外： 年折旧额＝（固定资产原值－累计已经计提的折旧）×年折旧率 月折旧额＝年折旧额÷12 最后两年折旧额＝（固定资产原值－累计已经计提的折旧－预计净残值）÷2
年数总和法	年折旧率＝尚可使用年限÷预计使用年限的年数总和×100％ 月折旧率＝年折旧率÷12	年折旧额＝（固定资产原值－预计净残值）×折旧率 月折旧额＝年折旧额÷12

【注意】

①如果该固定资产发生减值，则在计提折旧的时候还需要考虑相应的固定资产减值准备。

②在具体计提折旧时，当月增加的固定资产当月不计提折旧，从下月起计提折旧；当月减少的固定资产当月照提折旧，从下月起不提折旧。

③这里计算的年折旧率、年折旧额都是指的折旧年度，例如

某企业 7 月取得一项固定资产并投入使用，则该固定资产的第一个折旧年度是指 8 月到下一年 7 月。

（4）会计处理

企业在计提折旧的时候应该按照受益对象确认成本费用，并贷记“累计折旧”科目，表示累计折旧的增加。

借：管理费用等（根据受益对象）

　　贷：累计折旧

【例题 7 · 计算题】某设备的账面原价为 160 000 元，预计使用年限为 5 年，预计净残值为 10 000 元，按年数总和法计提折旧。计算该设备在第 3 年应计提的折旧金额。

【答案】采用年数总和法，该设备在第 3 年应计提的折旧＝（160 000－10 000）×3/15＝30 000（元）。

3. 固定资产处置的账务处理

会计准则规定，固定资产满足下列条件之一的，应当终止确认：

（1）该固定资产处于处置状态。固定资产处置包括固定资产的出售、转让、报废或毁损、对外投资等。处于处置状态的固定资产不再用于生产商品、提供劳务、出租或经营管理，因此不再符合固定资产的定义，应终止确认。

（2）该固定资产预期通过使用或处置不能产生经济利益。固定资产的确认条件之一是“与该固定资产有关的经济利益很可能流入企业”，如果一项固定资产预期通过使用或处置不能产生经济利益，就不再符合固定资产的定义和确认条件，应予终止确认。

企业出售、转让、报废固定资产或发生固定资产毁损，应当将处置收入扣除账面价值和相关税费后的金额计入当期损益。固定资产处置一般通过“固定资产清理”科目进行核算。

企业因出售、报废或毁损、对外投资等处置固定资产，其会计处理步骤如表 10.4 所示：

表 10.4 固定资产处置账务处理

将固定资产账面价值转入“固定资产清理”账户	借：固定资产清理（差额） 累计折旧（该资产累积计提的累计折旧余额） 固定资产减值准备（该资产累积计提的减值准备余额） 贷：固定资产（固定资产账面余额，即固定资产原值）
发生的清理费用	借：固定资产清理 贷：银行存款等
取得处置价款	借：银行存款等 贷：固定资产清理
收回处置固定资产残料价值和变价收入等	借：银行存款等（变价收入） 原材料（残料入库） 贷：固定资产清理
保险公司或责任人赔偿	确认保险公司或责任人应赔偿的金额 借：其他应收款 贷：固定资产清理 实际收到赔偿款项 借：银行存款等 贷：其他应收款
结转清理净损益	结转清理净收益 借：固定资产清理 贷：营业外收入 结转清理净损失 借：营业外支出 贷：固定资产清理

【注意】此时是将“固定资产清理”账户余额全部结转入营业外收支，结转后“固定资产清理”账户无余额。

【例题 8·单选题】下列项目中通过“固定资产清理”科目贷方核算是（ ）。

A. 转入清理的固定资产的净值

B. 发生的清理费用

C. 结转的固定资产清理净损失

D. 结转的固定资产清理净收益

【答案】C

【解析】转入清理的固定资产的净值、发生的清理费用和结转的固定资产清理净收益在“固定资产清理”科目借方核算；结转的固定资产清理净损失在“固定资产清理”科目贷方核算。

【例题9·判断题】“固定资产”账户的期末借方余额，反映期末实有固定资产的净值。（ ）

【答案】×

【解析】“固定资产”账户核算企业全部固定资产的原价，期末余额在借方，反映期末实有固定资产的原价。

三、债权、债务的发生和结算

债权是企业收取款项的权利，一般包括各种应收和预付款项等。债务是指由于过去的交易或事项形成的企业需要以资产或劳务等偿付的现时义务，一般包括各项借款、应付和预收款项以及应交款项等。

（一）应收及预付款项

应收及预付款项包括“应收票据”、“应收账款”、“其他应收款”、“长期应收款”和“预付账款”。

1. 应收账款发生和收回的账务处理

应收账款核算企业因销售商品、材料、提供劳务等，应向购货单位收取的款项，以及代垫运杂费和承兑到期而未能收到款项的商业承兑汇票。

（1）应收账款的发生

应收账款的入账价值包括销售货物或提供劳务从购货方或接受劳务方应收的合同或协议价款（不公允的除外）、增值税销项税额，以及代购货单位垫付的包装费、运杂费等。

“应收账款”属于资产类科目，借方登记应收账款的增加，贷方登记应收账款的收回及确认的坏账损失，期末余额一般在借方，反映尚未收回的应收账款，如果期末余额在贷方，则反映企业预收的账款。

企业确认应收账款的账务处理如表 10.5 所示：

表 10.5　　应收账款账务处理

业务	账务处理
企业因销售商品、材料、提供劳务等，应向购货单位收取的款项	借：应收账款 　贷：主营业务收入/其他业务收入 　　应交税费——应交增值税（销项税额）
为购货方等代垫运杂费	借：应收账款 　贷：银行存款等
承兑到期而未能收到款的商业承兑汇票	借：应收账款 　贷：应收票据

（2）应收账款的收回

企业收回应收账款，表示应收账款减少，记在贷方，账务处理如下：

借：银行存款等

　贷：应收账款

2. 应收款项减值（坏账准备）的账务处理

企业应当在资产负债表日对应收款项的账面价值进行检查，若证明应收款项发生减值的，应当将该应收款项的账面价值减记至预计未来现金流量现值，减记的金额确认为减值损失，计提坏账准备。

（1）当期应计提坏账准备金额的计算

根据《企业会计制度》规定：企业坏账损失的核算应采用备抵法，计提坏账准备的方法由企业自行确定，可以按应收账款余额百分比法、账龄分析法等计提坏账准备，也可以按客户分别确定应计提的坏账准备。

①应收账款余额百分比法。

应收账款余额百分比法就是按应收账款余额的一定比例计算提取坏账准备金额。至于计提比例，由于各行业应收账款是否能及时收回，其风险程度不一，各行业规定比例不尽一致。企业每期坏账准备数额的估计要求合理适中，估计过高会造成期间成本人为升高，估计过低则造成坏账准备不足以抵减实际发生的坏账，起不到计提坏账准备的应有作用。

②账龄分析法。

账龄是指债务人所欠账款的时间。账龄越长，发生坏账损失的可能性就越大。账龄分析法是指根据应收账款的时间长短来估计坏账损失的一种方法。采用账龄分析法时，将不同账龄的应收账款进行分组，并根据前期坏账实际发生的有关资料，确定各账龄组的估计坏账损失百分比，再将各账龄组的应收账款金额乘以对应的估计坏账损失百分比，计算出各组的估计坏账损失额之和，即为当期的坏账损失预计金额。

③赊销百分比法。

赊销百分比法又称“销货百分比法”，是企业根据当期赊销金额的一定百分比估计坏账的方法。一般认为，企业当期赊销业务越多，坏账的可能性越大。企业可以根据过去的经验和有关资料，估计坏账损失与赊销金额之间的比率，也可以用其他更合理的方法进行估计。

不管采用哪种方法，计算当期应计提坏账准备的基本公式如下：

当期应提取的坏账准备＝按照相应的方法计算坏账准备期末应有余额－“坏账准备”科目已有贷方余额（或＋“坏账准备”科目已有借方余额）

计算出来当期应提取的坏账准备若为正数，表示应该补提的坏账准备金额；若为负数，则表示应该冲减多计提的坏账准备的金额。

（2）计提坏账准备的会计分录

若是计提坏账准备，表示坏账准备增加，“坏账准备”为资产类的备抵账户，增加记在贷方。账务处理如下：

借：资产减值损失

　　贷：坏账准备

若是冲减多计提的坏账准备，坏账准备减少记在借方，账务处理如下：

借：坏账准备

　　贷：资产减值损失

（3）实际发生坏账时的账务处理

坏账是指企业无法收回或收回的可能性极小的应收账款。

实际发生坏账的账务处理如下：

借：坏账准备

　　贷：应收账款

【提示】若该应收账款在确认为坏账以后又收回，财务处理如下：

借：应收账款

　　贷：坏账准备

借：银行存款

　　贷：应收账款

或者：

借：银行存款

　　贷：坏账准备

3. 预付账款的账务处理

预付账款是指企业按照购货合同规定预付给供应单位的款项。预付账款按实际付出的金额入账，如预付的材料、商品采购货款等。在实际支付的时候账务处理如下：

借：预付账款

　　贷：银行存款等

等到采购业务实际发生时：

借：原材料等

　　贷：预付账款

【提示】预付账款应当按实际预付的金额入账。预付账款不多的企业，也可以将预付的货款记入“应付账款”科目的借方。

【例题10·判断题】 一般来说，应收账款拖欠的时间越长，发生坏账的可能性越大。（ ）

【答案】 √

【例题11·多选题】 下列各项中，应记入“坏账准备”科目贷方的项目有（ ）。

A. 经批准转销的坏账

B. 年末按应收账款余额的一定比例计提的坏账准备

C. 确实无法支付的应付账款

D. 收回过去已经确认并转销的坏账

【答案】 BD

【解析】 选项A记入“坏账准备”的借方；选项C应该记入“营业外收入”。

【例题12·单选题】 企业确认坏账损失时的会计分录为（ ）。

A. 借：资产减值损失
　　贷：应收账款

B. 借：销售费用
　　贷：应收账款

C. 借：营业外支出
　　贷：应收账款

D. 借：坏账准备
　　贷：应收账款

【答案】 D

（二）应付账款

应付账款是指因购买材料、商品或接受劳务供应等而发生的债务。这种负债通常是由于交易双方在商品购销和提供劳务等活动中由于取得物资或接受劳务与支付价款在时间上不一致而产生的。

为了总括反映和监督企业因购买材料、商品和接受劳务供应等产生的债务及其偿还情况，企业应设置“应付账款”科目。该科目贷方登记企业购买材料、商品、接受劳务供应的应付而未付的款项；借方登记偿还的应付账款，或开出商业汇票抵付的应付账款，或已冲销的无法支付的应付账款；期末贷方余额反映尚未偿还或抵付的应付账款。该科目应按债权人设置明细科目进行明细核算。

1. 应付账款发生的账务处理

（1）企业购入材料、商品等时，若货款尚未支付，根据有关凭证（发票账单、随货同行发票上记载的实际价款或暂估价值）：

借：材料采购或在途物资等

　　应交税费——应交增值税（进项税额）

　　贷：应付账款

（2）企业接受供应单位提供劳务而发生的应付未付款项，根据供应单位的发票账单：

借：生产成本、管理费用等

　　贷：应付账款

2. 偿付应付账款的账务处理

"应付账款"属于负债类科目，借方登记减少，故偿付应付账款的时候应该记在借方，账务处理如下：

借：应付账款

　　贷：银行存款等

【提示】 确实无法支付的应付账款，直接转入"营业外收入"，账务处理如下：

借：应付账款

　　贷：营业外收入

【例题 13 · 单选题】 冲销无法支付的应付账款，应该借记（ ）科目。

A. 应付账款　　　　　　B. 应收账款

C. 营业外支出　　　　　D. 营业外收入

【答案】 A

【解析】 冲销无法支付的应付账款，账务处理为：

借：应付账款

　　贷：营业外收入

（二）应付职工薪酬

应付职工薪酬包括：职工工资、奖金、津贴和补贴，职工福利费，医疗、养老、失业、工伤、生育等社会保险费，住房公积金，工会经费，职工教育经费，非货币性福利等。

企业应设置“应付职工薪酬”科目核算应付职工薪酬的计提、结算、使用等情况。

1. 计提应付职工薪酬的账务处理

企业应当在职工为其提供服务的会计期间，除因解除与职工的劳动关系给予的补偿外，应当根据职工提供服务的受益对象，将应确认的职工薪酬（包括货币性薪酬和非货币性福利）计入相关资产成本或当期损益，同时确认为应付职工薪酬，记入“应付职工薪酬”的贷方。其中：

（1）生产部门人员的职工薪酬，记入“生产成本”、“制造费用”等科目；

（2）管理部门人员的职工薪酬，记入“管理费用”科目；

（3）销售人员的职工薪酬，记入“销售费用”科目；

（4）应由在建工程、研发支出负担的职工薪酬，记入“在建工程”、“研发支出”科目。

因解除与职工的劳动关系给予的补偿，不区分职工提供服务的受益对象，全部记入“管理费用”科目。

计提应付职工薪酬账务处理如下：

借：生产成本等

　　贷：应付职工薪酬

2. 发放应付职工薪酬的账务处理

企业在实际发放职工薪酬的时候应该从以下两个方面来掌握：

（1）货币性职工薪酬

企业以货币性资产给职工发放薪酬时，账务处理如下：

借：应付职工薪酬

　　贷：银行存款等

（2）非货币性职工薪酬

①企业以其自产产品作为非货币性福利发放给职工的，属于视同销售行为，应确认主营业务收入，借记“应付职工薪酬——非货币性福利”科目，贷记“主营业务收入”科目。并结转相关成本，涉及增值税销项税的，还应进行相应的处理。账务处理如下：

借：应付职工薪酬

　　贷：主营业务收入

　　　　应交税费——应交增值税（销项税额）

同时

借：主营业务成本

　　贷：库存商品

②企业以其外购商品或者原材料等作为非货币性福利发放给职工的，应按成本结转该商品或者材料，借记“应付职工薪酬——非货币性福利”科目，贷记“库存商品”或者“原材料”等科目。并将其对应的增值税进项税额转出。账务处理如下：

借：应付职工薪酬

　　贷：库存商品/原材料

　　　　应交税费——应交增值税（进项税额转出）

【例题14·单选题】下列各项中，不属于职工薪酬核算内容的是（　）。

A. 住房公积金

B. 工会经费和职工教育经费

C. 职工因工出差的差旅费

D. 因解除与职工的劳动关系给予的补偿

【答案】C

【解析】职工出差发生的差旅费应直接计入当期损益，不属于企业为职工支付的薪酬。

（四）应交税费

应交税费核算企业按照税法规定计算应交纳的各种税费，包括增值税、消费税、营业税、所得税、资源税、土地增值税、城市维护建设税、房产税、土地使用税、车船税、教育费附加、矿产资源补偿费等。

【提示】企业交纳的印花税、耕地占用税等不需要通过“应交税费”核算，而是在实际支付时直接贷记“银行存款”等。

1. 应交增值税的账务处理

增值税是以商品（含应税劳务）在流转过程中产生的增值额作为计税依据而征收的一种流转税。

为了核算企业应交增值税的发生、抵扣、交纳、退税以及转出等情况，应在“应交税费”科目下设置“应交增值税”明细科目，并在“应交增值税”明细账内设置“进项税额”、“已交税金”、“销项税额”、“进项税额转出”和“出口退税”等专栏。

增值税的核算：

（1）进项税额

企业购入货物或接受劳务必须具备以下凭证，其进项税额才能予以扣除：增值税专用发票；完税凭证；购进免税农产品或收购废旧物资，按照税务机关批准的收购凭证上注明的价款或收购金额的一定比率计算进项税额，并以此作为扣税和记账的依据。账务处理如下：

借：原材料等

　　应交税费——应交增值税（进项税额）

　　贷：银行存款等

【注意】对于购入的免税农业产品、收购废旧物资等可以按买价（或收购金额）的一定比率计算进项税额，并准予从销项税额中抵扣。属于购进货物时即能认定进项税额不能抵扣的，直接将增值税专用发票上注明的增值税额计入购入货物或接受劳务的成本。

（2）销项税额

销项税额是销售方根据纳税期内的销售额计算出来的，并向购买方收取的增值税税额。这里包含两层意思：第一，销项税额是计算出来的，该税额是销售货物或应税劳务的整体税负；第二，销项税额是销售货物并随同货物价格一起向购买方收取的。纳税人销售货物或者应税劳务，按照销售额和条例规定的税率计算并向购买方收取的增值税额为销项税额。账务处理如下：

借：银行存款等

　　贷：主营业务收入等

　　　　应交税费——应交增值税（销项税额）

【注意】如果企业销售货物或者提供劳务采用销售额和销项税额合并定价方法的，按公式“销售额＝含税销售额÷（1＋增值税税率）”还原为不含税销售额，并按不含税销售额计算销项税额。

（3）进项税额转出

①企业购进货物、在产品或产成品等因管理不善而造成的霉烂变质、丢失、被盗等，其进项税额应借记“待处理财产损溢”，贷记“应交税费——应交增值税（进项税额转出）”。

②购进的货物在没有任何加工的情况下对其改变用途（如用于非应税项目、集体福利等），应借记“在建工程”、“应付职工薪酬”等科目，贷记“应交税费——应交增值税（进项税额转出）”。

（4）交纳增值税

企业交纳的增值税，通过“应交税费——应交增值税（已交税金）”核算。账务处理如下：

借：应交税费——应交增值税（已交税金）

　　贷：银行存款

（5）小规模纳税企业的账务处理

小规模纳税企业的特点：小规模纳税企业销售货物或者提供应税劳务，一般情况下，只能开具普通发票，不能开具增值税专用发票；小规模纳税企业销售货物或提供应税劳务，采用简易办法计算应纳增值税税额。

小规模纳税企业购入货物无论是否具有增值税专用发票，其支付的增值税额均不计入进项税额，不得从销项税额中抵扣，而应计入购入货物的成本。

小规模纳税企业的销售收入按不含税价格计算。

【例题15·单选题】A公司建造办公楼领用外购原材料10 000元，原材料购入时支付的增值税为1 700元。则A公司记入“应交税费——应交增值税（进项税额转出）”科目的金额为(　)元。

A. 680　　B. 1 020

C. 1 700　　D. 5 100

【答案】C

2. 应交营业税的账务处理

营业税是对在我国境内提供应税劳务、转让无形资产或销售不动产的单位和个人征收的流转税。

企业应在“应交税费”科目下设置“应交营业税”明细科目，核算应交营业税的发生、交纳情况。该科目贷方登记应交纳的营业税，借方登记已交纳的营业税，期末贷方余额表示尚未交纳的营业税。

企业在日常经营活动中应该按照营业税额及其适用的税率，计算应该交纳的营业税，账务处理如下：

借：营业税金及附加等

　　贷：应交税费——应交营业税

实际交纳时，账务处理如下：

借：应交税费——应交营业税

　　贷：银行存款

（五）借款

1. 短期借款的账务处理

短期借款是指企业用来维持正常的生产经营所需的资金或为

抵偿某项债务而向银行或其他金融机构等外单位借入的、还款期限在一年或超过一年的一个经营周期内的各种借款。

（1）短期借款借入和归还的账务处理

企业通过“短期借款”科目核算短期借款的取得、偿还情况。取得短期借款时贷记“短期借款”科目，偿还时借记“短期借款”科目。

取得短期借款账务处理如下：

借：银行存款

　　贷：短期借款

偿还短期借款的账务处理如下：

借：短期借款

　　贷：银行存款

（2）计提短期借款利息以及支付利息的账务处理

①企业一般采用月末预提的方式，账务处理如下：

借：财务费用

　　贷：应付利息

②实际支付利息时，需要分以下两种情况类分别处理：

如果支付的是已经计提的利息，账务处理如下：

借：应付利息

　　贷：银行存款

如果支付的是尚未计提的利息，账务处理如下：

借：财务费用

　　贷：银行存款

【例题 16 · 多选题】 企业生产经营期间计提短期借款利息时，涉及的会计科目有（　）。

A. 短期借款　　B. 应付利息

C. 财务费用　　D. 管理费用

【答案】 BC

【解析】 计提的短期借款利息的分录为：

借：财务费用

　　贷：应付利息

2. 长期借款的账务处理

长期借款是指企业从银行或其他金融机构借入的期限在一年以上（不含一年）的借款。我国股份制企业的长期借款主要是向金融机构借入的各项长期性借款，如从各专业银行、商业银行取得的贷款；除此之外，还包括向财务公司、投资公司等金融企业借入的款项。

长期借款按照其付息方式的不同可以分为到期一次还本付息长期借款和分期付息、到期还本长期借款。不同种类的长期借款在核算上也会有些不同。到期一次还本付息长期借款下设有“本金”、“应计利息”明细科目。

计提账务处理如表 10.6 所示：

表 10.6　　长期借款账务处理

核算内容	到期一次还本付息长期借款	分期付息、到期还本长期借款
取得长期借款	借：银行存款 　　贷：长期借款——本金	借：银行存款 　　贷：长期借款
利息	借：财务费用等 　　贷：长期借款——应计利息	借：财务费用等 　　贷：应付利息 分期支付利息时： 借：应付利息 　　贷：银行存款
归还长期借款	借：长期借款——本金 　　——应计利息（已计提但尚未支付的利息） 　　财务费用（尚未计提的利息） 　　贷：银行存款	借：长期借款 　　应付利息（已计提但尚未支付的利息） 　　财务费用（尚未计提的利息） 　　贷：银行存款

（1）如果长期借款用于购建固定资产的，在固定资产尚未达到预定可使用状态前，所发生的应当资本化的利息支出数，记入“在建工程”；固定资产达到预定可使用状态后发生的利息支出，以及按

规定不予资本化的利息支出，则应该费用化，计入当期损益。

（2）如果长期借款费用化的利息支出发生在筹建期间的，记入“管理费用”；属于生产经营期间的，记入“财务费用”。

【例题 17·判断题】 为购建固定资产而借入的专门借款的利息应全部计入固定资产的成本。（ ）

【答案】 ×

【解析】 为购建固定资产而借入的专门借款的利息在固定资产达到预定可使用状态前应全部计入固定资产的成本，在达到预定可使用状态后计入财务费用。

四、资本的增减

资本是投资者为开展生产经营活动而投入的资金。会计上的资本专指所有者权益中的投入资本。

投资者设立企业投入的资本，股份有限公司应通过“股本”科目核算，其他各类企业应通过“实收资本”科目核算。

（一）接受投资

1. 接受现金资产投资的账务处理

（1）股份有限公司发行股票，在溢价发行的情况下，企业发行股票取得的收入，等于股票面值部分作为股本，超出面值的溢价收入应作为资本公积（股本溢价）处理。账务处理如下：

借：银行存款（发行收入）

　　贷：股本

　　　　资本公积——股本溢价（差额）

股份有限公司发行股票支付的手续费、佣金等发行费用，如股票溢价发行的，从发行股票的溢价中抵扣；股票发行没有溢价或溢价金额不足以抵扣支付发行费用的部分，应将不足以抵扣的部分冲减“盈余公积”和“未分配利润”。账务处理如下：

借：资本公积——股本溢价

　　盈余公积、未分配利润（股本溢价不足冲减的部分）

　　贷：银行存款等

（2）除股份有限公司以外的公司接受货币资金投资，应该按照实际收到或者存入企业开户银行的金额记入“银行存款”科目，按照双方约定的份额确认“实收资本”。两者之间差额应当记入“资本公积——资木溢价”。账务处理如下：

借：银行存款

　　贷：实收资本

　　　　资本公积——资本溢价（差额）

2. 接受非现金资产投资的账务处理

企业接受以固定资产、原材料、无形资产等方式投入的资本，应按照投资合同或协议约定价值确认接受的非现金资产的价值（投资合同或协议约定价值不公允的除外），并确定在注册资本中应该享有的份额。两者之间差额记入“资本公积”。账务处理如下：

借：固定资产等

　　贷：实收资本（或股本）

　　　　资本公积——资本溢价（或股本溢价）（差额）

【例题 18 · 单选题】企业收到投资方以现金投入的资本，实际投入的金额超过其在注册资本中所占份额的部分，应记入（　）账户。

A. 实收资本　　　　B. 资本公积

C. 盈余公积　　　　D. 投资收益

【答案】B

（二）资本的减少

1. 股份有限公司以收购本企业股票方式减资的，按汴销股票的面值总额减少股本，购回股票支付的价款超过面值总额的部分应冲减“资本公积——股本溢价”股本溢价不足冲减的部分应冲减“盈余公积”和“未分配利润”；相反增加“资本公积——股本溢价”。账务处理如下：

回购股票时：

借：库存股

　　贷：银行存款

注销股票时：

借：股本

　　资本公积

　　盈余公积、未分配利润（股本溢价不足冲减的部分）

　　贷：库存股

或：

借：股本

　　贷：库存股

　　　　资本公积——股本溢价

2. 除股份公司以外的其他公司实收资本减少

企业因某些原因需要减少实收资本，或者投资者因为某些原因需要撤出投资。在会计处理上，企业应按注销的注册资本，借记“实收资本“科目，按照实际支付的金额贷记“银行存款”等科目，差额记入“资本公积”。账务处理如下：

借：实收资本

　　贷：银行存款等

　　　　资本公积（差额，或借记）

五、收入、成本和费用

（一）收入

收入是指企业在日常活动中形成的、会导致所有者权益增加的、与所有者投入资本无关的经济利益的总流入。包括销售商品收入、提供劳务收入和让渡资产使用权收入。企业代第三方收取的款项，应当作为负债处理，不应当确认为收入。收入按不同的分类方式可进行如下分类：

1. 收入按企业从事日常活动的性质不同，分为销售商品收入、提供劳务收入和让渡资产使用权收入。

（1）销售商品收入

销售商品收入是指企业通过销售商品实现的收入。这里的商品包括企业为销售而生产的产品和为转售而购进的商品。企业销售的其他存货如原材料、包装物等也视同商品。

(2) 提供劳务收入

提供劳务收入是指企业通过提供劳务实现的收入。主要有提供旅游、运输、饮食、广告、理发、照相、咨询、代理、培训、产品安装等所获取的收入。

(3) 让渡资产使用权收入

让渡资产使用权收入是指企业通过让渡资产使用权实现的收入。让渡资产使用权收入包括利息收入和使用费收入。利息收入主要是指金融企业对外贷款形成的利息收入，以及同业之间发生往来形成的利息收入等。使用费收入主要是指企业转让无形资产（如商标权、专利权、专营权、版权等资产）的使用权形成的使用费收入。企业对外出租固定资产收取的租金、进行债权投资收取的利息、进行股权投资取得的现金股利等，也构成让渡资产使用权收入。

2. 收入按企业经营业务的主次不同，分为主营业务收入和其他业务收入。

(1) 主营业务收入

主营业务收入是指企业为完成其经营目标所从事的经常性活动实现的收入。主营业务收入一般占企业总收入的较大比重，对企业的经济效益产生较大影响。不同行业企业的主营业务收入所包括的内容不同，比如，工业企业的主营业务收入主要包括销售商品、提供工业性劳务等实现的收入；商业企业的主营业务收入主要包括销售商品实现的收入；咨询公司的主营业务收入主要包括提供咨询服务实现的收入；安装公司的主营业务收入主要包括提供安装服务实现的收入。

(2) 其他业务收入

其他业务收入是指企业为完成其经营目标所从事的与经常性

活动相关的活动实现的收入。其他业务收入属于企业日常活动中次要交易实现的收入，一般占企业总收入的比重较小。不同行业企业的其他业务收入所包括的内容不同，比如，工业企业的其他业务收入主要包括对外销售材料、对外出租包装物、商品或固定资产、对外转让无形资产使用权等。

下面本书以工业企业为例来讲解主营业务收入和其他业务收入的核算：

1. 取得主营业务收入的账务处理

工业企业的主营业务收入主要包括销售商品、提供工业性劳务等实现的收入。

(1) 销售商品收入

销售商品收入同时满足下列条件的，才能予以确认：

①企业已将商品所有权上的主要风险和报酬转移给购货方；

②企业既没有保留通常与所有权相联系的继续管理权，也没有对已售出的商品实施有效控制；

③相关的经济利益很可能流入企业；

④收入的金额能够可靠计量；

⑤相关的已发生或将发生的成本能够可靠地计量。（成本如果不能可靠地计量，相关的收入也不能确认）

企业销售商品满足确认收入条件时，应按照已收或应收合同或协议价款的公允价值确定销售商品收入的金额。在确认销售商品收入的金额时，应注意下列因素：

①现金折扣，是一种理财费用，是企业为尽快回收资金，对顾客提前付款的行为给予的一种优惠。现金折扣发生时计入财务费用。在确定销售商品收入时不考虑预计可能发生的现金折扣。

②销售折让，是企业因售出商品质量不合格等原因而在售价上给予的减让。已经确认销售收入的，销售折让应在实际发生时冲减当期收入。

③商业折扣，其不构成商品最终成交价格的一部分，因此，

销售商品收入的金额应是扣除商业折扣后的净额。

一般的销售业务在符合收入确认的条件时，贷记“主营业务收入”，账务处理如下：

借：银行存款等

贷：主营业务收入

应交税费——应交增值税（销项税额）

（2）提供工业性劳务收入

①对于一次就能完成或在同一会计期间内开始并完成的劳务，应在提供劳务交易完成时确认收入，确认的金额通常为从接受劳务方已收或应收的合同或协议价款，确认原则可参照销售商品收入的确认原则。

②劳务的开始和完成分属不同的会计期间，在资产负债表日提供劳务交易的结果能够可靠估计的，应采用完工百分比法确认提供劳务收入。

完工百分比法用公式表示如下：

本期确认的收入＝劳务总收入×本期末止劳务的完工进度－以前期间已确认的收入

本期确认的费用＝劳务总成本×本期末止劳务的完工进度－以前期间已确认的费用

③劳务的开始和完成分属不同的会计期间，在资产负债表日，如不能可靠地估计所提供劳务的交易结果，则不能按完工百分比法确认收入。

对于提供工业性劳务收入，不考虑相关税费，账务处理如下：

借：银行存款等

贷：主营业务收入

2. 取得其他业务收入的账务处理

工业企业的其他业务收入主要包括对外销售材料，对外出租包装物、商品或固定资产以及对外转让无形资产使用权等取得的收入。

其中对外销售材料的处理原则同销售商品收入原则一样，只是在确认收入的时候贷记“其他业务收入”。账务处理如下：

借：银行存款等

贷：其他业务收入

应交税费——应交增值税（销项税额）

【提示1】 销售退回，是指企业售出的商品由于质量、品种不符合要求等原因而发生的退货。对于销售退回，企业应分不同情况进行会计处理：

对于未确认收入的售出商品发生销售退回的，企业应按已记入“发出商品”科目的商品成本金额，借记“库存商品”科目，贷记“发出商品”科目。

对于已确认收入的售出商品发生退回的，企业一般应在发生时冲减当期销售商品收入，同时冲减当期销售商品成本。如该项销售退回已发生现金折扣的，应同时调整相关财务费用的金额；如该项销售退回允许扣减增值税额的，应同时调整“应交税费——应交增值税（销项税额）”科目的相应金额。

【提示2】 销售折让和销售退回在会计处理上的差异在于：销售折让仅仅是供货方给予购货方价格上的折让，购货方并没有把商品退回，所以供货方在进行账务处理的时候不需要冲减销售成本。而销售退回中购货方是将商品退回了，所以供货方在进行会计处理的时候需要冲减退回这部分的销售成本。

【例题19·多选题】 下列各项中，不能作为企业收入处理的有（ ）。

A. 企业代收的增值税

B. 企业代收的消费税

C. 旅行社代客户购买机票收取的票款

D. 提供安装劳务收入

【答案】 ABC

【解析】 收入是指企业在销售商品、提供劳务及让渡资产使用权等日常活动中所形成的经济利益的总流入。选项D属于收入，其他几项均属于为第三方或客户代收的款项，不属于收入。

【例题20 · 多选题】 商品销售收入确认的条件包括（　）。

A. 企业已将商品所有权上的主要风险和报酬转移给买方

B. 企业既没有保留通常与所有权相联系的继续管理权，也没有对已售出的商品实施控制

C. 与交易相关的经济利益很可能流入企业

D. 相关的收入和成本能可靠计量

【答案】 ABCD

（二）成本

生产成本，是指企业为生产一定种类和数量的产品所发生的费用，即产品成本项目直接材料、直接人工和制造费用的总和。

1. 发生直接材料、直接人工、制造费用的账务处理

（1）直接材料

直接材料是指直接用于产品生产、构成产品实体的原料、主要材料、外购半成品，有助于产品形成的辅助材料以及其他直接材料。企业在领用原材料等时，应该将被消耗的物资成本按照受益对象转入相应产品的生产成本，账务处理如下：

借：生产成本

　　贷：原材料等

（2）直接人工

直接人工是指直接参加产品生产的工人工资以及按生产工人工资总额和规定比例计算提取的职工福利费。在计提职工薪酬的时候应该按照受益对象计入相应产品的成本。账务处理如下：

借：生产成本

　　贷：应付职工薪酬

（3）制造费用

制造费用是指企业各生产单位为生产产品和提供劳务而发生的各项间接费用，包括生产车间管理人员工资和福利费、生产设

备折旧费以及其他制造费用等，但不包括企业管理部门为组织和管理生产所发生的管理费用。制造费用在期末需要按照一定的分配方法结转入生产成本，账务处理如下：

借：生产成本

　　贷：制造费用

【提示】 当产品生产完成入库时，需要将该产品的生产成本转入库存商品，账务处理如下：

借：库存商品

　　贷：生产成本

【例题21·单选题】 能够计入产品成本的工资费用是（　）。

A. 车间管理人员的工资　　B. 在建工程人员工资

C. 专设销售机构人员工资　　D. 企业管理部门人员工资

【答案】 A

【解析】 选项A先计入制造费用，然后再转入生产成本中；选项B计入在建工程；选项C计入销售费用；选项D计入管理费用。

2. 制造费用在不同产品之间分配的账务处理

企业应当根据制造费用的性质，合理选择制造费用的分配方法。制造费用的分配方法很多，通常采用的方法有：生产工人工时比例法、生产工人工资比例法、机器工时比例法、耗用原材料的数量或成本比例法、直接成本（材料、生产工人工资等职工薪酬之和）比例法和产成品产量比例法等。分配方法一经确定，不得随意变更。如需变更，应当在财务报表附注中予以说明。

其计算公式概括如下：

制造费用分配率＝制造费用总额÷各产品分配标准之和（如产品生产工时总数或生产工人定额工时总数、生产工人工资总和、机器工时总数、产品计划产量的定额工时总数）

某种产品应分配的制造费用＝该种产品分配标准×制造费用分配率

账务处理如下：

借：生产成本——××产品

　　　　　　——××产品

　　贷：制造费用

（三）费用

费用是指企业在日常活动所发生的、会导致所有者权益减少的、与向所有者分配利润无关的经济利益的流出。

费用具有以下特点：费用是企业在日常活动中发生的经济利益的总流出；费用会导致企业所有者权益的减少；费用与向所有者分配利润无关。

企业的费用主要包括：主营业务成本、其他业务成本、营业税金及附加、销售费用、管理费用和财务费用等。

本书以工业企业为例来讲解费用的核算内容：

1. 结转主营业务成本的账务处理

主营业务成本对于工业企业来说主要是指工业企业销售商品、提供工业性劳务等日常活动而发生的成本。它的借方登记已销售商品、劳务供应等的实际成本；贷方登记期末转入“本年利润”科目的金额，结转后应无余额。企业在销售商品或提供劳务时，确认主营业务成本的账务处理如下：

借：主营业务成本

　　贷：库存商品或劳务成本等

2. 结转其他业务成本的账务处理

其他业务成本对于工业企业来说主要是指对外销售材料，对外出租包装物、商品或固定资产以及对外转让无形资产使用权等活动中发生的成本。它的借方登记已销售材料，或者租出资产的折旧、摊销的金额。贷方登记期末转入“本年利润”科目的金额，结转后应无余额。企业在销售原材料或对外出租固定资产、无形资产等时，确认其他业务成本的账务处理如下所示：

借：其他业务成本

　　贷：原材料、累计折旧、累计摊销等

3. 发生营业税金及附加的账务处理

营业税金及附加是指企业日常经营活动应负担的营业税、消费税、城市维护建设税、资源税和教育费附加等相关税费。企业按规定计算确定的与经营活动相关的税费，借记“营业税金及附加”科目，贷记“应交税费——应交营业税”等科目。期末，应将本科目余额转入“本年利润”科目，结转后本科目应无余额。

确认应该交纳的相关税费时，账务处理如下：

借：营业税金及附加

　　贷：应交税费——应交营业税

　　　　　　　　——应交消费税

　　　　　　　　——应交城市维护建设税等

4. 发生销售费用的账务处理

销售费用是指企业在销售产品、自制半成品和提供劳务等过程中发生的费用，包括由企业负担的包装费、广告费、展览费和销售服务费、销售部门人员工资、职工福利费、办公费、折旧费、修理费、物料消耗、低值易耗品摊销以及其他经费等。

销售费用发生时，借记“销售费用”科目，贷记“库存现金”、“银行存款”、“应付职工薪酬”等科目。期末，将本账户归集的销售费用全部由本账户转入“本年利润”科目，结转后该科目期末无余额。

5. 发生管理费用的账务处理

管理费用是指企业行政管理部门为组织和管理生产经营活动而发生的各项费用。主要包括：工会经费、职工教育经费、业务招待费、技术转让费、咨询费、诉讼费、开办费摊销、公司经费、上缴上级管理费、劳动保险费、待业保险费、董事会会费以及其他管理费用等。

企业发生的各项管理费用借记“管理费用”科目，贷记“库存现金”、“银行存款”、“应付职工薪酬”、“原材料”、“累计折旧”、“累计摊销”、“应付职工薪酬”等科目。期末，将本科目归集的管理费用全部由本科目转入“本年利润”科目，结转后该科目期末无余额。

6. 发生财务费用的账务处理

财务费用是指企业为筹集生产经营所需资金而发生的费用。包括企业生产经营期间发生的利息支出（减利息收入）、汇兑净损失（有的企业如商品流通企业、保险企业进行单独核算，不包括在财务费用中）、金融机构手续费，以及筹资发生的其他财务费用如债券印刷费、国外借款担保费等。

企业财务费用发生时，借记“财务费用”科目，贷记“银行存款”、“应付利息”等科目，企业发生利息收入、汇兑收益时，借记“银行存款”等科目，贷记“财务费用”科目。期末，将本科目归集的财务费用全部由本科目转入“本年利润”科目，结转后该科目期末无余额。

【例题22·单选题】下列各项中，不通过管理费用核算的是（ ）。

A. 工会经费　　B. 业务招待费

C. 广告费　　D. 房产税

【答案】C

【解析】广告费应该通过“销售费用”核算。

【例题23·单选题】下列业务中，应该计入其他业务成本的是（ ）。

A. 自用无形资产的摊销额

B. 结转出售原材料的成本

C. 转让无形资产所有权的净损失

D. 生产领用材料的成本

【答案】B

【解析】自用无形资产的摊销额应该计入管理费用，转让无形资产所有权的净损失应该计入营业外支出，生产领用材料的成本应该计入生产成本。

（四）营业外收支

1. 取得营业外收入的账务处理

企业应设置“营业外收入”科目核算企业发生的与其日常活动无直接关系的各项利得。

营业外收入核算的主要内容：（1）处置固定资产净收益；（2）罚款收入；（3）出售无形资产净收益；（4）因债权人原因确实无法支付的应付款项；（5）教育费附加返还款；（6）非货币性交易中发生非货币性交易收益（与关联方交易除外）；（7）企业合并损益。

企业发生营业外收入，应借记“固定资产清理”、“银行存款”、“应付账款”等科目，贷记“营业外收入”；确认的政府补助利得，借记“银行存款”等科目，贷记“营业外收入”。期末应将本科目余额转入“本年利润”科目，借记“营业外收入”科目，贷记“本年利润”科目。结转后，本科目无余额。

2. 发生营业外支出的账务处理

企业应设置“营业外支出”核算企业发生的与其日常活动无直接关系的各项损失。

营业外支出核算的主要内容：（1）固定资产盘亏；（2）处置固定资产净损失；（3）出售无形资产净损失；（4）罚款支出；（5）捐赠支出；（6）非常损失；（7）债务重组损失。

企业发生营业外支出，应借记“营业外支出”科目，贷记“待处理财产损溢”、“固定资产清理”、“库存现金”、“银行存款”等科目。期末应将本科目余额转入“本年利润”科目，借记“本年利润”科目，贷记“营业外支出”科目。结转后，本科目无余额。

【例题 24·多选题】下列项目中，通过“营业外支出”科目核算的有（　）。

A. 计提的存货跌价损失　　B. 出售无形资产净损失

C. 债务重组损失　　D. 非常损失

【答案】BCD

【解析】计提的存货跌价损失应该计入资产减值损失。

六、财务成果的计算

财务成果主要是指企业在一定时期内通过从事生产经营活动而在财务上所取得的结果，具体表现为盈利或亏损。财务成果的计算和处理一般包括利润的计算、所得税的计算、利润分配或亏损弥补等。

（一）利润

利润是企业在一定会计期间的经营成果，包括收入减去费用后的净额、直接计入当期利润的利得或损失等。

1. 利润的计算

（1）营业利润

营业利润是企业利润的主要来源。它是指企业在销售商品、提供劳务等日常活动中所产生的利润。

营业利润＝营业收入－营业成本－营业税金及附加－管理费用－销售费用－财务费用－资产减值损失＋投资收益（或－投资损失）＋公允价值变动收益（或－公允价值变动损失）

其中：营业收入是指企业经营业务所确认的收入总额，包括主营业务收入和其他业务收入。

营业成本是指企业经营业务所发生的实际成本总额，包括主营业务成本和其他业务成本。

资产减值损失是指企业计提各项资产减值准备所形成的损失。

公允价值变动收益（或损失）是指企业交易性金融资产等公允价值变动形成的应记入当期损益的收益（或损失）。

投资收益（或损失）是指企业以各种方式对外投资所取得的收益（或发生的损失）。

（2）利润总额

利润总额＝营业利润＋营业外收入－营业外支出

（3）净利润

净利润＝利润总额－所得税费用

其中：

所得税费用是指企业确认的应从当期利润总额中扣除的所得税费用。

2. 期末结转各项收入、利得类科目的账务处理

期末，企业应将各收益类科目的余额转入“本年利润”科目的贷方，账务处理如下：

借：主营业务收入

　　其他业务收入

　　营业外收入等

　　贷：本年利润

3. 期末结转各项费用、损失类科目的账务处理

期末，企业应将记入当期损益的费用或损失类科目的余额转入“本年利润”科目的借方，账务处理如下：

借：本年利润

　　贷：主营业务成本

　　　　其他业务成本

　　　　营业外支出

　　　　管理费用

　　　　销售费用

　　　　财务费用

　　　　资产减值损失等

【例题25·多选题】“财务费用”科目的贷方登记（　）。

A. 期末结转到“本年利润”的本期各项筹资费用

B. 汇兑收益

C. 应冲减财务费用的利息收入

D. 发行股票溢价收入

【答案】 ABC

【解析】 选项D计入资本公积。

（二）所得税

1. 应交纳所得税的计算

应纳税所得额＝税前会计利润＋纳税调整增加额－纳税调整减少额

应交所得税额＝应纳税所得额×所得税税率

2. 所得税的账务处理

企业所得税核算应采用资产负债表债务法。企业应根据所得税准则的规定，对当期应交所得税加以调整计算后，据以确认应从当期利润总额中扣除的所得税费用，通过“所得税费用”科目核算。如不存在暂时性差异的影响，企业确认应交纳的所得税时，分录为：

借：所得税费用

　　贷：应交税费——应交所得税

“所得税费用”属于损益类科目，期末也需要结转“本年利润”科目，账务处理如下：

借：本年利润

　　贷：所得税费用

【提示】结转所有损益类科目以后，“本年利润”科目借方余额表示本年发生的净亏损，贷方余额表示本年实现的净利润，最终需要结转到“利润分配——未分配利润”科目，财务处理如下：

借：本年利润

　　贷：利润分配——未分配利润

或相反分录。

（三）利润分配

利润分配是指企业根据国家有关规定和企业章程、投资者协议等，对企业当年可供分配的利润所进行的分配。

可供分配的利润＝当年实现的净利润＋年初未分配的利润（或减年初未弥补的亏损）＋其他转入。利润分配的顺序依次是：提取法定盈余公积；提取任意盈余公积；向投资者分配利润。

企业应通过“利润分配”科目，核算企业利润的分配（或亏损的弥补）和历年分配后的未分配利润（或未弥补亏损）。该科目应分别设置“提取法定盈余公积”、“提取任意盈余公积”、“应付现金股利或利润”、“盈余公积补亏”、“未分配利润”等明细科目。

1. 提取法定盈余公积的账务处理

法定盈余公积是指企业按照规定的比例从净利润中提取的盈余公积，它的提取比例一般为净利润的10%；当法定盈余公积累计金额达到企业注册资本的50%以上时，可以不再提取。

法定盈余公积的用途主要有弥补亏损、扩大生产经营和转增资本。计提法定盈余公积的账务处理如下：

借：利润分配——提取法定盈余公积

　　贷：盈余公积——法定盈余公积

2. 提取任意盈余公积的账务处理

任意盈余公积是根据公司章程及股东会的决议，从公司盈余中提取的公积金。

任意盈余公积的提取与否及提取比例由股东会根据公司发展的需要和盈余情况决定，法律不作强制规定。企业提取的任意盈余公积可用于弥补亏损、扩大生产经营、转增资本等。

计提任意盈余公积的账务处理如下：

借：利润分配——提取任意盈余公积

　　贷：盈余公积——任意盈余公积

【提示】在计算提取盈余公积的基数时，不应包括企业年初未分配利润的贷方余额。如果年初未分配利润是借方余额（尚未弥补的亏损），那么在计算提取盈余公积的基数时，需要扣减年初未分配利润的借方金额。

3. 向投资者分配利润的账务处理

企业向投资者分配利润有两种方式：分配现金股利和分配股票股利。

（1）企业向投资者宣告分配现金股利时，账务处理如下：

借：利润分配——应付现金股利

　　贷：应付股利

实际支付时，账务处理如下：

借：应付股利

　　贷：银行存款等

（2）企业向投资者宣告分配股票股利时，不需要做账务处理，在实际发放时账务处理如下：

借：利润分配——转作股本的股利

　　贷：股本

【提示】期末应该将“利润分配”科目下的其他有关明细科目的余额全部转入“利润分配——未分配利润”科目。账务处理如下：

借：利润分配——未分配利润

　　贷：利润分配——提取法定盈余公积

　　　　　　　　——提取任意盈余公积

　　　　　　　　——应付现金股利或利润等

【例题26·多选题】关于利润分配，下列说法正确的有（　）。

A. 公司制企业的法定盈余公积应该按照税后利润的10%计提

B. 法定盈余公积可以转增资本

C. 任意盈余公积的计提比例由企业自己决定

D. 未分配利润是没有指定用途的利润

【答案】ABCD

【例题27·判断题】“利润分配——未分配利润”年末贷方余额表示未弥补的亏损数。（　）

【答案】×

【解析】“利润分配——未分配利润”年末借方余额表示累计尚未弥补的亏损数额。

同步系统训练

一、单项选择题

1. 企业于2010年3月31日购入A公司股票4 000股，作为交易性金融资产。A公司已于3月20日宣告分派现金股利（至3月31日尚未支付），每股0.2元，企业以银行存款支付股票价款48 000元，另付手续费400元，该交易性金融资产的入账价值为(　)元。

A. 48 400　　B. 48 000

C. 47 200　　D. 40 000

2. 企业取得的交易性金融资产，期末公允价值上升时应借记的科目是(　)。

A. 应收利息　　B. 交易性金融资产

C. 投资收益　　D. 财务费用

3. A公司2010年1月10日购入B公司15万股股票作为交易性金融资产，每股价格为6元。3月15日收到B公司宣告分派的现金股利3万元。6月30日该股票的市价为每股6.5元，则该交易性金融资产6月30日的账面余额为(　)万元。

A. 90　　B. 93

C. 97.5　　D. 100.5

4. 企业的交易性金融资产在持有期间，被投资单位宣告发放的现金股利应确认为(　)。

A. 投资收益　　B. 营业外收入

C. 财务费用　　D. 交易性金融资产成本的调整

5. 下列固定资产中，本月应计提折旧的是(　)。

A. 本月季节性停用的设备

B. 当月购入的设备

C. 未提足折旧上月提前报废的设备

D. 已提足折旧继续使用的设备

6. 企业 2010 年 1 月 15 日购入一台不需要安装的非生产用设备，设备的买价为 10 000 元，增值税为 1 700 元（增值税不可以抵扣），采购过程中发生运费、保险费 300 元，采购人员差旅费 200 元。设备预计可以使用 10 年，采用年限平均法计提折旧。2010 年应该计提的折旧为（　）元。

A. 1 000　　B. 1 100

C. 1 200　　D. 1 500

7. 下列固定资产折旧方法中，在计算第一年折旧额时不需要考虑固定资产净残值的方法是（　）。

A. 工作量法　　B. 年限法平均

C. 双倍余额递减法　　D. 年数总和法

8. 某固定资产原值为 250 000 元，预计净残值为 6 000 元，预计可使用 8 年，按双倍余额递减法计提折旧，则第二年的折旧额为（　）元。

A. 46 875　　B. 45 750

C. 61 000　　D. 60 500

9. 某项设备原值为 90 000 元，预计净残值为 2 700 元，预计能够使用 15 000 小时，其中第 5 年实际使用 3 000 小时，采用工作量法第 5 年应计提折旧（　）元。

A. 18 000　　B. 17 460

C. 22 500　　D. 21 825

10. 下列项目中不属于外购存货成本的是（　）。

A. 运杂费　　B. 入库前的挑选整理费

C. 运输途中的合理损耗　　D. 入库后的保管费用

11. 采用全月一次加权平均法，月末一次加权平均单价计算公式中的分子是（　）。

A. 月初结存存货的实际成本＋本月购入存货的实际成本

B. 月初结存存货的实际成本＋本月购入存货的计划成本

C. 月初结存存货的计划成本＋本月购入存货的实际成本

D. 月初结存存货的计划成本＋本月购入存货的计划成本

12. 实际成本法下，已经付款购买但尚未入库的材料，应该通过(　)账户进行核算。

A. 材料采购　　B. 原材料

C. 工程物资　　D. 在途物资

13. 下列项目中，不通过“应收账款”账户核算的是(　)。

A. 销售商品应收的款项　　B. 销售原材料应收的款项

C. 提供劳务应收的款项　　D. 应收的各种赔款

14. 某企业向甲公司销售一批产品，按照价目表上标明的价格计算，其售价金额为 20 000 元，由于是批量销售，企业给予10%的商业折扣，适用的增值税税率为 17%。为了鼓励购货方提前付款，给予一定的现金折扣，折扣条件为：2/10、1/20、n/30。则该企业应收账款的入账金额为(　)元。

A. 23 400　　B. 21 060

C. 18 000　　D. 21 400

15. 企业计提坏账准备时应该借记(　)科目。

A. 应收账款　　B. 坏账准备

C. 资产减值损失　　D. 销售费用

16. 甲企业期末按照应收账款余额的 5%计提坏账准备，2010 年末应收账款余额为 100 万元。2011 年应收账款余额增加 20 万元，则 2011 年应提取的坏账准备为(　)万元。(假设该企业不存在需要计提坏账准备的其他应收款项)

A. 6　　B. 5

C. 2　　D. 1

17. “坏账准备”科目在期末结账前如果为贷方余额，反映的内容是(　)。

A. 已经提取的坏账准备

B. 收回以前已经确认并转销的坏账损失

C. 已经发生的坏账损失

D. 已确认的坏账损失超出坏账准备的余额

18. 设置“预收账款”科目的企业，采取预收款方式销售商品，在收到购货单位补付货款时，应作的会计分录是(　)。

A. 借：预收账款
　　贷：银行存款

B. 借：银行存款
　　贷：预收账款

C. 借：预收账款
　　贷：原材料

D. 借：银行存款
　　贷：原材料

19. 应在“应付职工薪酬”账户贷方登记的是(　)。

A. 本月实际支付的工资数　　B. 本月应分配的工资总额

C. 本月结转的代扣款项　　D. 本月多支付的工资数

20. 企业交纳应交的增值税时，应借记的科目是(　)。

A. 银行存款

B. 营业税金及附加

C. 应交税费——应交增值税（已交税金）

D. 管理费用

21. 长期借款计提利息时，贷方可能记入(　)账户。

A. 财务费用　　B. 银行存款

C. 其他应付款　　D. 应付利息

22. 企业到期偿还长期借款，应该借记(　)。

A. 银行存款　　B. 长期借款

C. 短期借款　　D. 应付账款

23. 下列不确认收入的是(　)。

A. 销售原材料　　B. 销售包装物

C. 在建工程领用原材料　　D. 出租包装物

24. 企业2010年12月1日销售商品一批，售价为20 000元，增值税为3 400元，现金折扣的条件为：2/10，1/20，$n/30$。企业与12月8日收到了商品款，则应该确认的收入为(　)元。

A. 20 000　　B. 23 400

C. 19 600　　D. 22 932

25. 已经确认主营业务收入的销售商品发生销售折让的时候（非资产负债表日后事项）应该(　)。

A. 计入当期的财务费用　　B. 冲减主营业务收入

C. 冲减其他业务收入　　D. 计入其他业务支出

26. 下列各项属于工业企业主营业务收入的是(　)。

A. 出租固定资产取得的收入

B. 出售固定资产取得的净收益

C. 转让无形资产使用权取得的收入

D. 劳务收入

27. 企业出租包装物收取的租金应当(　)。

A. 计入主营业务收入　　B. 计入其他业务收入

C. 计入营业外收入　　D. 冲减管理费用

28. 下列不通过制造费用核算的是(　)。

A. 生产用设备的日常修理费用

B. 车间的折旧费

C. 车间的办公费

D. 车间的机物料消耗

29. 关于制造费用账户，下列说法不正确的是(　)。

A. 该账户的借方归集生产过程中发生的全部间接费用

B. 分配给某个产品的制造费用从贷方转出

C. 本账户期末一定无余额

D. 本账户可以按不同的车间、部门设置明细账

30. 某企业2010年12月份共增加银行存款80 000元。其中：出售

商品收入 30 000 元；增值税 5 100 元；出售固定资产收益 20 000元；接受捐赠 10 000 元；出租固定资产收入14 900元。则该月收入为(　)元。

A. 35 100　　B. 64 900

C. 50 000　　D. 44 900

31. 下列项目中不应记入“营业外收入”科目的是(　)。

A. 教育费附加返还款　　B. 接受捐赠

C. 盘盈的固定资产　　D. 处理固定资产净收益

32. 某企业税前会计利润为 2 000 万元，业务招待费超标 80 万元，所得税税率 25%，则应交所得税为(　)万元。

A. 500　　B. 520

C. 480　　D. 510

33. 某公司年初未分配利润为借方余额 900 万元，本年实现净利润 700 万元。若按 10%计提法定盈余公积，则本年应提取的法定盈余公积为(　)万元。

A. 70　　B. 90　　C. 20　　D. 0

34. 甲公司 2010 年年初“利润分配——未分配利润”账户的借方余额为 50 万元，2010 年实现净利润 200 万元，提取盈余公积 20 万元，分配利润 50 万元，则 2010 年末时未分配利润的数额为(　)万元。

A. 130　　B. 150　　C. 80　　D. 180

35. 某企业发行 10 000 股新股，每股面值为 1 元，发行价为每股 5 元，则计入资本公积的数额为(　)。

A. 10 000 元　　B. 50 000 元

C. 40 000 元　　D. 20 000 元

36. 企业提取的法定盈余公积不得用于(　)。

A. 弥补亏损　　B. 转增资本

C. 发放现金股利或利润　　D. 职工集体福利设施

37. 利润分配账户的年末借方余额表示(　)。

A. 本期实现的净利润　　B. 本期发生的净亏损
C. 累计尚未分配的利润　　D. 累计尚未弥补的亏损

二、多项选择题

1. 银行存款日记账中支出对应的借方账户可能为(　)。
A. 库存现金　　B. 应付账款
C. 原材料　　D. 长期借款

2. 持有期间被投资方宣告交易性金融资产的现金股利时，投资方作的账务处理中涉及的会计科目有(　)。
A. 投资收益　　B. 交易性金融资产
C. 应收股利　　D. 银行存款

3. 下列说法中正确的有(　)。
A. 购入的交易性金融资产实际支付的价款中包含的已宣告但尚未发放的现金股利或已到付息期但尚未领取的债券利息，应单独核算，不构成交易性金融资产的成本
B. 为购入交易性金融资产所支付的相关费用，不计入该资产的成本
C. 为购入交易性金融资产所支付的相关费用，应计入该资产的成本
D. 交易性金融资产在持有期间，取得现金股利，应确认投资收益

4. 下列各项中属于企业存货的有(　)。
A. 生产用原材料　　B. 包装材料
C. 自制半成品　　D. 国外进口的商品

5. 企业对存货采用实际成本法核算时，需要设置的科目有(　)。
A. 原材料　　B. 在途物资
C. 材料采购　　D. 材料成本差异

6. 领用材料的核算中可能涉及的科目有(　)。
A. 生产成本　　B. 制造费用
C. 管理费用　　D. 在建工程

7. 下列说法正确的有( )。

A. 固定资产提足折旧之后，不管能否继续使用，均不再提取折旧

B. 提前报废的固定资产，也不再补提折旧

C. 生产车间的固定资产的维修费用应该计入管理费用

D. 对于盘亏或毁损的固定资产的净损失计入当期营业外支出

8. 影响固定资产折旧的因素有( )。

A. 固定资产的使用年限　　B. 固定资产的原值

C. 固定资产的净残值　　D. 固定资产的使用部门

9. 企业可以采用的固定资产折旧方法有( )。

A. 工作量法　　B. 年限平均法

C. 年数总和法　　D. 双倍余额递减法

10. 固定资产处置的会计处理中，结转净损益时，可能涉及的科目有( )。

A. 资本公积　　B. 营业外收入

C. 其他业务收入　　D. 营业外支出

11. 应收账款的入账价值包括( )。

A. 增值税销项税额　　B. 增值税进项税额

C. 代购货方垫付的包装费　　D. 代购货方垫付的运杂费

12. 坏账是指企业( )的应收账款。

A. 能够收回　　B. 无法收回

C. 收回的可能性极小　　D. 收回的可能性较小

13. 对于应收账款，下列说法正确的有( )。

A. 提取坏账准备时，借记“资产减值损失”账户，贷记“坏账准备”账户

B. 发生坏账损失时，借记“坏账准备”账户，贷记“应收账款”账户

C. 已确认并转销的坏账又收回时，借记“银行存款”账户，贷记“应收账款”账户

D. 已确认并转销的坏账又收回时，借记“应收账款”账户，贷记“坏账准备”账户；同时借记“银行存款”账户，贷记“应收账款”账户

14. 下列各项中，应记入“坏账准备”科目贷方的项目有（　）。

A. 经批准转销的坏账

B. 年末按应收账款余额的一定比例计提的坏账准备

C. 结转确实无法支付的应付账款

D. 收回过去已经确认并转销的坏账

15. 下列关于应付账款的说法，正确的有（　）。

A. 应付账款核算购买商品接受劳务等应付未付的款项

B. 应付账款可以按照供应单位设置明细科目

C. 应付账款的余额一般在贷方

D. 应付账款的借方余额表示尚未偿还的款项

16. 下列各项中，属于企业应付职工薪酬的有（　）。

A. 工会经费　　B. 企业医务人员的工资

C. 住房公积金　　D. 辞退福利

17. 计提长期借款计息的账务处理中，借方可能涉及的账户有（　）。

A. 管理费用　　B. 财务费用

C. 在建工程　　D. 长期借款

18. 收入取得后可能表现为（　）。

A. 资产增加　　B. 负债减少

C. 所有者权益减少　　D. 所有者权益增加

19. 收入按照企业从事日常活动的性质不同可以分为（　）。

A. 销售商品的收入　　B. 提供劳务的收入

C. 让渡资产使用权收入　　D. 投资收益

20. 下列各项属于其他业务收入的有（　）。

A. 固定资产出售净收益　　B. 无形资产出租收入

C. 包装物出租收入　　D. 材料销售收入

21. 产品成本项目一般包括（　）。

A. 直接材料　　B. 直接人工

C. 制造费用　　D. 管理费用

22. 应计入产品成本的费用有（　）。

A. 生产工人工资及福利费

B. 车间管理人员工资及福利费

C. 企业管理人员工资及福利费

D. 离退休人员的退休金

23. 下列各项中属于制造费用的有（　）。

A. 生产工人的工资及福利费

B. 车间管理人员的工资

C. 企业管理部门房屋折旧费

D. 生产单位为组织和管理生产所发生的机器设备折旧费

24. 下列属于期间费用的有（　）。

A. 制造费用　　B. 销售费用

C. 管理费用　　D. 财务费用

25. 下列费用应计入管理费用的有（　）。

A. 厂部管理人员的工资　　B. 车间管理人员的工资

C. 厂部办公用房的折旧费　　D. 厂部的办公费

26. 工业企业在经营活动中，需要在“销售费用”账户中核算的有（　）。

A. 广告费

B. 展览费

C. 专设销售机构的人员工资

D. 专设销售机构的房屋租金

27. 下列各项中，会影响企业利润总额的有（　）。

A. 营业利润　　B. 投资收益

C. 营业外收入　　D. 所得税费用

28. 下列各项中，应该计入营业外支出的有（　）。

A. 出售固定资产净损失　　B. 固定资产盘亏净损失

C. 无形资产摊销　　　　　　D. 捐赠支出

29. 利润分配的明细科目包括(　)。

A. 盈余公积补亏　　　　　　B. 提取法定盈余公积

C. 转作股本的股利　　　　　D. 应付现金股利或利润

三、判断题

1. 企业所取得的交易性金融资产初始成本中应该包括在取得时已宣告但尚未发放的现金股利或已到付息期但尚未领取的债券利息。(　)

2. 投资者投入固定资产的入账价值，应当按照投资合同或协议约定的价值确定，但合同或协议约定价值不公允的除外。(　)

3. 固定资产出售、报废、毁损以及盘亏，均应通过“固定资产清理”科目，计算并结转处置固定资产的净损益后，再转入本年利润。(　)

4. 采用双倍余额递减法计提折旧的固定资产，应当在该固定资产折旧年限到期以前两年内，将该固定资产净值（扣除净残值）平均摊销。(　)

5. 现金折扣使销售企业实际收到的货款随客户的付款时间而异。(　)

6. 在应收账款余额百分比法下，坏账准备的期末余额应该等于期末应收账款余额乘以计提坏账准备比例。(　)

7. 已确认为坏账的应收账款重新收回，应借记“坏账准备”账户，贷记“资产减值损失”账户。(　)

8. 企业为职工缴纳的基本养老保险金、补充养老保险费，以及为职工购买的商业养老保险，均属于企业提供的职工薪酬。(　)

9. 企业应付给因解除与职工的劳务关系给予的补偿不应通过“应付职工薪酬”科目核算。(　)

10. 某企业为小规模纳税人，销售产品一批，含税价格 41 200 元，增值税征收率 3%，该批产品应交增值税为 1 200 元。(　)

11. 期限在一年以上（包括一年）的各种借款均为长期借款。(　)

12. 长期借款是为了满足生产经营周期资金的不足的临时需要。(　)

13. 短期借款的利息可以预提，也可以在实际支付时直接记入当期损益。

14. 收入一定表现为企业资产的增加。（　）

15. “主营业务成本”账户核算企业主要经营业务而发生的实际成本，借方登记本期发生的销售成本，贷方登记发生的销货退回、销售折让和期末结转“本年利润”的本期销售成本，结转之后无余额。（　）

16. 所得税费用是企业的一项费用支出，而非利润分配。（　）

17. 企业以前年度亏损未弥补完，则不能提取法定盈余公积和任意盈余公积。（　）

四、计算题

1. 中西公司是一家工业生产企业，为增值税一般纳税人，增值税税率 17%，存货采用实际成本法计价。2011 年 11 月发生如下业务：

(1) 11 月 1 日采购甲材料，价款为 2 000 元，增值税为 340 元，未发生其他费用，款项上月已经支付，材料已验收入库。

(2) 11 月 2 日购入甲材料一批，买价为 5 000 元，增值税为 850 元，途中发生运费、保险费等 200 元，各种款项已经通过银行存款支付，材料已经验收入库。

(3) 11 月 10 日购入乙材料一批，买价为 2 000 元，增值税为 340 元，对方代垫运费 300 元，款项已经通过银行存款支付，但材料尚未入库。

(4) 11 月 25 日根据本月“发料凭证汇总表”分配原材料费用：基本生产车间领用甲材料 5 000 元，行政管理部门领用原材料 200 元，在建工程领用原材料 1 000 元（假定不考虑增值税因素）。

(5) 11 月 30 日收到采购的丙材料，已验收入库，但是发票账单未到，款项也尚未支付。企业暂估价为 2 000 元。

(6) 11 月 30 日进行存货的清查，盘亏乙材料 20 千克，单价为 100 元/千克，是收发计量差错造成的（假定不考虑增值税因素）。

要求：编制上述业务（1）～（6）的会计分录。

（答案中的金额单位用元表示）

2. 甲公司发生一笔销售业务，资料如下：

（1）2011年11月8日向乙公司销售商品一批，货款为100 000元，增值税为17 000元，代垫运费5 000元，已用银行存款支付。

（2）规定现金折扣的条件为2/10，1/20，*n*/30。（计算折扣金额考虑增值税）

（3）乙公司11月14日付款。

要求：根据上述资料编制甲公司有关的会计分录。

（答案中的金额单位用元表示）

3. 甲企业采用“应收账款余额百分比法”核算坏账损失，坏账准备的提取比例为5%，有关资料如下：

（1）该企业从2008年开始提取坏账准备，该年末应收账款余额为200 000元。

（2）2009年年末应收账款余额为240 000元，2007年末发生坏账损失。

（3）2010年4月，经有关部门确认发生一笔坏账损失，金额为15 000元。

（4）2010年末应收账款余额为220 000元。

（5）2011年6月上述已核销的坏账又收回10 000元。

（6）2011年末应收账款余额为250 000元。

要求：根据上述资料（1）～（6）编制甲企业的有关会计分录。

（答案中的金额单位用元表示）

4. 某企业计算本月应付职工工资总额231 000元，当月支付生产工人工资160 000元，车间管理人员工资35 000元，厂部管理部门人员工资30 200元，销售人员工资5 800元。代扣代缴个人所得税3 000元，实发工资228 000元（以库存现金发放）。

要求：编制该企业的相关会计分录。

（答案中的金额单位用元表示）

5. 某企业2011年7月1日借入一笔期限为6个月的短期借款，借款本金为100 000元，季度利率为8%，每季度末计提利息，到期一次支付本息。

要求：编制取得借款、计提利息、偿还借款的分录。

（答案中的金额单位用元表示）

6. 某企业赊销一批商品，增值税发票上的售价600 000元，增值税额102 000元，已确认销售收入，货到后买方发现商品质量不合格，要求在价格上给予3%的折让（增值税允许扣除），货款尚未收到。（该销售折让不属于资产负债表日后事项）

要求：编制相关的会计分录。

（答案中的金额单位用元表示）

7. 某公司2011年初的“利润分配——未分配利润”账户的贷方余额为20 000元，当年实现净利润600 000元，以净利润的10%提取法定盈余公积，以8%提取任意盈余公积，当年没有分配股利。

要求：(1) 计算年末“利润分配——未分配利润”账户余额。

(2) 编制提取盈余公积的会计分录。

（答案中的金额单位用元表示）

8. 2011年9月至11月，甲上市公司发生的交易性金融资产业务如下：

(1) 9月2日，以银行存款购入A上市公司股票10万股，每股8元，另发生相关的交易费用2万元，并将该股票划分为交易性金融资产。

(2) 9月30日，该股票在证券交易所的收盘价格为每股7.70元。

(3) 10月31日，该股票在证券交易所的收盘价格为每股8.10元。

(4) 11月15日，将所持有的该股票全部出售，所得价款82.5

万元，已存入银行。假定不考虑相关税费。

要求：根据上述资料（1）～（4）逐笔编制甲上市公司上述业务的会计分录。（交易性金融资产科目要求写出明细科目，答案中的金额单位用万元表示）

同步系统训练参考答案及解析

一、单项选择题

1. C

【解析】该交易性金融资产的入账价值＝48 000－4 000×0.2＝47 200（元）。

2. B

3. C

【解析】“交易性金融资产——成本”的账面余额＝15×6＝90（万元），“交易性金融资产——公允价值变动”账面余额为7.5［15×（6.5－6）］万元，合计90＋7.5＝97.5（万元）。

4. A

【解析】根据《金融工具确认和计量》准则，交易性金融资产在持有期间收到的现金股利或利息确认为当期的投资收益。

5. A

【解析】季节性停用的设备，属于企业使用中的固定资产，仍然要计提折旧。当月购入的设备，当月不提折旧，自下个月开始计提折旧。已提足折旧仍继续使用的固定资产，不计提折旧。未提足折旧而提前报废的设备，由于已从企业的固定资产账户中转出，不计提折旧。

6. B

【解析】固定资产的入账价值＝10 000＋1 700＋300＝12 000

（元），设备应该从 2010 年 2 月份开始计提折旧，当年应该计提 11 个月的折旧，所以 2010 年的折旧额＝12 000/10×11/12＝1 100（元）。

7. C

【解析】在这四种方法中，只有双倍余额递减法第一年折旧不考虑净残值，其他三种都要考虑，双倍余额递减法只有在计算最后两年折旧额时要考虑净残值。

8. A

【解析】第 1～6 年年折旧率＝2/8×100%＝25%

第一年的折旧额＝250 000×25%＝62 500（元）

第二年的折旧额＝（250 000－62 500）×25%＝46 875（元）。

9. B

【解析】第 5 年应计提的折旧＝［（90 000－2 700）/15 000］×3 000＝17 460（元）。

10. D

【解析】入库后的保管费用应该记入当期的管理费用。

11. A

【解析】采用全月一次加权平均法，月末加权平均单价＝（月初结存存货实际成本＋本月购入存货实际成本）/（月初结存存货数量＋本月购入存货数量）。

12. D

13. D

【解析】应收的各种赔款，应该通过“其他应收款”账户来核算。

14. B

【解析】应收账款的入账金额＝20 000×（1－10%）×（1＋17%）＝21 060（元）。现金折扣应该作为理财费用，不从应收账款的入账金额中扣除。

15. C

【解析】企业计提坏账准备的分录为：

借：资产减值损失

  贷：坏账准备

16. C

【解析】2010 年末坏账准备账户的余额＝100×5%＝5（万元）（贷方），2011 年末应计提的坏账准备＝（100＋20）×5%＝6（万元）（贷方），2011 年需要计提的坏账准备＝6－5＝1（万元）。

17. A

【解析】如果在结账前出现了贷方余额，表示已经计提的坏账准备。如果在结账前出现了借方余额，则表明实际发生的坏账损失超过了计提的坏账准备数，也就是说前期少计提坏账准备了。

18. B

【解析】企业收到预收账款时

借：银行存款

  贷：预收账款

销售实现时

借：预收账款

  贷：主营业务收入

    应交税费——应交增值税（销项税额）

收到补付货款时

借：银行存款

  贷：预收账款

19. B

【解析】“应付职工薪酬”账户是负债类账户，贷方登记本月发生的应分配工资总额，借方登记实际支付的工资数（包括实发工资和结转代扣款项）。

20. C

21. D

【解析】长期借款计提利息时分录为：

借：财务费用（或在建工程、管理费用）

　　贷：应付利息或长期借款——应计利息

22. B

23. C

【解析】选项A、B、D都应该确认收入、结转成本。选项C在建工程领用原材料应将原材料成本直接转入在建工程，不确认收入。

24. A

【解析】企业应该按照售价确认收入，现金折扣在实际发生的时候计入当期的财务费用，不影响收入的确认金额。

25. B

26. D

【解析】选项A、C计入其他业务收入；选项B计入营业外收入。

27. B

【解析】其他业务收入是企业除主营业务以外的其他销售或经营其他业务所取得的收入。如材料销售、技术转让、包装物出租、固定资产出租、无形资产出租（转让无形资产使用权）等取得的收入。

28. A

【解析】生产用设备的日常修理费用应该通过管理费用来核算。

29. C

【解析】季节性生产的企业，制造费用账户期末可能出现余额。

30. D

【解析】增值税是单独核算不记入收入的；出售固定资产收益应记入营业外收入，不属于企业的收入；接受捐赠也记入营业外收入，不属于企业的收入，所以本月收入＝30 000＋14 900

=44 900（元）。

31. C

【解析】盘盈的固定资产作为前期差错处理，记入“以前年度损益调整”科目，不计入营业外收入中。

32. B

【解析】应交所得税=（2 000+80）×25%=520（万元）。

33. D

【解析】净利润需补亏后再提取盈余公积，本年提取法定盈余公积的基数为-900+700=-200，因此提取的法定盈余公积为0。

34. C

【解析】“利润分配——未分配利润”账户的期初余额50万元在借方，2010年的200万元净利润转入该账户的贷方，提取的盈余公积以及分配的利润（合计70万元）最终转入该账户的借方，结果“利润分配——未分配利润”账户的余额在贷方，为80（-50+200-70）万元。

35. C

【解析】发行股票计入股本的金额=10 000×1=10 000（元），计入资本公积的金额=10 000×5-10 000=40 000（元）。

36. D

【解析】企业计提的盈余公积可以用于弥补亏损、转增资本或股本、发放现金股利或利润。

37. D

【解析】利润分配账户年末贷方余额，反映企业的未分配利润；如果是借方余额，则表示累计尚未弥补的亏损数额。

二、多项选择题

1. ABCD

【解析】选项A表示提取库存现金；选项B表示偿付债务；选项C表示购买原材料；选项D表示偿还长期借款。

2. AC

3. ABD

4. ABCD

5. AB

【解析】材料采购和材料成本差异是计划成本法下设置的科目。

6. ABCD

【解析】生产车间领用材料计入生产成本，车间管理部门领用材料应该计入制造费用，行政管理部门领用材料应该计入管理费用，在建工程领用材料应该计入在建工程。

7. ABCD

8. ABC

9. ABCD

10. BD

【解析】固定资产处置净收益计入营业外收入，处置净损失计入营业外支出。

11. ACD

【解析】应收账款的入账价值包括：销售货物或提供劳务的价款、增值税，以及代购货方垫付的包装费、运杂费等。

12. BC

【解析】坏账是指无法收回或收回的可能性极小的应收账款。

13. ABD

14. BD

【解析】选项 A 记入坏账准备的借方；选项 C 应该计入营业外收入。

15. ABC

【解析】应付账款的贷方余额表示尚未偿还的款项。

16. ABCD

17. ABC

【解析】长期借款计提利息时

借：财务费用（或管理费用、在建工程）

　　贷：应付利息/长期借款——应计利息

18. ABD

【解析】收入增加会导致资产增加或负债减少，或两者兼而有之。收入的增加一定会导致所有者权益增加。

19. ABC

【解析】收入按照企业从事日常活动的性质不同可以分为销售商品的收入、提供劳务的收入和让渡资产使用权收入三类。

20. BCD

【解析】固定资产的出售净收益应计入营业外收入。

21. ABC

【解析】管理费用属于期间费用，和产品成本无关。

22. AB

【解析】选项C、D都计入管理费用。

23. BD

【解析】生产工人的工资及福利费应该计入生产成本；企业管理部门房屋折旧费应计入管理费用中。

24. BCD

【解析】制造费用应转入生产成本，不属于期间费用。

25. ACD

【解析】车间管理人员的工资应该计入制造费用。

26. ABCD

27. ABC

28. ABD

【解析】无形资产的摊销可以记入管理费用或其他业务成本等科目。

29. ABCD

【解析】利润分配的明细科目包括：盈余公积补亏；提取法定盈余公积；转作股本的股利；提取任意盈余公积；应付现金股利或利润；未分配利润。

三、判断题

1. ×

【解析】企业所取得的交易性金融资产初始成本中不包括在取得时已宣告但尚未发放的现金股利或已到付息期但尚未领取的债券利息，取得时已宣告但尚未发放的现金股利或已到付息期但尚未领取的债券利息应该单独确认为应收项目核算。

2. √

3. ×

【解析】固定资产的盘亏要通过“待处理财产损溢”科目核算。

4. √

5. √

【解析】客户付款时间越长，则获得的现金折扣就越少，实际收到的货款就越多，所以这种说法是正确的。

6. √

7. ×

【解析】已经确认为坏账的应收账款重新收回时的账务处理为：

借：应收账款

　　贷：坏账准备

借：银行存款

　　贷：应收账款

或

借：银行存款

　　贷：坏账准备

8. √

9. ×

【解析】应付职工薪酬包括职工在职期间和离职后提供给职工的全部货币性薪酬和非货币性福利，也包括解除劳务关系给予的补偿。

10. √

【解析】应交增值税＝41 200÷（1＋3％）×3％＝1 200（元）。

11. ×

【解析】长期借款是指企业从银行或其他金融机构借入的期限在一年以上（不含一年）的借款。

12. ×

【解析】短期借款是为了满足生产经营周期资金的不足的临时需要。

13. √

14. ×

【解析】收入的增加可以表现为资产的增加或负债的减少或两者兼而有之，一定会表现为所有者权益的增加。

15. ×

【解析】发生销售折让时，不需要冲减主营业务成本，因此，“主营业务成本”账户贷方登记的内容中不应该包括销售折让。

16. √

17. √

四、计算题

1. 【答案】

（1）借：原材料　　2 000
　　应交税费——应交增值税（进项税额）　　340
　　贷：预付账款　　2 340

（2）借：原材料　　5 200
　　应交税费——应交增值税（进项税额）　　850
　　贷：银行存款　　6 050

（3）借：在途物资　　2 300
　　应交税费——应交增值税（进项税额）　　340
　　贷：银行存款　　2 640

（4）借：生产成本　　5 000
　　管理费用　　200
　　在建工程　　1 000
　　贷：原材料　　6 200

（5）借：原材料　　2 000
　　贷：应付账款　　2 000
（6）借：待处理财产损溢　　2 000
　　贷：原材料　　2 000
借：管理费用　　2 000
　　贷：待处理财产损溢　　2 000

2.【答案】

（1）企业确认销售收入时，账务处理如下：
借：应收账款　　122 000
　　贷：主营业务收入　　100 000
　　　　应交税费——应交增值税（销项税额）　　17 000
　　　　银行存款　　5 000
（2）收到货款时账务处理如下：
借：银行存款　　119 660（122 000－117 000×2%）
　　财务费用　　2 340（117 000×2%）
　　贷：应收账款　　122 000

注意：计算现金折扣的金额时不考虑因为代垫的运费计入到应收账款中的金额。

3.【答案】

（1）2008 年年末提取坏账准备时
借：资产减值损失　　10 000
　　贷：坏账准备　　10 000
（2）2009 年年末提取坏账准备时
借：资产减值损失　　2 000
　　贷：坏账准备　　2 000（240 000×5%－10 000）
（3）2010 年 4 月发生坏账损失时
借：坏账准备　　15 000
　　贷：应收账款　　15 000
（4）2010 年年末提取坏账准备时

借：资产减值损失　　14 000

　　贷：坏账准备　　14 000

［220 000×5%－（10 000＋2 000－15 000）］

（5）2011 年收回已核销的坏账时

借：应收账款　　10 000

　　贷：坏账准备　　10 000

同时：

借：银行存款　　10 000

　　贷：应收账款　　10 000

（6）2011 年年末提取坏账准备时

借：坏账准备　　8 500

　　贷：资产减值损失　　8 500

［（10 000＋2 000－15 000＋14 000＋10 000）－250 000×5%］

4. **【答案】**

借：生产成本　　160 000

　　制造费用　　35 000

　　管理费用　　30 200

　　销售费用　　5 800

　　贷：应付职工薪酬——工资　　231 000

借：应付职工薪酬——工资　　3 000

　　贷：应交税费——应交个人所得税　　3 000

借：应付职工薪酬——工资　　228 000

　　贷：库存现金　　228 000

5. **【答案】**

（1）2011 年 7 月 1 日取得借款的分录为：

借：银行存款　　100 000

　　贷：短期借款　　100 000

（2）2011 年 9 月 30 日计提利息的分录为：

借：财务费用　　8 000

贷：应付利息 8 000（100 000×8%）

（3）2011 年偿还借款的分录为：

借：短期借款 100 000

应付利息 8 000

财务费用 8 000

贷：银行存款 116 000

6. **【答案】**

（1）销售实现时：

借：应收账款 702 000

贷：主营业务收入 600 000

应交税费——应交增值税（销项税额） 102 000

（2）发生销售折让时：

借：主营业务收入 18 000

应交税费——应交增值税（销项税额） 3 060

贷：应收账款 21 060

7. **【答案】**

（1）年末“利润分配——未分配利润”账户余额＝20 000＋600 000×（1－10%－8%）＝512 000（元）

（2）借：利润分配——提取法定盈余公积 60 000

——提取任意盈余公积 48 000

贷：盈余公积——法定盈余公积 60 000

——任意盈余公积 48 000

8. **【答案】**

（1）借：交易性金融资产——成本 80

投资收益 2

贷：银行存款 82

（2）借：公允价值变动损益 （80－10×7.7）3

贷：交易性金融资产——公允价值变动 3

（3）借：交易性金融资产——公允价值变动 4

(8.1×10－7.7×10)

贷：公允价值变动损益 4

(4) 借：银行存款 82.5

贷：交易性金融资产——成本 80

——公允价值变动 1

投资收益 1.5

借：公允价值变动损益 1

贷：投资收益 1